Penny Jordan

IL DIARIO DI MIA MADRE

HARLEQUIN MONDADORI

Foto di copertina: Laura Ronchi

Titolo originale dell'edizione in lingua inglese:
The Hidden Years
Worldwide Books
© 1990 Penny Jordan

Traduzione: Marina Boagno

Prima edizione 1992 Harlequin Mondadori S.p.A.
Seconda edizione 1994 Harlequin Mondadori S.p.A.

Terza edizione DCuore
novembre 2005

Prologo

Secondo le leggi della logica, l'incidente non sarebbe dovuto mai accadere.

Una tranquilla strada londinese, una bella mattinata di primavera, un tassista insolitamente disciplinato, una donna snella ed elegante che dimostrava dieci anni meno della sua età. Eppure, come se il destino avesse decretato che accadesse, benché la donna attraversasse la strada con passo agile e deciso; benché il tassista l'avesse vista e la strada non fosse sdrucciolevole, quando scese dal marciapiede la donna inciampò, perse l'equilibrio e cadde proprio davanti all'auto.

L'uomo la vide cadere e frenò d'istinto, d'altra parte era troppo tardi. L'orribile sensazione d'investire una persona fu qualcosa che non avrebbe dimenticato per tutta la vita. Il passeggero, un uomo sulla cinquantina, fu sbalzato in avanti dall'impatto. La gente stava già accorrendo dalle case allineate lungo la strada.

Qualcuno doveva aver chiamato un'ambulanza, perché si sentiva la sirena avvicinarsi. Il tassista non aveva il coraggio di guardare la donna. Era certo che fosse morta, perciò si fece da parte, sconvolto, aspettando che l'equipaggio dell'ambulanza assumesse il controllo della situazione.

«È viva... per ora» sentì dire.

In quel momento, pensò che da qualche parte quella donna aveva una famiglia che ancora non sapeva nulla della tragedia che stava per abbattersi su di loro.

Sua madre ferita in un incidente stradale, in punto

di morte... Sembrava impossibile, pensò Sage, stordita. Sua madre era invulnerabile, onnipresente, indistruttibile, o così le era sempre sembrata.

Pensieri vaghi, sconnessi, si rincorrevano nella sua mente. Ricordi, paure, sensazioni. La Porsche, che era stata il regalo che si era fatta per il suo trentesimo compleanno, serpeggiava fra il traffico. Stranamente, la sua capacità di controllarla non sembrava risentire della confusione dei suoi pensieri.

Con la gola stretta, Sage ricordava la propria infanzia e adolescenza: una spiacevole mistura di apprensione, sofferenza e rabbia. Come poteva sua madre farle questo? Come osava intromettersi nella vita che si era costruita? Con quale diritto tornava a gettare la propria ombra sulla sua indipendenza, come d'altra parte aveva già fatto in passato?

Lei non era più una bambina. Era una donna matura, adulta. E allora, per quale ragione, ora, era sopraffatta da quel vecchio, familiare senso di risentimento e di colpa, di pena e di rabbia e, peggio di tutto, di paura?

L'ospedale non era lontano, e forse quello era il motivo per cui avevano chiamato lei e non Faye. Poi ricordò che era lei la parente più prossima di sua madre. Un brivido di puro panico l'attraversò. Sua madre, morente... Si era ripetuta così spesso che la donna che l'aveva messa al mondo non significava nulla per lei, che il tradimento di sua madre aveva reso impossibile fra loro ogni sentimento che non fosse l'odio, che ora era doppiamente sconvolgente provare quell'angoscia.

Entrò nel posteggio dell'ospedale e scese dall'auto con un movimento rapido. Un tipico Leone, aveva detto una volta Liz Danvers della sua secondogenita: fiera, impetuosa, impaziente, impulsiva e intelligente.

Ma questo era accaduto vent'anni prima. Da allora, il tempo aveva smussato molti angoli della sua personalità. Ora, superata di qualche anno la trentina, aveva imparato a incanalare le energie che un tempo avevano costretto sua madre, fin troppo calma e controllata, a rifugiarsi dietro una barriera di riserbo e dignità che

Sage aveva tentato così disperatamente di abbattere, nello sforzo di raggiungere la sua anima. Aveva spesso percepito sua madre ritrarsi da lei, come aveva sentito di non essere la figlia che Liz desiderava che fosse.

Ma, naturalmente, lei non era e non poteva essere un altro David. David, suo fratello. Sentiva la sua assenza anche ora... la mancanza dei suoi gentili, saggi consigli, del suo amore, della sua comprensione. Tutti quelli che lo avevano conosciuto lo avevano amato. Elencare le sue virtù non gli rendeva giustizia, non coglieva l'essenza di dolcezza e di altruismo che David aveva posseduto fin da bambino, e che l'avevano fatto benvolere da tutti. Sage non era mai stata gelosa di David, non aveva mai pensato che, se non fosse stato per lui, sua madre l'avrebbe amata di più. La frattura fra loro era troppo profonda per attribuirla a una semplice parzialità materna. Una volta, le aveva fatto male ammettere che c'era qualcosa in lei che suscitava l'avversione di sua madre, ma con la maturità aveva, se non altro, accettato quel fatto, e aveva imparato a prendere le distanze dalle cose del passato che preferiva evitare. Proprio come evitava tutti i contatti non strettamente necessari con la madre. Ormai, andava raramente a Cottingdean: la casa, il giardino, il villaggio stesso erano dominio di sua madre, creati e nutriti dalla sua volontà.

Cottingdean. Da bambina aveva odiato il luogo che rappresentava tanto nella vita di sua madre, trasferendo sulla casa la gelosia che non provava per David. Troppo giovane per analizzare i motivi per cui sua madre sembrava tenerla a distanza, a quel tempo aveva creduto che la trascurasse per occuparsi di Cottingdean, che quella dimora fosse per Liz più importante di lei.

E perché no?, pensò cinicamente. Senza dubbio Cottingdean aveva ricompensato sua madre del tempo e della devozione che vi aveva investiti, più di quanto avesse fatto lei, sua figlia.

Cottingdean, David, suo padre... quelli erano stati i componenti principali della vita di sua madre, e lei si era sempre sentita una perfetta intrusa.

Spinse le porte di cristallo ed entrò nell'atrio dell'ospedale. Una giovane infermiera la informò che sua madre era in Terapia Intensiva e le chiese di attendere, perché il medico che l'aveva in cura desiderava parlarle.

Sage aveva imparato da molto tempo a controllarsi, perciò la sua espressione non tradiva i suoi sentimenti quando ringraziò la ragazza e andò a sedersi. Sua madre era già morta? Perché il medico voleva parlarle? Fu sommersa da una tale ondata di panico che fu sul punto di scoppiare in lacrime come una bambina. *No, non ancora... Ci sono troppe cose che devo sapere... troppe cose da dire.*

Quei pensieri erano assurdi, dato che lei e sua madre si erano dette da molto tempo tutto quello che avevano da dirsi...

L'infermiera, piccola e rotondetta, ogni tanto lanciava un'occhiata a quella donna bellissima, che attendeva impassibile. I capelli rosso cupo, gli occhi verdi, cangianti come le profondità di un lago sotto il sole di primavera, l'eleganza dei polsi e delle caviglie sottili, l'ovale perfetto del viso, tutto in lei attirava l'attenzione di chi la circondava.

Da qualche parte, in quell'immenso edificio, giaceva sua madre, pensava Sage. Sua madre, indistruttibile, inviolabile, il perno attorno a cui ruotavano le loro vite. La madre perfetta, la moglie ideale, l'abile manager... il simbolo di quello che tutti avrebbero voluto diventare. E sua madre lo era diventata lottando contro pregiudizi che la generazione di Sage non aveva mai dovuto fronteggiare. Era una donna emancipata, che aveva sposato un uomo invalido, e lo aveva tenuto in vita per oltre venticinque anni. Una donna che era diventata la padrona di una casa cadente e di una proprietà vacillante e le aveva trasformate nel monumento a ciò che si può ottenere con la determinazione, l'intelligenza, la forza di volontà che occorrono per compiere simili miracoli.

Era quella la causa dei suoi dissapori con Liz? Non

che sua madre non l'amasse abbastanza, bensì che lei provasse del risentimento, della gelosia verso una persona troppo dotata?

«La signorina Danvers?»

Sage alzò la testa di scatto al suono della voce maschile. Era abituata all'ammirazione degli uomini, e non la sorprese quella che, per un momento, sostituì la freddezza professionale nello sguardo del medico. Era un dono di dubbio valore la profonda, oscura vena di sensualità, di desiderio, che sembrava attrarre gli uomini verso di lei. Desiderio, ma non amore. Qualcosa di amaro si agitò dentro di lei... una vecchia ferita, mai rimarginata.

«Mia madre...?» chiese, brusca.

«È viva... per il momento» disse il medico, anticipando la sua domanda. Era un uomo alto, magro, forse di poco più grande di lei, dall'aria esausta. «Sua madre era in stato di incoscienza quando è arrivata qui... e non abbiamo ancora potuto accertare la gravità delle lesioni interne.»

«Ma...» obiettò Sage debolmente.

«Per il momento, siamo troppo occupati a tenerla in vita per fare qualcosa di più dei test ordinari. È una donna molto forte, altrimenti non sarebbe sopravvissuta. Ora ha ripreso conoscenza e chiede di lei. Per questo ho voluto vederla. I pazienti, anche i più gravi, notano il minimo segno di turbamento dei loro visitatori, specialmente dei familiari.»

«Mia madre chiede di *me*?» ripeté Sage, sbalordita.

«Sì» rispose il medico, duro. «Non è stato facile rintracciarla ...»

Sua madre aveva chiesto di lei. Sage stentava a capacitarsene. Perché lei? Si sarebbe aspettata che chiamasse Faye, la vedova di David, o Camilla, la loro figlia, ma mai lei.

«Mia cognata...» cominciò, ma il medico scosse la testa.

«L'abbiamo avvertita, ma al momento dobbiamo limitare le visite. È evidente che c'è qualcosa che turba sua madre... Con un paziente nelle sue condizioni, qualunque cosa possiamo fare per aumentare le sue probabilità di ripresa è di vitale importanza. Perciò devo insistere perché, quale che sia l'argomento che sua madre voglia affrontare, lei trovi il modo di rassicurarla. È essenziale tenerla il più calma possibile.»

L'espressione del medico diceva chiaramente che nutriva seri dubbi sulle capacità di Sage di seguire il suo consiglio, ed erano dubbi che lei stessa condivideva.

«Se vuole seguirmi...» concluse lui.

Andandogli dietro lungo il corridoio, Sage notò che il medico si teneva a una certa distanza. Era intimidito da lei? Non era una novità. Tutti gli uomini gentili, quelli in cui avrebbe potuto trovare qualcosa di simile all'appagamento, avevano nei suoi confronti quell'atteggiamento cauto, accorto. Era colpa della sua sensualità, naturalmente. Quegli uomini la vedevano come una donna che non avrebbe mai avuto bisogno della loro tenerezza, che non avrebbe perdonato alcuna loro vulnerabilità. Ma sbagliavano, pensò Sage tristemente. Era troppo vulnerabile lei stessa per prendersi gioco delle debolezze altrui. E quanto alla tenerezza, si disse amaramente, solo lei sapeva quanto ne avesse bisogno.

Esitò, rabbrividendo, davanti alla porta della Terapia Intensiva. Sua madre aveva realmente chiesto di lei? Stentava a crederlo.

Senza dubbio, nei momenti estremi che sua madre stava attraversando, una persona doveva chiedere di coloro che amava, mentre Sage aveva sentito per tutta la vita che, per qualche ragione, l'amore che sua madre donava così generosamente agli altri non era per lei. Dovere, cura, responsabilità... tutte queste cose non le erano mancate, d'altra parte Sage aveva imparato presto a distinguerle dall'autentico amore.

«È sicuro che abbia chiesto di me?» sussurrò al medico.

Lui rimase per un momento quasi sorpreso di vedere quella donna affascinante ridotta a una bambina smarrita, e travisò la sua domanda, pensando che avesse paura di trovarsi di fronte alle ferite della madre.

«Non c'è niente di raccapricciante. Le lesioni di sua madre sono tutte interne. Esteriormente...»

Sage gli lanciò un'occhiata di fuoco. Pensava davvero che fosse così debole, così egoista da temere ciò che poteva vedere? Ma non era colpa sua, rifletté Sage. Come poteva conoscere la complessità dei suoi rapporti con la madre? Non la capiva neppure lei stessa!

Liz giaceva su un lettino circondato da complicate apparecchiature. Come sembrava minuta, pensò Sage, chinandosi su di lei. I capelli biondi erano nascosti da una vistosa fasciatura. La pelle chiara, così diversa dalla sua, che era decisamente olivastra, poteva essere quella di una donna prossima ai cinquant'anni, più che di una che aveva superato la sessantina. Il respiro era difficoltoso, ma gli occhi che si fissarono nei suoi non erano cambiati... freddi, chiari, in una tonalità di grigio che poteva tendere al lavanda o scurirsi fino all'ardesia, a seconda dello stato d'animo.

La fronte era corrugata, ma non nella quieta espressione di delusione che Sage conosceva bene, per averla sperimentata tante volte: uno sguardo che riduceva in frantumi il suo orgoglio e suscitava in lei una rabbia impotente.

No, quell'espressione era diversa, gli occhi pieni di insolite ombre.

«Sage...»

Fu l'istinto che la spinse a coprire con la sua la mano di Liz e a sedersi accanto al letto.

«Sono qui, mamma» mormorò. «Va tutto bene, presto ti riprenderai...»

Per un momento, gli occhi grigi scintillarono di ironia a quelle parole banali, e Sage si sentì una volta di più come una bambina in presenza di un adulto.

«Sage, c'è qualcosa che voglio che tu faccia...» Faticava a parlare, e lei dovette chinarsi per sentirla. «I miei diari, nella mia scrivania, a Cottingdean... Dovete leggerli...» Liz si interruppe e chiuse gli occhi.

Sage la fissava sbalordita. Di che cosa diamine stava parlando? Quali diari? Stava forse delirando?

Liz aprì gli occhi e continuò, faticosamente: «Promettilo, Sage... Prometti che farai come ti ho detto...».

Sage inghiottì a vuoto e mormorò, docilmente: «Prometto». Ma poi, incapace di trattenersi, chiese: «Perché hai chiesto di me? Perché non Faye? Lei ti è molto più vicina...».

Gli occhi grigi parvero scintillare di nuovo.

«Faye non ha la tua durezza, la tua disciplina... e tantomeno la tua forza.»

La voce si spense in un sospiro, e Sage provò un momento di puro terrore, un terrore che superava la rabbia, il risentimento, la sofferenza e perfino l'amore.

«Mamma... no!» esclamò, disperata.

Poi, risentì la voce fioca, ma rassicurante.

«Sono qui, Sage. Quando avrai letto i diari, allora capirai.»

Liz richiuse gli occhi esausta che ancora una volta Sage credette che fosse sul punto di lasciarla per sempre. Fu il medico a rassicurarla, mettendole una mano sul braccio.

«Vuole che legga i suoi diari» gli disse, troppo sbalordita per capire il proprio bisogno di confidarsi. «Non ho mai saputo che ne tenesse uno... Mi ha fatto promettere» continuò, sconcertata.

Era una promessa che sapeva di dover mantenere, eppure aveva già paura di quello che avrebbe letto... paura forse, di trovarsi faccia a faccia con la verità e con la sofferenza che credeva di essersi lasciata alle spalle da molto tempo.

Mentre il medico l'accompagnava alla porta, lanciò un'ultima occhiata alla madre.

«Crede che...?»

Crede che morirà?, avrebbe voluto chiedere, pur sapendo di non volere una risposta, sapendo che voleva conservare la speranza... credere che finché sua madre era viva, anche lei sarebbe vissuta.

Suo padre era morto quando Sage era un'adolescente, d'altra parte la sua scomparsa aveva influito poco su di lei. A causa della salute cagionevole, Edward Danvers non aveva mai avuto un ruolo importante nella sua vita. Era una figura remota, a cui Liz dedicava le più amorose cure, ma che, in qualche modo, era distaccato da lei.

Fino a quel giorno, Sage aveva creduto di aver smesso di amare sua madre più di quindici anni prima, quando aveva deciso che il solo modo di sopravvivere alla sofferenza del suo tradimento era quello di forgiarsi un'esistenza separata e indipendente.

Era quello che aveva fatto. Ora aveva la sua professione, una vita che la conduceva da Londra a New York, da New York a Los Angeles, a Roma, a Parigi, in tutti i luoghi del mondo nei quali la gente aveva sentito parlare della sua bravura come pittrice di murales. C'erano innumerevoli case in cui le sue pitture erano una preziosa componente dell'arredamento, e lei era ricercata, pagata profumatamente e lavorava solo su commissione. La sua vita apparteneva a lei sola... o così aveva creduto.

Perché ha chiesto proprio di me?, si domandò. Ma certo! La gentile, tenera Faye si sarebbe rifiutata di leggere i diari di un'altra persona. Che cosa c'era in quei diari di tanto importante che lei... che tutte loro... dovessero leggerli? Tanto importante che sua madre le aveva chiesto di leggerli con quello che poteva essere il suo ultimo respiro? C'era solo un modo per saperlo.

Non serviva a niente rimandare, si disse Sage, uscendo dall'ospedale. Per puro caso, in quel periodo era libera, dunque non aveva alcun pretesto per non adempiere alla promessa fatta alla madre, niente che le impedisse di andare a Cottingdean, per quanto poco lo desiderasse.

Cottingdean, la casa di famiglia, si trovava ai margini di un idilliaco villaggio tipicamente inglese posto fra le colline a sudest di Bath. Era una minuscola comunità rurale che Liz Danvers presiedeva in modo matriarcale. Sage non aveva mai amato quel luogo. Per qualche immotivata ragione vi si era sempre sentita soffocata, imprigionata.

Cottingdean. Faye e Camilla certo l'aspettavano,

impazienti di avere notizie di Liz. Era un'ironia della sorte che Faye, sua cognata, fosse riuscita a farsi amare da sua madre più di lei... eppure non riusciva a esserne gelosa. Sage sospirò. Povera Faye, la vita non era stata generosa con lei, che era sempre stata troppo fragile, troppo vulnerabile per riuscire a sopportarne i colpi.

Ricordò Faye il giorno del suo matrimonio con David, una sposina fragile e adorante... Ma la loro felicità era stata di breve durata. David era morto in un tragico incidente stradale, lasciando Faye a crescere Camilla da sola. Nessuno si era sorpreso quando Liz aveva invitato Faye ad andare a vivere a Cottingdean, e da allora lei e Camilla non se n'erano mai allontanate.

Sage sorrise al pensiero della nipote. Aveva quasi diciotto anni, e probabilmente tutti pensavano che loro tre l'avessero viziata in modo eccessivo. Ma la sua presenza era stata, in un certo senso, un compenso per la perdita di David. Un giorno Cottingdean e tutto ciò che rappresentava le sarebbe appartenuto, e Sage aveva notato che Liz le stava già inculcando con discrezione i doveri e le responsabilità che avrebbe avuto sulle spalle.

Sospirò di nuovo. Camilla avrebbe sofferto più di tutti se sua madre... Strinse le mani sul volante. Anche ora non poteva permettere alla propria mente di formare la parola *morte*, non poteva pensare a quell'orrenda possibilità.

In qualche modo, nel più profondo di se stessa, sentiva che adempiendo alla promessa fatta alla madre l'avrebbe aiutata a vivere. Rabbrividì. Lei non somigliava a Liz in alcun senso, eppure, per una terrificante frazione di secondo, mentre si chinava sul suo letto, era stato come se le loro anime fossero una sola, e Sage aveva percepito chiaramente quanto fosse vitale per sua madre che lei mantenesse fede alla promessa fatta.

Uscì dall'autostrada, seguendo i cartelli stradali, e rimase un po' sorpresa dall'intensità del traffico, specie di quello pesante. Ma nel villaggio nulla sembrava cambiato, e Sage se ne sentì stranamente rassicurata.

Era buffo che, dopo aver desiderato con tutta se stessa di fuggire da quel luogo, temesse tanto, ogni volta che vi tornava, di trovarlo diverso.

Chiunque avesse scelto il terreno dove costruire Cottingdean, aveva scelto bene. La casa era rivolta a sud, protetta dai venti dell'est da un piccolo bosco di vecchie querce.

L'embrione della costruzione era stato edificato da un mercante dell'epoca elisabettiana. Poi, le generazioni successive vi avevano aggiunto una profusione di edifici sul retro, ma la facciata non era stata toccata.

Liz diceva sempre che il miglior modo di vedere Cottingdean per la prima volta era giungerci a piedi, attraversando il ponte sul fiume ed entrando dal cancello di legno che si apriva nel muro del giardino che circondava la casa.

Quando Liz era arrivata a Cottingdean, appena sposata, il giardino ora giustamente famoso e ammirato altro non era che un groviglio di cespugli incolti e di sterpi. Era difficile immaginarlo così ora, vedendo i prati vellutati, le aiuole fiorite, le siepi ben curate. E Sage sapeva che tutto era stato creato da sua madre, per la maggior parte con le sue stesse mani.

Sage aveva telefonato, prima di partire da Londra, ed entrando nel cortile scorse Faye e Camilla che l'aspettavano. Le corsero incontro, domandando all'unisono: «Liz... la nonna... come sta?».

«Tiene duro» rispose lei, scendendo dalla macchina. «Non si conosce ancora l'entità delle lesioni. Il medico ha detto che possiamo telefonare stasera.»

«Ma quando potremo vederla?» chiese Camilla.

«Secondo il dottore, è preferibile lasciarla tranquilla perlomeno fino a domattina, prima di andare a trovarla.»

«Ma *tu* l'hai vista» puntualizzò la ragazza.

Sage le passò un braccio attorno alle spalle, affettuosamente.

«Solo perché ha chiesto di me. C'era qualcosa che la preoccupava...»

«Qualcosa che la preoccupava...? Che cosa?»

«Camilla, lascia almeno entrare in casa Sage, prima di subissarla di domande» disse Faye gentilmente. «Non è un viaggio piacevole venire da Londra con tutto quel traffico. Non so che cosa conti di fare, ma ho chiesto a Jenny di preparare il tuo letto.»

«Non lo so neppure io» ammise Sage, seguendo la cognata all'interno e fermandosi un momento nell'ingresso dalle pareti rivestite di pannelli di quercia, per abituarsi alla semioscurità.

«Jenny ci porterà il tè in salotto» comunicò Faye, aprendo una porta. «Non sapevo se avevi avuto il tempo di pranzare.»

Sage scosse la testa. Mangiare era l'ultima cosa che desiderava.

Il salotto era sul lato della casa rivolto a ovest. Era una stanza allegra, solare, arredata con dei mobili uno diverso dall'altro e che pure riuscivano ad apparire come se fossero pensati per stare insieme. Un altro dei talenti di sua madre.

«Parlaci della nonna, Sage» insistette Camilla, sedendosi su uno sgabello ai piedi della zia. «Come sta? Potrà davvero guarire?»

Era una ragazza graziosa, bionda come la madre, ma, diversamente da Faye, piena di calore e di vivacità. Il viso ricordava quello della nonna, con gli stessi occhi grigi.

Al di sopra della sua testa, Sage incontrò lo sguardo di Faye.

«Lo spero» rispose quietamente, poi aggiunse: «È una donna molto forte, con una grande volontà di combattere...».

«Hai detto che ha chiesto di te...»

«Sì. Vuole che noi... tutte noi, leggiamo i suoi diari, me l'ha fatto promettere» spiegò Sage. «Non sapevo neppure che tenesse un diario.»

«Io sì» disse Camilla. «Sono scesa dabbasso, una notte in cui non riuscivo a dormire, e la nonna stava scrivendo, in biblioteca. Mi ha confidato che aveva sempre tenuto un diario, fin da quando aveva quattordici anni, ma che non aveva conservato i primi. Li tiene chiusi nella scrivania grande. Nessun altro ha la chiave.»

«L'ho io» disse Sage, brusca. «Me l'hanno data all'ospedale.»

«Mi chiedo perché mai vuole che li leggiamo...» mormorò Faye.

Sia lei, sia Camilla la guardavano così ansiosamente che Sage non poté fare a meno di cercare di rassicurarle.

«Conoscendo la mamma, probabilmente vuole che li leggiamo perché pensa che, qualunque cosa ci sia scritto, ci sarà d'aiuto per mandare avanti tutto nel modo giusto fino a quando lei non sarà guarita.»

Faye le lanciò un'occhiata incerta.

«Ma Henry dirige la fabbrica e Harry tiene ancora d'occhio il gregge, anche se nominalmente è in pensione e suo nipote l'ha sostituito.»

«Chi presiederà la riunione del comitato contro la nuova strada, se non potrà farlo la nonna?» chiese Camilla.

«Quale strada?» si informò Sage.

«C'è il progetto di far passare una nuova autostrada a ovest del villaggio» le spiegò Faye. «Passerà attraverso i terreni coltivati, a pochi metri dalle case. Tua madre ha organizzato un comitato di protesta, e ha cercato di elaborare un'alternativa accettabile. Abbiamo avuto una riunione preliminare due settimane fa. Naturalmente, il comitato ha eletto Liz presidente.»

I sentimenti di offesa e di rabbia che Sage provava in quel momento erano stranamente in contrasto con quello che era il suo rapporto con Cottingdean e col villaggio. Era stata anche troppo felice di andarsene lontano, perciò per quale assurda ragione doveva montare in collera perché qualcuno voleva rovinarlo costruendo una strada?

In quel momento Jenny, la domestica che, assieme al marito, giardiniere e autista, lavorava a Cottingdean da più di dieci anni, entrò col carrello del tè, e per prima cosa chiese a Sage notizie di sua madre.

Lei le spiegò la situazione in poche parole, poi Jenny disse: «Oh, quasi dimenticavo. Il signor Dimitrios ha telefonato poco prima del suo arrivo».

Alexi.

Sage sospirò. Doveva essere furioso con lei. Avrebbero dovuto cenare insieme quella sera, e lei gli aveva lasciato un messaggio sulla segreteria telefonica per informarlo brevemente dell'accaduto, promettendo di chiamarlo più tardi.

Le faceva la corte da quasi due mesi, ormai. Un tempo insolitamente lungo, per lui, di frequentare una donna senza portarla a letto, come l'aveva informata l'ultima volta che si erano visti.

Non c'era alcuna vera ragione perché non diventassero amanti. Alexi era alto, atletico, con un viso piacevole. Sage lo aveva conosciuto a Sydney, dove si trovava per ragioni di lavoro. Era di origine greca, ricco, sicuro di sé, macho in un modo che Sage trovava perfino divertente.

Aveva dimenticato che cosa significasse essere corteggiata in modo tanto aggressivo. Erano passati quasi due anni da quando aveva avuto il suo ultimo amante. Un tempo lunghissimo, specialmente quando era lei la prima ad ammettere che il buon sesso costituiva uno dei maggiori piaceri della vita.

Quello era il punto: il buon sesso non era facile da trovare... o era semplicemente che, con gli anni, lei era diventata più difficile, più esigente, meno incline ad abbandonarsi all'impulso del momento?

Certo, il suo lavoro la impegnava molto, lasciandole poco tempo per la vita di società o per l'autoanalisi.

Ed era meglio così. Aveva passato troppe ore inutili a tormentarsi per l'impossibile... fino a quando non aveva deciso di dare un taglio netto al passato e di cominciare daccapo prendendo la vita come veniva, giorno per giorno.

Sage riconobbe che il suo scarso interesse per l'eventuale collera di Alexi implicava che il suo desiderio per lui era puramente fisico, nella migliore delle ipotesi. Sorrise a Jenny e le disse che non sapeva ancora quanto si sarebbe fermata. L'indomani, sarebbe tornata a Londra a prendere qualche indumento, cosa che avrebbe dovuto fare prima di partire se, uscendo dall'ospedale, non fosse stata troppo turbata per pensare a quelle banalità. Sua madre aveva sempre detto che era troppo impulsiva, che non rifletteva mai prima di agire.

Bevve il tè in fretta, ignorando i delicati pasticcini preparati da Jenny. Ammise distrattamente che forse avrebbe dovuto mangiare qualcosa, d'altra parte il pensiero del cibo la nauseava.

Avvertendo il suo nervosismo, anche Faye depose la tazza.

«I diari... Liz ha davvero detto che dobbiamo leggerli?» chiese.

«Temo di sì. Sono riluttante quanto te ad aprirli, Faye. Ma, conoscendo la mamma, sono sicura che non contengono altro che la dettagliata registrazione del suo lavoro. Non ho idea del perché voglia che li leggiamo, e non desidero farlo, ma... ho promesso, perciò tanto vale che ci togliamo il pensiero alla svelta. Possiamo telefonare all'ospedale stasera alle otto, per sapere come sta. Quanto ai diari, a mano a mano che li leggerò, li passerò a te, e tu a Camilla. È meglio chiedere a Charles di accendere il fuoco in biblioteca.»

Pur sapendo che non c'era ragione di indugiare, Sage si rendeva conto che stava deliberatamente cercando di posporre ciò che doveva fare. Aveva davvero bisogno del fuoco in biblioteca, mentre era acceso il riscaldamento centrale? Quel suo atteggiamento la sorprendeva. Di che cosa aveva paura? Della conferma che sua madre non l'amava? Non l'aveva già accettato tanti anni prima? O temeva di riaprire l'altra vecchia ferita? Era il pensiero di leggere la storia di un periodo così penoso per lei che aveva cercato di cancellarne del tutto il ricordo?

No, si disse. Non aveva niente da temere, assolutamente nulla. Prese le chiavi di sua madre dalla tasca della giacca. Fu facile trovare quella che apriva la scrivania.

«I diari sono nei cassetti a sinistra» disse Camilla. Poi, come avvertendo la sua esitazione, chiese: «Vuoi... ti farebbe piacere che venissimo con te?».

Per un momento, l'espressione di Sage si addolcì, ma subito dopo rispose, ironica: «Sono solo dei vecchi diari, Camilla, non un testo di magia nera. Dubito che contengano qualcosa di più pericoloso dei dati sull'allevamento delle pecore». Si alzò e si diresse alla porta, decisa. «Cenate sempre alle otto e mezzo?»

«Sì, ma possiamo anticipare, se vuoi» rispose Faye.

«No. Leggerò fino alle otto, poi chiameremo l'ospedale.» Si chiuse la porta alle spalle e rimase per un momento nell'ingresso.

Il sole primaverile tingeva i pannelli di legno di un color miele scuro, illuminando le grandi caraffe di peltro colme di fiori poste sulle mensole.

La biblioteca era di fronte al salotto. Sage si fermò sulla porta, poi deviò verso la cucina e chiese a Charles di accendere il fuoco. Nel frattempo, andò di sopra. La sua camera era stata ristrutturata in occasione del suo diciottesimo compleanno. Sua madre aveva scelto l'arredamento e, come al solito, non aveva sbagliato.

Nella stanza mancavano le morbide tinte pastello, che sarebbero state scialbe per lei, e invece predominavano i colori che amava: blu, verde, rosso. Il grande letto a baldacchino era stato fabbricato nella proprietà, con il loro legno, ed era tutto intagliato a mano. Per tutti, quel letto era un dono d'amore, ma Sage vi aveva visto solo l'adempimento di quello che sua madre considerava un dovere. Sua figlia compiva diciotto anni, perciò doveva avere un regalo commisurato all'occasione.

Nella stanza da bagno adiacente Sage si lavò le mani e controllò il trucco. Aveva bisogno di un tocco di rossetto e di spazzolarsi i capelli.

Sorrise cupamente fra sé. Cercava ancora di rimandare il momento. Perché? Che cosa c'era, dopotutto, da temere... da rivelare? Conosceva ogni particolare della vita di sua madre, come tutti del resto al villaggio: una vita a dir poco esemplare.

Sua madre era arrivata in quella casa a diciotto anni, sposata da poco, con un marito già gravemente infermo. Si erano conosciuti quando Liz lavorava come aiuto infermiera in un ospedale militare, si erano innamorati, sposati, ed erano andati a vivere a Cottingdean, la proprietà che suo padre aveva ereditato da un cugino. Tutti sapevano che la giovane sposa aveva scoperto che la proprietà che suo marito le aveva dipinto come un paradiso era abbandonata e semidistrutta, e che lei aveva lavorato duramente per riportarla all'antico splendore. Sapevano come avesse avuto la lungimiranza e il coraggio per iniziare un programma selettivo di allevamento del piccolo gregge, che ora produceva una qualità molto speciale di lana. Ma Sage non aveva idea di come sua madre avesse potuto prevedere che quel filato sarebbe stato richiesto in tutto il mondo, e tantomeno di come avesse persuaso suo padre a permetterle di fare quel tentativo, e in seguito di dirigere la fabbrica, e provò un'improvvisa curiosità.

Scese le scale, esitò ancora un momento davanti alla porta della biblioteca, poi entrò. Il fuoco scoppiettava allegramente nel camino e qualcuno, senza dubbio Jenny, aveva avuto l'accortezza di portare il vassoio del caffè.

Chiudendosi la porta alle spalle, Sage ricordò che, quando era bambina, quella stanza era stata proibita per lei. Era il santuario di suo padre. Di là, poteva starsene seduto sulla sua sedia a rotelle e godere la vista del giardino. Lui e sua madre vi passavano tutte le sere...

Basta, si disse. *Non sei qui per rivangare il passato. Sei qui per leggerne la storia.*

Aprì i cassetti, e ne uscì un lieve odore di muschio, mescolato al profumo di sua madre. Scorse i diari. Erano più di quanti avesse immaginato, tutti metodicamente numerati e datati, come se Liz avesse sempre saputo che sarebbe venuto quel giorno, come se lo avesse deliberatamente progettato...

Ma perché?, si chiese, mentre tendeva la mano verso il cassetto per prendere il primo diario. Nell'aprirlo, le mani iniziarono a tremarle e un velo di lacrime le offuscò la vista. Non voleva... non poteva farlo. Eppure le sembrava quasi di avvertire la voce di sua madre che le sussurrava: «Hai promesso...».

Sbatté le palpebre e lesse la prima frase.

Oggi ho conosciuto Kit.

Kit... Sage corrugò la fronte e voltò la pagina per controllare la data. Quel diario era stato iniziato quando sua madre aveva diciassette anni. Poco dopo il diciottesimo compleanno si era sposata. Perciò, chi era Kit?

Provò un acuto senso di disagio, fissando i caratteri precisi, armoniosi. Era come trovarsi di fronte a un corridoio oscuro, che si doveva superare, ma nel quale si aveva paura di entrare. Eppure, che cosa c'era da temere?

Rimproverandosi di essere tanto apprensiva, riprese il diario e cominciò a leggere.

Oggi ho conosciuto Kit.

1

Primavera 1945

Oggi ho conosciuto Kit.

Solo rileggere quelle parole le faceva girare la testa per la felicità, riconobbe Lizzie, pensando che era pressoché impossibile tradurre in fredde, semplici lettere scritte l'intero nuovo mondo di sensazioni e di emozioni che le si era aperto davanti.

Sino al giorno prima la sua vita era stata dominata dalla dura routine del suo lavoro di aiuto infermiera: orari interminabili, paga bassa, e tutti gli orribili, sporchi compiti che le infermiere professionali si guardavano bene dallo svolgere.

Lizzie avrebbe preferito rimanere a scuola, ma poiché i suoi genitori erano morti in uno dei tanti bombardamenti di Londra, non aveva avuto altra scelta che accettare il perentorio consiglio di sua zia: doveva smettere di studiare e cominciare a guadagnarsi da vivere.

La zia Vi non intendeva maltrattarla, d'altra parte non era una donna dotata di forte sensibilità. Non si era mai sposata e non aveva figli e, come ripeteva spesso alla pronipote, l'aveva presa con sé solo per dovere. Lei stessa era andata a servizio a tredici anni e aveva lavorato sodo tutta la vita, salendo a poco a poco tutti i gradini della gerarchia della servitù, fino a diventare la governante di Lord e Lady Jeveson.

Lizzie aveva trovato sconvolgente lasciare l'atmosfera disordinata ma confortevole della modesta casa londinese nella quale viveva con i genitori per andare a vivere in campagna, dove tutto le era estraneo e i suoi genitori le mancavano terribilmente. La zia Vi era molto diversa da sua madre...

Tutto ciò era accaduto quattro anni prima. Ora, Lizzie aveva quasi dimenticato l'aspetto dei suoi genitori. Il loro ricordo, come quello della vecchia casa, sembrava appartenere a un'altra vita. Si era abituata ai modi bruschi della zia, ed era molto cambiata rispetto alla tredicenne timida che era stata.

La zia Vi sapeva bene quello che si doveva fare. Aveva cominciato col correggere il suo accento e la sua educazione, e alla fine le aveva trovato quel lavoro in ospedale. E quando Lizzie l'aveva supplicata di lasciarla rimanere a scuola, le aveva detto a chiare lettere che non poteva permettersi di mantenere una nipote adulta e fannullona. Inoltre, aveva aggiunto, nel caso non lo avesse notato c'era la guerra ed era suo preciso dovere aiutare i suoi compatrioti. Ormai la decisione era presa. La capoinfermiera dell'ospedale era una sua amica e, prima ancora che Lizzie avesse il tempo di rendersene conto, era stata sistemata nell'ostello non lontano dall'ospedale, in un dormitorio con una dozzina di compagne di lavoro. Le altre ragazze, però, diversamente da Lizzie, passavano il tempo libero non da sole, bensì in compagnia, aiutandosi fra loro per fare la miglior figura in occasione delle visite settimanali alla caserma vicina, per il ballo del sabato sera. Prendevano in giro Lizzie perché se ne stava in disparte ed era diversa, perfino nel modo di parlare, grazie alla severa educazione della zia.

Anche se non viveva più con lei, Lizzie trovava difficile sottrarsi agli insegnamenti che le aveva inculcato la zia Vi, specialmente in merito a ciò che accadeva alle ragazze tanto sciocche da dare ascolto ai complimenti degli uomini, i quali *volevano una cosa sola* e avrebbero *cacciato nei guai una ragazza solo a guardarla.*

La zia Vi non aveva una grande opinione del sesso maschile. Degli uomini, a suo parere, era meglio non fidarsi. E Lizzie, per parte sua, aveva una sensibilità naturale che la faceva recedere di fronte agli approcci spesso maldestri, e sempre scoperti, dei pochi giovanotti coi quali aveva avuto contatti.

C'era la guerra, e gli uomini non avevano il tempo, e tantomeno la necessità, di sprecare quella che poteva essere una vita molto breve nel corteggiare una ragazza, quando ce n'erano tante che non avevano alcun bisogno di essere persuase...

A parte i militari, i soli altri uomini che Lizzie incontrava erano i pazienti. Uomini che erano stati feriti così gravemente che era stato tacitamente riconosciuto che non si poteva fare altro per loro. Così, giacevano in quell'enorme edificio cadente, assistiti in modo distaccato da ragazze che avevano imparato a essere immuni dalla compassione umana, che avevano visto tanti corpi martoriati che non erano più capaci di soffrirne.

Per Lizzie era diverso. Al suo arrivo all'ospedale aveva preso in considerazione l'idea di studiare da infermiera, ma dopo un anno durante il quale aveva visto passarle davanti un flusso costante di uomini il cui corpo era stato distrutto dalla guerra, quando aveva scorto la rabbia e la disperazione nei loro occhi, aveva capito di non essere tagliata per quella professione. Non poteva biasimare le altre ragazze, che cercavano sollievo dal trauma di lavorare con quegli uomini passando le serate libere con i rappresentanti del sesso maschile sani e baldanzosi, che incontravano ai vari balli ai quali partecipavano.

Qualcuno di loro aveva cercato di attaccare discorso anche con Lizzie. Lei li aveva ignorati, d'altra parte aveva solo diciassette anni, e spesso si domandava come sarebbe stato essere la metà di quel perfetto intero che era composto da due persone che si amavano con l'intensità di cui aveva letto tante volte.

Lizzie era una lettrice avida, e una sognatrice. A onor del vero, prima di andare a vivere con la zia non aveva mai aperto un libro, ma la zia Vi, oltre a correggere il suo accento e a insegnarle le buone maniere, aveva anche insistito affinché leggesse quelli che chiamava *libri educativi.*

La casuale munificenza della moglie del vicario, che le aveva passato una cassa di libri appartenuti ai suoi figli, ormai adulti, aveva offerto a Lizzie l'occasione di sottrarsi al severo dominio della zia sulle sue letture, per entrare in un mondo di cui non aveva mai sospettato l'esistenza. Lizzie aveva scoperto la tragedia dell'amore fra Tristano e Isotta, e aveva cominciato a sognare incontri romantici che non avevano nulla in comune con i rozzi approcci dei ragazzi con cui aveva contatti, e questo le aveva reso facile tenere a mente le severe regole della zia di starsene per conto suo e di non cacciarsi in *strane faccende*.

Con *strane faccende*, la zia Vi intendeva il sesso, un argomento di cui, in casa sua, non si parlava mai in modo esplicito. Nella sua opinione, era qualcosa che si doveva ignorare come se non esistesse. Lizzie aveva ingenuamente creduto che tutte le donne la pensassero nello stesso modo, fino a quando non era andata a lavorare all'ospedale. Dalle conversazioni delle compagne, aveva appreso tutto il contrario, ma fino a quel momento non aveva provato altro che una vaga consapevolezza che la sua vita non era completa, che le mancava qualcosa di importante. Certo non aveva mai pensato di condividere con un uomo le intimità di cui le altre ragazze parlavano così apertamente... fino a quel giorno.

Fissò il diario, con occhi sognanti. Era stata la zia a sollecitarla a tenerne uno, non certo per affidargli i suoi pensieri più segreti, bensì per registrarvi i propri progressi. Era solo da quando lavorava all'ospedale che Lizzie si era trovata a scrivere nel diario cose che erano poco più di sogni nebulosi.

Kit... Anche ora era stordita dalla meraviglia di averlo incontrato... di poterne sussurrare il nome nel segreto della sua mente, mentre il suo corpo rabbrividiva di piacere.

Kit... era così diverso... così speciale, così meraviglioso...

Lo aveva saputo fin dal momento in cui lo aveva visto. Lui si era voltato a sorriderle, e all'improvviso il mondo si era riempito di calore e di magia. E pensare che se non avesse deciso di andare a trovare il povero Edward, non avrebbe mai incontrato Kit...

Edward Danvers era con loro da molti mesi, ormai. Maggiore dell'esercito, era rimasto gravemente ferito in Normandia: aveva subito una lesione alla spina dorsale e l'amputazione di entrambe le gambe. Era arrivato all'ospedale teoricamente per rimettersi da una ennesima operazione, ma Lizzie sapeva, come tutti, che era là perché non aveva altro posto dove andare. I suoi erano morti, non era sposato e Lizzie sospettava che non avesse alcun desiderio di continuare a vivere. Era tranquillo, silenzioso, non si lamentava mai, ma era evidente che si stava a poco a poco chiudendo al resto del mondo, come se si augurasse di morire al più presto.

A Lizzie era simpatico, anche se la maggior parte delle altre ragazze lo considerava una ben povera compagnia. A lei non dispiacevano i suoi silenzi. Sapeva che amava in modo particolare essere portato in giardino. Una volta le aveva detto che gli rammentava la casa dei suoi nonni.

Cottingdean, si chiamava, e quando ne parlava si capiva che era un luogo il cui ricordo gli dava gioia e sofferenza allo stesso tempo. A volte, Lizzie notava che i suoi occhi erano lucidi e si chiedeva perché, se c'era un luogo che amava tanto, si ostinasse a restare in quell'ospedale, d'altra parte era troppo discreta per chiederglielo.

A poco a poco, una timida amicizia si era sviluppata fra loro e spesso, nei suoi giorni liberi, Lizzie passava qualche ora con Edward, lo portava in giardino con la sedia a rotelle, se il tempo era bello, o leggeva per lui ad alta voce, sapendo che il semplice sforzo di reggere un libro lo stancava.

Ora, rabbrividiva all'idea che quel particolare giovedì aveva quasi rinunciato all'idea di passare il suo prezioso tempo libero con Edward. Si era svegliata in preda a uno stato d'animo strano, irrequieto, con il corpo e la mente pervasi da bisogni vaghi e sconosciuti. Ma poi si era detta che Edward desiderava tanto uscire. Nel parco i rododendri erano in piena fioritura ed erano giorni che lui sperava di vederli. Il cielo era sereno e il sole splendeva... No, non sarebbe stato giusto deluderlo.

Così, Lizzie si era lavata nel freddo, squallido bagno che condivideva con le altre ragazze, si era concessa il lusso di farsi uno shampoo ai capelli e di domandarsi se avrebbe mai avuto il coraggio di farli tagliare. Era l'unica ragazza dell'ostello che portasse i capelli raccolti in un severo chignon, una pettinatura antiquata tanto cara alla zia Vi. Per un momento Lizzie si chiese come sarebbe stata con uno di quei tagli diritti, lunghi fino alle spalle, che portavano alcune sue compagne, e sospirò. Le altre ragazze usavano il rossetto e la cipria, si scurivano le ciglia col lucido da scarpe e se avevano la fortuna di possedere un paio di calze di nailon, portavano le gonne deliberatamente corte per mettere in mostra le gambe.

Indossando la sua pratica biancheria di cotone, Lizzie ammise che il rossetto e le pettinature alla moda non erano per lei, e neppure i bei vestiti.

La zia Vi conduceva una vita frugale, e quando Lizzie era cresciuta troppo per portare gli abiti con cui era arrivata da Londra, aveva adattato per lei dei vecchi vestiti tirati fuori da un baule di indumenti che i suoi datori di lavoro le avevano regalato nel corso degli anni.

Che la gonna che indossava in quel momento fosse appartenuta un tempo a Lady Jeveson importava ben poco a Lizzie. La qualità della stoffa era ottima, ma purtroppo Lady Jeveson non amava le tinte pastello che si sarebbero adattate così bene alla carnagione chiara e ai capelli biondi di Lizzie. La camicetta che indossava poteva anche essere di seta, ma era di uno scialbo color nocciola che non metteva certo in risalto la sua pelle.

L'ospedale era dalla parte opposta del villaggio, e Lizzie vi si recava con la sua vecchia bicicletta. Quando erano in servizio, le ragazze mangiavano all'ospedale: non lo stesso cibo dei pazienti, ma pasti che spesso, e a ragione, definivano *inadatti perfino per i porci.*

Certo, le vivande non avevano niente in comune con la cucina della zia Vi. Per quanto fosse parsimoniosa, la zia era un'ottima cuoca, e Lizzie rimpiangeva le verdure fresche, il latte e la frutta di stagione che riusciva sempre a procurarsi.

Quella mattina, poiché non era in servizio e non era permesso cucinare all'ostello, Lizzie avrebbe dovuto saltare la colazione, oppure fare un costoso spuntino all'unica locanda del villaggio.

Cercò stoicamente di convincersi di non avere appetito, benché lei e le sue compagne fossero sempre affamate. Il lavoro era duro e, per quanto si lamentassero del cibo, nei loro piatti non ne restava mai una briciola. Erano tutte piuttosto magre, e in particolare Lizzie, che aveva una struttura più minuta delle altre.

Preferì non attraversare il villaggio, per non cadere in tentazione passando davanti alla locanda, e la aggirò percorrendo una stradina che conduceva direttamente all'entrata posteriore dell'ospedale. Pedalava allegramente in mezzo alla strada quando sentì sopraggiungere la macchina. Era un rumore così inaspettato che sulle prime non pensò neppure di scansarsi. Il villaggio subiva la sua parte di traffico militare, ma quasi nessuno passava per quella strada secondaria, perciò, assorta nelle sue fantasticherie, Lizzie non si rese conto che qualcuno le stava arrivando alle spalle se non quando era già troppo tardi. Solo all'ultimo momento, voltandosi, scorse una costosa macchina scoperta, guidata da un uomo giovane, con i folti capelli neri scompigliati dal vento, la pelle abbronzata e un'impeccabile uniforme da pilota dell'aviazione.

Cercò disperatamente di portarsi sul lato della carreggiata, ma perse l'equilibrio e rovinò a terra. L'uomo si fermò con uno stridio di pneumatici e un'imprecazione al suo indirizzo.

Lizzie si rialzò, rossa in viso, desiderando in cuor suo che si aprisse all'istante nella strada una grossa buca nella quale nascondersi.

«Ehi, dico, stai bene? Hai fatto un bel volo! Pensavo che mi avessi sentito...»

«Sì, ma non mi ero resa conto... Be', nessuno passa mai per questa strada, e...» Lizzie era in piedi, ora. Una vocina dentro di lei le rimproverava la vanità di non aver voluto indossare le pesanti calze che le avrebbero protetto in qualche modo le ginocchia altrimenti scoperte, ed era anche troppo conscia dell'aspetto scialbo che doveva avere agli occhi di quell'uomo incredibilmente attraente che torreggiava su di lei, guardandola in un modo che la induceva a odiare Lady Jeveson per aver scelto abiti così spenti.

Le salirono le fiamme al viso quando si rese conto di che cosa le stava succedendo. Per la prima volta nella vita sperimentava l'inebriante, pericolosa sensazione di innamorarsi di uno sconosciuto... l'emozione, i sentimenti che aveva sentito così spesso descrivere dalle altre.

La sua espressione rapita attrasse l'attenzione di Kit Danvers, nonostante gli orrendi abiti che indossava e la pettinatura che gli ricordava le fotografie di sua nonna. A guardarla bene, era davvero bella, riconobbe con la facilità di un maestro abituato a ghermire le sue prede nei posti più inaspettati.

Scovare perle preziose nascoste in conchiglie insignificanti era la specialità di Kit, una rara dote che gli altri uomini gli invidiavano, riconoscendo che, quando si trattava di donne, Kit Danvers aveva un qualcosa che il sesso femminile trovava irresistibile.

Lizzie, naturalmente, non sapeva nulla di tutto ciò. Tutto quello che sapeva era che, mentre guardava i ridenti occhi azzurri fissi nei suoi, il bel viso abbronzato dai lineamenti decisi e il sorriso pieno di calore, qualcosa si scioglieva dentro di lei, qualcosa di totalmente nuovo eppure antico come Eva.

«Hai una macchia sul naso... Ecco, non c'è più.»

Lizzie trattenne il respiro mentre lui tendeva la mano per passarle un dito sul naso, con noncuranza. Mille sensazioni si erano irradiate all'istante dal punto che lui aveva toccato, attraversando tutto il suo corpo.

«Senti, non puoi proseguire su quella cosa, ora... Posso darti un passaggio? Dov'eri diretta?»

«All'ospedale» ansimò Lizzie, senza sapere bene che cosa dicesse. «Lavoro là.»

«Davvero? Ma che coincidenza! Ci sto andando anch'io. Mi hanno detto che questa era la strada meno battuta. Non dovrei guidare questa, capisci» le disse lui, battendo un colpetto sulla lucente carrozzeria verde scuro della macchina. «Con la benzina razionata, e via dicendo... Per fortuna, gli Yankee non sono così parsimoniosi, e conosco uno che...» Kit si interruppe e sorrise. «Ma ti sto annoiando a morte, immagino. Una ragazza carina come te non vuole...»

Una ragazza carina... Lizzie lo guardò con adorazione. La giudicava carina. Il cuore le balzò in gola... poi ricordò gli insegnamenti della zia Vi e abbassò gli occhi, cercando di raccogliere da terra la bicicletta.

«Devo andare... mi spiace non averla sentita arrivare...»

«Sei in ritardo per il lavoro? Che cosa ci fai all'ospedale, sei infermiera?»

«No, solo aiuto infermiera» confessò Lizzie, e la sorpresa che gli lesse negli occhi la ferì un po'.

Non le era mai importato di quello che la gente pensava del suo umile lavoro, ma ora, all'improvviso, avrebbe voluto poter dire a quel bell'uomo sorridente che faceva qualcosa di importante...

«Be', non voglio che tu abbia guai per il ritardo, soprattutto visto che è colpa mia. Salta su, io metto dietro la bicicletta.»

«A dire la verità, fino a stasera non lavoro» confessò Lizzie, esitante. «Vado a trovare una persona...»

Kit drizzò le orecchie.

«Un amichetto?» si informò, facendola arrossire.

«No, è uno dei pazienti... Gli ho promesso di portarlo fuori con la carrozzina a vedere i rododendri fioriti. Dice che gli ricordano la casa dei suoi nonni quando era bambino...»

«Sei una ragazzina sensibile, non è così? È un caso senza speranza, vero?»

Qualcosa nel suo tono noncurante urtò la sensibilità di Lizzie. Benché sapesse che Edward Danvers era condannato a una vita di sofferenze e di solitudine, rispose in fretta: «No... no, certo».

Forse era il contrasto fra i due uomini: Edward pallido e magro, invecchiato prima del tempo, con il corpo orribilmente ferito, la sua virilità distrutta dalle stesse, crudeli lesioni che avevano imposto l'amputazione delle gambe; l'uomo che aveva davanti, invece, era così pieno di salute, così incurante di ciò che il destino aveva in serbo per lui! All'improvviso, Lizzie fu sopraffatta da un'ondata di panico, dal bisogno di stringerlo a sé... Era la prima volta che provava qualcosa di simile, e fu un'emozione che la lasciò troppo debole per opporsi quando Kit insistette perché salisse in macchina.

Lo spazio nell'abitacolo era così ristretto che Lizzie fu immediatamente conscia del tepore del suo corpo, del suo penetrante odore maschio, sensazioni inebrianti che non aveva mai provato prima d'allora.

Lui avviò la macchina, guidando con una noncurante imprudenza che la eccitò e la spaventò al tempo stesso.

«Mi sembra di capire che non hai famiglia, qui...» cominciò lui.

Quella ragazza lo incuriosiva. Aveva un'aria così timida, così ingenua! Dubitava che un uomo l'avesse baciata in precedenza, e meno che mai...

«No» mormorò Lizzie.

«E allora che cosa ti ha portato da queste parti?»

Kit era un esperto nelle tecniche per avvicinare una donna, e quella, innocente com'era, gli sarebbe caduta fra le braccia come un frutto maturo. Bastava qualche complimento, un po' di persuasione...

Lizzie era sorpresa. Non accadeva spesso che qualcuno si interessasse di lei abbastanza per farle delle domande.

«Mia... mia zia mi ha mandata qui. Conosce la capoinfermiera dell'ospedale.»

«Tua zia? Non hai altri parenti, allora?»

«No, non più.» La voce le morì in gola. «Una bomba...» mormorò.

Mentre annuiva e borbottava qualche parola di comprensione, Kit si congratulò con se stesso. Niente famiglia, a parte una zia a cui doveva importare ben poco di lei, e che comunque era lontana. Aveva ancora un paio di giorni di licenza. Non c'era ragione perché non li passasse in quel villaggio. Mentre chiacchierava di cose insignificanti, si divertì a immaginare come sarebbe stato, con lei. Gli avrebbe dato tutto ciò che le avesse chiesto, purché le avesse detto che l'amava. Sorrise cinicamente fra sé. Conosceva bene l'effetto che la sua bella faccia produceva sui cuori femminili. Le donne erano così sciocche! Bastava che un uomo dicesse loro che le amava ed erano disposte a tutto!

«Peccato che non possiamo fingere che tu non debba andare all'ospedale» le disse sottovoce. «Potremmo semplicemente proseguire... fuggire insieme e non tornare mai più indietro. Ti piacerebbe, dolcezza? Vorresti passare il resto della vita con me?»

Il cuore di Lizzie batteva freneticamente, in un misto di sbalordimento e di felicità. Si accorse di arrossire.

«Vogliamo farlo?» continuò lui. «Vuoi che ti rapisca e ti porti in qualche posto dove saremo solo noi due...?»

La sua voce aveva assunto un tono carezzevole, quasi ipnotico. Incapace di distogliere gli occhi dal suo viso, Lizzie aveva praticamente smesso di respirare.

Approfittando del suo smarrimento, lui assunse un tono carico di rimpianto.

«Come vorrei poterlo fare! Ma non posso, purtroppo. C'è una guerra da vincere...»

Il suo sguardo assunse un'espressione distante. Aveva scoperto molto presto che se c'era una cosa che le donne trovavano ancora più irresistibile delle promesse d'amore era l'idea che un uomo vero doveva mettere il suo paese davanti ai suoi sentimenti. E quella ragazza non faceva eccezione.

Lizzie provava un'acuta sofferenza. Presto si sarebbero separati ed era improbabile che lo rivedesse, nonostante quello che diceva.

«Credo che sia meglio che mi lasci qui» mormorò, mentre si avvicinavano al cancello.

La capoinfermiera aveva opinioni molto precise circa il dovere delle ragazze di tenere a distanza i corteggiatori.

«La fraternizzazione è proibita, eh?» indovinò subito lui, fermando la macchina.

Lizzie non riuscì ad aprire la portiera, e lo guardò volteggiare agilmente al di sopra della sua e girare attorno alla macchina per aiutarla. Invece di aprirle la portiera, si chinò e la sollevò di peso, sicché per un breve, inebriante momento Lizzie si trovò stretta a lui, mentre la deponeva a terra con studiata lentezza.

«Come sei piccola» sussurrò Kit, guardandole le labbra. «Giusto fatta per essere stretta fra le braccia di un uomo... Ti ha mai baciata qualcuno, dolcezza, o hai aspettato me?»

Il cuore di Lizzie batteva così forte che udiva a malapena le parole di Kit. Si sentiva stordita, e nello stesso tempo tutto attorno a lei sembrava che fosse diventato più luminoso, come se vedesse il mondo con occhi nuovi.

«Sai che cosa ci sta accadendo, vero?» insistette lui. «Sai che tu e io...» Si interruppe, e il suo viso assunse un'espressione intensa, decisa, mentre la stringeva fin quasi a farle male. «Devo rivederti» affermò, roco. «Quando sei libera?»

Libera... Lizzie si sforzò di recuperare il controllo, la ragione; d'altra parte si erano dissolti entrambi, non contavano più nulla. Tutto ciò che importava era quella felicità dolcissima, quella sensazione delirante di fluttuare al di sopra del terreno, di sperimentare, tutt'a un tratto, la pienezza della vita, di aver incontrato finalmente l'uomo che incarnava tutti i suoi sogni.

«Io... dopo pranzo» si sentì dire, con voce incerta.

«Passerò a prenderti alle due e mezzo» sussurrò Kit.

E poi, mentre la deponeva a terra, le sfiorò le labbra con le sue. Fu un tocco lieve... un tocco che una ragazza più esperta avrebbe riconosciuto come una deliberata provocazione, ma che a Lizzie parve un segno della più grande reverenza, il più casto dei baci, come se lui quasi non osasse permettere alle proprie labbra di sfiorare le sue. Così, nei libri che aveva letto, gli eroi osavano a malapena contaminare le loro beneamate con la carnalità dei propri desideri, veneravano la loro purezza, anche quando bramavano di possederle.

Lizzie non sapeva nulla del mondo reale, della noncurante avidità con cui gli uomini come Kit Danvers possedevano fisicamente le loro donne, reclamandole col diritto di chi giorno per giorno, ora per ora, si trovava faccia a faccia con la morte.

«Una cosa, dolcezza...» Lizzie alzò gli occhi a guardarlo, adorante, e lui le sfiorò lo chignon. «Portali sciolti, e mettiti qualcosa di carino. Mi piace che le mie ragazze siano graziose.»

Per un attimo, una nube parve oscurare il sole, raggelando Lizzie. *Le sue ragazze...* Il suo bel sogno fu, per un momento, insidiato dalla cruda realtà, ma poi Kit le sfiorò il viso, tracciando la linea delicata dello zigomo, e le nuvole furono spazzate via da un'ondata di calore.

Mentre aspettava che le riconsegnasse la bicicletta, Lizzie desiderò che fossero già le due e mezzo, che non ci fossero lunghe ore da aspettare col timore che lui cambiasse idea, che incontrasse una ragazza più carina, più attraente...

Senza saperlo, era già entrata in un nuovo mondo, sconosciuto e pericoloso.

Lizzie trovò Edward già pronto ad aspettarla, visibilmente teso.

«Mi dispiace, sono in ritardo» si scusò.

A poco a poco, maturando, aveva sviluppato una sensibilità verso i sentimenti altrui che, a volte, avrebbe preferito non avere. Quel giorno, quando lei stessa era scossa da tante sensazioni nuove, era particolarmente conscia della sofferenza di Edward, della sua ansia.

«Ho pensato che forse avevi cambiato idea. Non dovresti passare il tuo tempo libero con me... Le ragazze carine come te dovrebbero essere fuori a divertirsi.»

Era la seconda volta, quel giorno, che un uomo le diceva che era carina, ma in quel caso Lizzie non provò la gioia esaltante che aveva sperimentato quando *lui* le aveva rivolto lo stesso complimento, solo una acuta, penosa certezza che Edward sapeva che una donna poteva provare compassione nei suoi confronti, ma non desiderio.

Mentre spingeva fuori la carrozzina, lo vide sollevare il viso verso i raggi del sole. La sua pelle aveva un colore grigiastro, malaticcio, le ossa erano sporgenti. Era dimagrito nei lunghi mesi passati all'ospedale, e il cuore di Lizzie si strinse, paragonandolo all'*altro*.

I rododendri crescevano su un pendio ai margini del giardino vero e proprio. Lizzie desiderava realmente alimentare la piccola scintilla di interesse che aveva scorto negli occhi di Edward la prima volta che lo aveva portato là. Ansava un po' mentre spingeva la carrozzina lungo il sentiero erboso, ma i suoi sforzi furono ricompensati quando, svoltato un angolo, Edward poté vedere lo splendore dello scenario che si stendeva davanti ai suoi occhi. Lo sentì trattenere il respiro, e quando si chinò su di lui vide le lacrime scorrergli sul viso.

«Sono bellissimi» mormorò lui. «Somigliano tanto a quelli di Cottingdean... Mia nonna adorava il suo giardino.»

«Chi ci vive, adesso?» chiese Lizzie, intuendo che Edward aveva bisogno di parlare della casa che amava tanto.

«Nessuno. Solo una coppia di custodi va ogni tanto per tenerla in ordine. È stata requisita all'inizio della guerra, ma ora è vuota. È troppo fuori mano per servire a qualcosa. Attualmente appartiene a mio cugino. A volte, di notte, sogno di tornarci...» Un sorriso amaro gli increspò le labbra. «Ma se tornassi, non sarei più un ragazzino libero di correre dappertutto, bensì uno storpio inutile...»

Lizzie si morse il labbro, chiedendosi se avesse fatto bene a portarlo in quel luogo che suscitava in lui i ricordi della sua infanzia.

Senza una parola, girò la carrozzina e riprese la via dell'ospedale. Sapeva per esperienza che quando Edward era in quello stato d'animo, la cosa migliore era lasciarlo parlare. Era come drenare il veleno da una ferita... solo che quella particolare ferita non si sarebbe mai rimarginata del tutto.

Erano a metà strada quando Lizzie vide un uomo che veniva loro incontro lungo il sentiero. Lo riconobbe subito. Il suo passo era così elastico, maschio, incoscientemente arrogante che il cuore le si strinse per Edward.

Lo vide aggrapparsi ai braccioli della carrozzina, ma era così felice di vedere lui che non si domandò che cosa ci facesse là. Tutto quello che desiderava era corrergli incontro, sentirsi stringere fra le sue braccia, sentire la bocca di lui possedere e accarezzare la sua.

Ma non fu a Lizzie che lui si rivolse, anzi, parve non notarla affatto. Invece parlò a Edward, esordendo con noncuranza: «Ah, eccoti qui, vecchio mio. Mi hanno detto che ti avrei trovato da queste parti...».

«Christopher...»

Christopher... Si chiamava Christopher. Era un nome adatto a lui, in qualche modo. Lizzie lo assaporò in silenzio, lentamente.

«Lo spingo io, vuoi?»

Immersa nelle sue fantasticherie, Lizzie non lo aveva visto avvicinarsi, e ora, all'improvviso, le era accanto. Cercò di guardarlo ma non poté, paralizzata da una improvvisa timidezza.

Sentì Edward dire: «Lizzie, ti presento Christopher Danvers, mio cugino. Christopher, Lizzie è...».

«Lo so. Lizzie e io ci siamo già incontrati, stamattina, quando praticamente l'ho messa sotto con la macchina.» Tese la mano e prese quella di lei, facendola tremare di gioia.

«Chiamami Kit» le sussurrò, guardandola languidamente negli occhi.

Lei era così sorpresa, così stordita che solo parecchi secondi dopo che Kit le aveva lasciato la mano si rese conto della tensione di Edward. Si mosse verso di lui, d'istinto, poi si fermò, confusa. Per un momento, era stata sul punto di mettersi fra Edward e Kit, come per proteggere il primo. Ma perché doveva proteggere Edward? Kit era suo cugino... Lei ne era innamorata, era meraviglioso, perfetto. Non capiva l'ostilità di Edward nei suoi confronti.

«Guidi sempre maledettamente troppo veloce» disse Edward, secco.

«Be', per fortuna non è successo niente, e quando il tuo angelo custode mi ha detto che stava venendo all'ospedale a intrattenere caritatevolmente uno dei suoi pazienti, non avevo idea che parlasse di te.»

«Che cosa ci fai qui, Kit?»

La domanda fu così brusca che Lizzie ne rimase sorpresa.

«Dovere, amico mio. Ora che il mio vecchio è morto, sono il capo della famiglia... Sono venuto a vedere come stai e per sapere che cosa pensi di fare quando la guerra sarà finita...»

«Non ti importunerò con la mia presenza a Cottingdean, se è questo che ti preoccupa» lo interruppe Edward, rigido.

Lizzie cominciava a sentirsi a disagio.

«Io... credo sia meglio che vada» mormorò, incerta. «Voi dovete discutere di affari di famiglia...»

Fece per avviarsi lungo il sentiero, ma Kit la raggiunse, voltando le spalle al cugino in modo che non potesse sentirlo mentre le sussurrava: «Non hai dimenticato il nostro appuntamento, vero? Non mi fermerò molto col vecchio Edward... Le due e mezzo, ricorda».

Il cuore di Lizzie diede un balzo per la felicità.

«Le due e mezzo» confermò con voce tremante.

I due uomini la guardarono allontanarsi, poi Kit commentò: «Carina, per essere un'inserviente».

«Non è un'inserviente, è aiuto infermiera... Dovrebbe essere ancora a scuola. È sprecata per questo genere di lavoro.» Edward si agitò sulla carrozzina e imprecò amaramente: «Maledizione a questa guerra...».

«Calma, vecchio mio. Non posso biasimarti, comunque. Incatenato a quella sedia mentre hai continuamente intorno quella cosina graziosa. Devo dire che mi sentirei frustrato anch'io.»

Kit era già stufo di quella visita. Aveva cose ben più importanti a cui pensare, come vincere la guerra e, nel frattempo, andare a letto con quante più belle ragazze fosse possibile. Uno dei vantaggi di essere fra i migliori piloti d'Inghilterra...

Era stato il suo comandante a fare un paio di commenti di troppo sulle condizioni di Edward, tanto che lui si era sentito in obbligo di andarlo a trovare... anche per dirgli chiaro e tondo che, finita la guerra, ognuno se ne sarebbe andato per la propria strada.

«Lasciala in pace» lo avvertì Edward, cupo. «È poco più di una bambina. Non capisce le regole del tuo gioco, Kit. È innocente...» Si interruppe, rendendosi conto che Kit trovava oltremodo divertente il suo discorso. «Sei ancora fidanzato con Lillian?»

«Certo. Con tutti i suoi soldi... Inoltre, non ho molta scelta, no?»

«Se non l'ami…»

«Amarla? Che sciocco sei, Edward. Hai passato troppo tempo da solo» ironizzò Kit. «Ho bisogno di una donna come Lillian, ma questo non vuol dire che non possa divertirmi.»

«Non sei cambiato, Kit. Non ti sei mai curato dei sentimenti altrui, e non te ne curerai mai.»

«Mentre tu te ne sei sempre curato troppo, e così ti trovi su quella carrozzina. Ho sentito che sei stato ferito tentando di salvare un compagno... Se non fossi stato così maledettamente eroico, ora saresti un uomo sano, anziché un povero storpio. Sei uno sciocco, Edward, d'altra parte lo sei sempre stato. E a proposito, quando Lillian e io saremo sposati, non penserai di installarti a Cottingdean, vero? In ogni caso, ho intenzione di venderla. Lillian preferisce un appartamento a Londra, e immagino che quando la guerra sarà finita

Cottingdean sarà buona soltanto per la demolizione.»

Kit era sempre stato così, crudele e prepotente, fin da ragazzo, rifletté Edward. Ma allora, lui non se n'era preoccupato...

Tutt'a un tratto si rese conto di essere terribilmente stanco, impotente, vulnerabile. Gli occhi gli si riempirono di lacrime di rabbia e di frustrazione e, per l'ennesima volta, desiderò di avere il coraggio e la forza di farla finita.

2

«Hai un appuntamento, non è così?»

Lizzie arrossì, benché la domanda fosse stata posta in tono abbastanza amichevole.

Memore dell'avvertimento di Kit, tornata all'ostello aveva frugato freneticamente nel suo sparuto guardaroba, cercando invano *qualcosa di carino*. Tutto quello che poteva fare era sciogliersi i capelli e spazzolarli fino a farli risplendere. Si sarebbe sentita lievemente a disagio, d'altra parte Kit glielo aveva chiesto, e lei era disposta a fare qualunque cosa pur di compiacerlo.

Ora però, sotto gli sguardi curiosi e divertiti delle altre ragazze, aveva perso quel po' di coraggio che era riuscita a racimolare.

«Non vorrai metterti quella roba, vero?» commentò una delle sue compagne, con una smorfia.

Lizzie arrossì ancora di più. D'altra parte non era abituata a confidarsi... La zia Vi l'aveva sempre tenuta a distanza, e le aveva insegnato a comportarsi nello stesso modo.

«Io... non ho nient'altro» ammise, a testa china.

«Posso prestarti qualcosa io» si offrì una delle ragazze. «Abbiamo più o meno la stessa taglia.»

«Oh via, Rosie, può darsi che abbiate la stessa statura, ma Lizzie è molto più magra di te.»

«Non tanto» protestò Rosie. «Può mettersi il vestito che ho avuto da Meg la settimana scorsa, con una cintura in vita.»

«Be', si può sempre provare. Ma avrà bisogno anche di un po' di trucco, no? E di un paio di scarpe decenti.

A proposito, che numero calzi, Lizzie?»

«È un peccato che tu non abbia pensato a metterti i bigodini la notte scorsa» commentò un'altra. «Sei fortunata ad avere i capelli così biondi. Gli uomini ne vanno pazzi. Chi è? Uno Yankee?»

«No, no, è...»

«Ecco il vestito» le interruppe Rosie. «Provalo, Lizzie.»

All'improvviso, era una di loro, non più un'estranea. Ma trasalì quando le ragazze risero della sua biancheria. Normalmente, cercava di svestirsi in bagno. La zia Vi le aveva inculcato la convinzione che il suo corpo fosse qualcosa di cui vergognarsi, e così lei aveva sempre evitato di guardarsi. Ma ora, le sembrava curiosamente facile contravvenire alle regole della zia.

Lizzie esitò, osservando il vestito. Era di stoffa leggera, col fondo bianco un po' ingiallito dai molti lavaggi e stampato a fiori dalle tinte fin troppo vivaci. D'altra parte tutte si aspettavano che lo indossasse, e se si fosse rifiutata avrebbe offeso Rosie e probabilmente anche le altre. Dopotutto, cercavano di aiutarla.

Si rese conto che doveva essere davvero molto più magra di Rosie, perché il vestito era così largo che le pendeva addosso e la scollatura sembrava ben più profonda di quando la stoffa era tesa sul seno prosperoso della collega. Cercò di non sentirsi sollevata mentre cominciava a sbottonarlo.

«Sei molto gentile, Rosie, ma credo proprio che io sia troppo magra» disse con tatto.

Benché non volesse ammetterlo, preferiva tornare agli abiti smessi di Lady Jeveson. Almeno, si sentiva vestita in modo decente.

«No, tienilo» insistette Rosie. «Basta metterci una cintura. Tu ne hai una rossa, vero, Jean? Portala qui e vediamo come sta.»

La cintura in questione era di plastica lucente, e Lizzie trasalì al contatto con quel materiale freddo e rigido. Le sole cinture che conosceva erano di pelle morbida, anche se spesso consunte, e sempre di smorti colori sul marrone o sul grigio.

«Dai qui» ordinò Rosie, evidentemente divertita dal suo ruolo di fata madrina. «Tieni il fiato, Lizzie, mentre la allaccio. Santo cielo, come sei magra! Ecco, ora puoi guardarti» annunciò, facendosi da parte per lasciare a Lizzie l'unico specchio a figura intera del dormitorio.

«Quello che ti ci vuole, ora, è un po' di colore. Un bel rossetto vivace e un tocco di fard...»

«E un po' di nero alle ciglia» suggerì qualcuna. «Quanto alle scarpe, non possono andarti bene che quelle bianche di Mary. Hai un numero in più, vero, Mary? Dovremo imbottire le punte. Dove devi incontrarlo, tesoro?»

«Sul sentiero dietro l'ospedale.»

«Non può andarci a piedi... non con le mie scarpe bianche» protestò Mary.

«No, be'... dovrà mettersi le sue scarpe e cambiarle prima che lui arrivi. Può nasconderle e riprenderle domattina.»

Lizzie avrebbe voluto obiettare che non era necessario che Mary facesse quel sacrificio. La zia Vi le aveva detto che una signora non calzava mai scarpe bianche, ma era difficile parlare mentre Rosie le applicava con decisione il rossetto sulle labbra e qualcun'altra passava lo spazzolino sul lucido delle scarpe in attesa di abbellirle le ciglia.

Ci volle una buona mezz'ora prima che le ragazze fossero soddisfatte dei loro sforzi e le permettessero di guardarsi allo specchio. Quando lo fece, l'immagine che si trovò di fronte era così insolita che poté solo fissarla con incredulità. Sembrava più matura, più... comune, la derise una severa voce interna. Ma con quel cerchio di volti ansiosi che la guardavano, Lizzie non poté fare altro che ignorare il proprio sgomento e ringraziarle debolmente.

«Ricorda» l'ammonì Rosie con fare materno, «se ci prova, fallo aspettare, dimostragli che vuoi essere trattata con un minimo di rispetto. Sono tutti uguali... non vogliono che una cosa... e dicono qualunque bugia pur di ottenerla.»

Lizzie avrebbe voluto protestare che non era vero, che Kit era diverso... Ma i suoi sentimenti erano troppo recenti, troppo preziosi per condividerli con chiunque altro.

Qualcuna, forse Mary, le mise fra le mani un cardigan bianco, poi tutte insieme la scortarono giù per le scale fino all'ingresso, in modo che le fosse impossibile protestare che non poteva approfittare della loro generosità e rimettersi i suoi indumenti.

Lizzie non poteva andare in bicicletta all'appuntamento con Kit, per timore di rovinare il vestito preso a prestito. Le ragazze avevano insistito perché non indossasse il suo pesante corsetto, e il rilevare che la sensazione dei seni che si muovevano liberamente sotto il vestito non fosse sgradevole, sulle prime la sorprese. Tutt'a un tratto pensò che se Kit l'avesse presa fra le braccia avrebbe potuto sentire il suo corpo contro il proprio, separati solo dalla più sottile delle barriere.

Quei pensieri erano proibiti, disgustosi, avrebbe detto la zia Vi, ma ciò che Lizzie provava era ben lontano dal disgusto: era la stessa, eccitante sensazione che l'aveva sopraffatta quando Kit le aveva sfiorato le labbra con le sue.

Sapeva che cosa avveniva fra un uomo e una donna: sarebbe stato difficile il contrario, quando le altre ragazze si facevano delle confidenze tanto esplicite, d'altra parte non aveva mai immaginato che le intimità che descrivevano fossero collegate col delizioso tormento che pervadeva tutto il suo corpo e la spingeva ad affrettarsi incontro a Kit.

Era uscita in anticipo, in modo da avere il tempo di cambiarsi le scarpe. L'unica cosa che le ragazze non le avevano fornito era un paio delle preziose calze di nailon. Le sue caviglie apparivano fragili e bianche, pensò, ma le calze di lana sarebbero state ridicole col vestito di Rosie.

Il tempo passò. Lizzie non aveva orologio e non poteva sapere l'ora, ma cominciò a chiedersi se Kit sarebbe andato all'appuntamento. Che cosa avrebbero detto le altre se fosse tornata indietro a dire che non si era fatto vivo? Le salirono le lacrime agli occhi. Non le era neppure passato per la mente che potesse accadere una cosa del genere. Era stata così sicura che Kit contraccambiasse il suo amore...

Era sul punto di rimettersi le sue scarpe quando sentì il motore. Il cuore le balzò in gola. Appena scorse la macchina di Kit quasi scoppiò in lacrime per il sollievo, senza rendersi conto di quanto facilmente lui interpretasse la sua espressione mentre fermava l'auto, sorridendole con calore. Il vecchio Edward non l'avrebbe giudicata poi tanto innocente, ora, rifletté, cinico. Che trasformazione! Le guardò la bocca scarlatta e fu percorso da un fremito d'eccitazione. Il sesso era come una droga per Kit... più ne aveva, più ne desiderava. E da quando era stato messo a terra, cinque giorni prima, per aver disobbedito agli ordini e rotto la formazione, dando la caccia a un aereo nemico sopra la Manica, il sesso era stato il solo mezzo per sfogare la sua sovrabbondanza di energie.

«Scusa il ritardo» disse, balzando a terra. «Sei meravigliosa» mentì, inducendo Lizzie a chiedersi se non avesse avuto torto a nutrire dei dubbi sul proprio aspetto. «Così meravigliosa, che non riesco a trattenermi...»

Kit non era uno sprovveduto. Per quanto fosse disponibile, a una donna piacevano sempre le piccole trappole. E quella era più nervosa che disponibile. La sentì tremare prendendola fra le braccia, e il suo corpo si tese per l'eccitazione. Gli dava un brivido in più sapere che sarebbe stato il primo, che nessun altro l'aveva mai toccata.

«Nessuno ti ha mai baciata, vero?» le chiese, stringendola a sé; godendo del proprio potere su di lei, della sua ingenuità.

Le mise una mano sul cuore, e lo sentì battere all'impazzata. Lizzie rabbrividì al suo tocco. Era tutto così nuovo... Si erano guardati, e subito, senza bisogno di parole, lui aveva *saputo*.

Kit le stava mordendo la bocca, ora, quasi troppo

rudemente, ma Lizzie pensò che lo facesse perché, come lei, era travolto dall'amore. Sentì la sua lingua premere contro le proprie labbra e le dischiuse, obbediente. Aveva sentito le altre ragazze parlare di quel modo di baciarsi, ma aveva pensato che lei avrebbe provato solo repulsione. Invece scoprì che quell'intimità le procurava ondate di piacere che la stordivano.

«Non possiamo fare l'amore qui» disse Kit, roco. «Mio Dio, sei stupenda, lo sai...? Sarà bello stare insieme... bellissimo.»

A Lizzie, quelle parole parvero un impegno per il futuro, una promessa d'amore. Cinicamente, Kit sorvegliò l'effetto che avevano avuto su di lei, godendo della sua vulnerabilità, del proprio potere. Fu scosso da un fremito di desiderio così violento che lo sorprese.

«Vieni, andiamo in qualche posto più appartato» le sussurrò, sollevandola di peso e portandola alla macchina.

Mentre la teneva stretta a sé, Lizzie avvertì la sua eccitazione, e i suoi sensi vibrarono al pensiero che *lei* ne era la causa. Non aveva immaginato che fosse così eccitante sapere che poteva avere quell'effetto sull'uomo che amava, e tantomeno quanto avrebbe desiderato premere il proprio corpo contro il suo, accoglierlo dentro di sé, in modo da prolungare il tormentoso piacere di quella vicinanza.

Mentre la deponeva in macchina, la mano di Kit scivolò lungo il suo corpo, accarezzandole il seno.

«Dove possiamo andare?» le chiese. «Tu conosci la zona meglio di me. Ti avrei portata alla mia pensione, ma la padrona...»

Andare nella sua camera... Lizzie riconobbe di non essere ancora pronta. Somigliava troppo a quelle che aveva sempre considerato le sordide intimità delle altre ragazze. Voleva che per lei fosse diverso... *Era* diverso, naturalmente. Lei e Kit si amavano, e dopo la guerra...

Poi, fu sopraffatta dalla paura che ogni donna prova al pensiero che il suo uomo rischiasse la vita in difesa del suo paese. E se Kit fosse morto? Se tutto quello che potevano avere fosse stato il presente?

«C'è un posto» disse, roca. «È dentro i giardini dell'ospedale, ma non ci va mai nessuno. Bisogna andarci a piedi, però.»

Il posto che aveva in mente era un piccolo padiglione abbandonato, celato fra la vegetazione incolta sulle rive di un laghetto. Anche il sentiero che lo raggiungeva era appena visibile. Lei lo aveva scoperto per caso, e vi andava quando voleva stare sola. Aveva perfino pensato di portarci Edward, sapendo che gli sarebbe piaciuto, ma poi aveva rinunciato perché sarebbe stato troppo difficile spingere la sedia a rotelle sull'erba folta del sentiero. Ora, ne era contenta, perché sarebbe diventato il *loro* posto segreto, sconosciuto a tutti... un tempio al loro amore.

Kit posteggiò la macchina in fondo al sentiero, e quando sollevò Lizzie dal sedile la strinse di nuovo a sé, con passione. Stordita dal tumulto di sensazioni che provava, lei non poté fare altro che aggrapparsi a lui, offrendoglisi in tutta la sua innocenza, desiderando solo di compiacerlo. Quando la lasciò, si sentiva disorientata.

«Da che parte è questo posto?» chiese Kit, roco.

Mentre gli indicava la direzione, lei si rese conto che le scarpe di Mary si sarebbero rovinate su quel terreno sconnesso. Il sentiero sembrava letteralmente invaso dalle erbacce, ma finalmente Lizzie vide, attraverso i rami, il sole scintillare sull'acqua.

Quando sbucarono nella radura, chiese ansiosamente: «Va bene qui?».

«Be', di certo nessuno ci disturberà» rispose lui, guardandosi attorno.

Personalmente, avrebbe preferito la comodità di un letto, d'altra parte non c'era scelta. Le sorrise, e ancora una volta lei fu sommersa da un'ondata d'amore. Le parve di entrare in paradiso quando lui la condusse dentro il padiglione e la prese fra le braccia.

«Sai quanto ti desidero, vero?» le mormorò.

Lizzie tremava, troppo emozionata per parlare. Voleva solo dimostrargli quanto lo amava... quanto aveva bisogno di lui, totalmente accecata dall'innocenza e dall'amore. Era proprio lei che, fino a poche ore prima, aveva creduto fermamente che fare l'amore fosse qualcosa di irrilevante, da subire piuttosto che da godere? Il fatto che il desiderio di Kit fosse così evidente, così forte suscitava in lei una tenerezza quasi materna. Quando fosse stato lontano, avrebbe avuto quei ricordi che le avrebbero tenuto compagnia, e mentre la baciava e la stringeva Lizzie si rese conto che ciò che provava era lontanissimo dai suoi infantili sogni sull'amore. Come poteva essere sbagliato provare tanta gioia, tanto piacere?

«Non hai bisogno di questo, sai?»

Kit le stava sbottonando il cardigan, rivelando la profonda scollatura. Lei si tese subito, innervosita dal modo in cui la guardava, e lui fu sul punto di perdere il controllo quando scorse chiaramente la forma dei suoi capezzoli sotto il tessuto sottile.

Lizzie non aveva mai sentito le mani di un uomo sul proprio corpo così intimamente, e ne fu allarmata. Era troppo... e troppo presto.

Kit imprecò fra sé, avvertendo la sua reazione. Per un momento aveva dimenticato la sua inesperienza. Fu quasi tentato di afferrarla e costringerla ad accettarlo, d'altra parte era così piccola, così fragile che temette di farle male. E poi, Lizzie conosceva suo cugino. Se fosse corsa a lamentarsi da Edward... Non che gli importasse quello che poteva fare Edward. Tranne dirlo a Lillian...

Scostò le labbra dal suo corpo, e Lizzie provò una ondata di sollievo. Tremava. Sapeva che agli uomini piaceva toccare il seno delle donne, ma non aveva mai saputo... mai sognato...

Kit si rese conto che non era troppo tardi per salvare la situazione.

«Scusami, dolcezza» le mormorò all'orecchio. «Ma è tutta colpa tua, sai?» Lizzie si tese di nuovo, smarrita, e lui proseguì: «Vestirti in questo modo... tentarmi...».

Era riuscito abilmente a riversare ogni responsabilità su di lei. Lizzie arrossì, a disagio.

«Mi spiace di averti spaventata» continuò Kit sorridendo. Forse, c'era ancora rimedio. «Il guaio è che ti desidero tanto, e che tu non hai l'esperienza...» Immediatamente, Lizzie si tese di nuovo, trasalendo alla disapprovazione implicita nel suo tono. «Proviamo di nuovo, vuoi?» suggerì Kit, e lei sospirò di sollievo all'idea che, nonostante le sue manchevolezze, la voleva ancora. Annuì timidamente, e arrossì ancora di più quando lui la sollecitò: «Togliamo questo, allora, eh?». Le sue dita stavano già slacciando i bottoni del vestito. Ma stavolta non avrebbe commesso lo stesso errore, si ripromise. Occorreva solo un po' più di pazienza e di persuasione. «Perfetta... Sei perfetta» mormorò, carezzandole i seni nudi e soffocando la sua protesta con un bacio.

Quando smise di baciarla sulla bocca per scivolare sulla gola, i pensieri di Lizzie si fecero confusi. Si sforzò di ricordare che quello che faceva era sbagliato, che quel genere di intimità... Ma le era impossibile arginare l'ondata di sensazioni che stava sommergendo il suo corpo. Stavolta, Kit controllò il proprio desiderio, accarezzandola adagio, lentamente.

Quando la baciò di nuovo sul seno, la sentì ancora tendersi, ma rifiutò di smettere. Solo, le sussurrò sulla pelle: «Ti ho fatto male, cara? Mi spiace, non volevo. Ecco, rimediamo con un bacio».

La tenerezza, la gentilezza, e tantomeno la pazienza, non rientravano nelle qualità di Kit. Era già seccato da quelle carezze infantili, e rompendo gli indugi le sollevò la gonna, facendole scivolare la mano lungo la coscia, fino a raggiungere le mutandine. Lizzie si irrigidì all'istante. Gli insegnamenti della zia Vi stavano combattendo una dura battaglia contro l'istinto. Kit la stava baciando di nuovo, e per quanto fosse inesperta, lei riconobbe l'egoismo nel suo tocco, la cattiveria nella sua determinazione, e si tese ancora di più.

«Se mi amassi, mi lasceresti fare» le stava dicendo lui, spazientito. «Credevo che tu e io fossimo qualcosa di speciale.»

Se non fosse stato che la stessa innocenza che lo irritava lo eccitava anche imprevedibilmente, avrebbe perso in breve il suo interesse per lei e l'avrebbe piantata in asso, in ogni caso il suo desiderio andava facendosi sempre più acuto.

«Ti voglio, Lizzie. Lascia che ti dimostri quanto» cercò di persuaderla. «Non ti farò male. Voglio solo farti capire come può essere bello stare insieme. Tu mi ami, vero?»

Che cosa poteva rispondergli? Certo che lo amava!

«Sì» sussurrò.

«Allora lascia che ti tocchi... che ti ami. Tu non sei una di quelle donne che non sanno soddisfare un uomo, vero?» chiese Kit, cambiando bruscamente tattica.

Lizzie si sentì gelare. Certo che non era come lui diceva... o sì? Pensieri confusi si rincorrevano nel suo cervello. Lo amava, no? E allora, perché esitava?

Sentì l'orologio del villaggio battere le ore. Le quattro, e lei doveva essere in ospedale alle cinque! Un vago senso di sollievo si mescolò al panico, mentre cercava disperatamente di liberarsi dalle braccia di Kit.

«Bisogna che vada. Devo essere al lavoro alle cinque.»

Imprecando fra i denti, Kit la lasciò. Lizzie si stava rivelando un osso duro, ma la voleva ancora. Anzi, ora la rabbia e l'orgoglio maschile si aggiungevano al desiderio. C'era qualcosa nella sua ingenuità, nella sua vulnerabilità, che gli dava quasi la voglia di punirla. E, del resto, non era nella sua natura rifiutare una sfida, di qualunque genere essa fosse.

«È meglio che ti riporti indietro, allora» le disse in tono brusco, sorvegliando l'effetto della propria freddezza su di lei. Be', non le avrebbe fatto male soffrire un po', anzi sarebbe stata un'ottima lezione, che certo l'avrebbe resa più disponibile la prossima volta.

Tornarono alla macchina in un gelido silenzio che gettò Lizzie nella più cupa disperazione. Perché si era comportata così scioccamente? Amava Kit, e naturalmente lui si era aspettato che gli permettesse di fare l'amore con lei. Non era un ragazzino, era un uomo...

un uomo che combatteva per il suo paese, e che sarebbe potuto uscire dalla sua vita quel giorno stesso...

Perché si era lasciata prendere dal panico in quel modo? C'era qualcosa di sbagliato in lei? Era forse incapace di soddisfare un uomo, come Kit aveva insinuato? Era un'idea sconvolgente.

Voltandosi a guardarla, Kit si rese conto dell'effetto che il suo silenzio aveva avuto su di lei e si intenerì un po'. Le accarezzò il viso, poi le chiese: «Quando posso rivederti, dolcezza?». Il cuore di Lizzie mancò un battito. Kit la voleva ancora, dopotutto... quindi l'amava. «Stasera» insistette lui, «a che ora finisci il lavoro? Posso venire a prenderti...»

Lizzie scosse la testa.

«Esco tardi.»

«Domani, allora?»

L'indomani era il suo giorno libero. Col cuore che le batteva tanto forte da soffocarla, Lizzie annuì.

«Bene» disse Kit. Poi aggiunse, con noncuranza: «Senti, invece di passare a prenderti, perché non ci troviamo direttamente al padiglione? Così serberemo il segreto... qualcosa di speciale, solo fra te e me».

Lizzie annuì di nuovo, in silenzio. Non sapeva come avrebbe trascorso le interminabili ore che mancavano al loro nuovo incontro, ma aveva deciso che, la volta seguente, si sarebbe comportata come una donna, e non più come una bambina. Avrebbe ricordato quanto era stata fortunata a incontrare Kit, e com'era prezioso il poco tempo che potevano trascorrere insieme. Il loro futuro era così incerto, la guerra poteva separarli in qualunque momento, anche per sempre, pensò, scossa da un brivido gelido.

«Domani, allora, alle undici» le rammentò lui, prima di lasciarla.

«Domani» confermò Lizzie in un soffio.

Guardandolo allontanarsi, rabbrividì di nuovo. Si sentiva più sola, più confusa sui propri sentimenti di quanto fosse mai stata in vita sua.

All'ostello, restituì gli indumenti presi a prestito, ma

non disse nulla dell'appuntamento con Kit per l'indomani mattina. Si vergognava troppo della propria stupidità, del modo in cui aveva quasi rovinato il loro amore, per parlarne con qualcuno.

Il turno serale era stato faticoso come al solito, con gli uomini da preparare per la notte e le corsie da pulire per l'indomani. Lizzie aveva visto Edward solo di sfuggita, mentre passava nella sua corsia. Aveva notato il suo pallore e si era resa conto che soffriva. Avrebbe voluto avvicinarsi e chiedergli se voleva qualche analgesico in più, ma sapeva quanto era orgoglioso, quanto odiava che si parlasse delle sofferenze fisiche che era costretto a patire. Aveva lanciato un'occhiata alla caposala di turno, ma aveva accantonato subito la speranza di poterle chiedere un aiuto per Edward. Era una donna dura, sulla cinquantina, il tipo che pensava che soffrire temprava lo spirito.

Una vecchia zitella senza sesso, l'aveva definita una volta una compagna di Lizzie. *Senza sesso...* Lizzie rifletté su quell'espressione, angosciata. Era anche lei quel tipo di donna? No, no, certo... E allora, perché non aveva saputo accontentare Kit?

Troppo giovane e inesperta per capire che la risposta era sia nell'educazione impartitale dalla zia, sia nella mancanza di vero affetto di Kit nei suoi confronti, non si rendeva conto dei semi di distruzione che quest'ultimo aveva così crudelmente gettato nel suo cuore.

Le undici. Lizzie si tese, sentendo battere le ore all'orologio della chiesa. Il tempo era cambiato, il vento era freddo e c'era nell'aria una promessa di pioggia. Lizzie aveva indossato di nuovo i suoi abiti, e si sentiva più a proprio agio.

Tutto sarebbe andato bene, ne era certa. Quel giorno, avrebbe fatto tutto ciò che Kit le avesse chiesto, non foss'altro per dimostrargli che non mentiva quando gli diceva di amarlo. Eppure, si sentiva ancora nervosa, vulnerabile. Si tese appena sentì avvicinarsi dei passi. E se non era Kit? Se fosse stato un estraneo che veniva a rovinare il loro prezioso tempo insieme?

Ma quando guardò attraverso i vetri rotti, vide che era proprio lui, alto, snello, che veniva avanti a passo rapido. Quel giorno era in uniforme, e il cuore di Lizzie si gonfiò di un misto d'orgoglio e di paura.

Kit sapeva bene quanto gli donasse l'uniforme, quanto lo facesse apparire maschio, sicuro, l'immagine di tutto quello che un pilota doveva essere. Si fermò a guardare Lizzie e, riconoscendo la sua espressione adorante, provò un senso di trionfo.

«Vieni qui» le ordinò, fermandosi sulla soglia.

Incerta, tremante, lei ubbidì, e quando Kit la prese fra le braccia sollevò il viso verso di lui in una muta supplica perché le perdonasse gli errori del giorno precedente.

«Così va meglio» approvò lui, assaporando la sua bocca tremante. «Molto meglio.» Le fece scivolare la mano sul seno, e quando sentì che era nuda sotto il pesante maglione, le sussurrò all'orecchio: «Brava... Devo ricompensarti per essere stata così premurosa, no? Che cosa ti piacerebbe, dolcezza? Che cosa vuoi che faccia?».

Lizzie avvertì il desiderio nella sua voce, e tremò fra le sue braccia, più per la paura che per l'eccitazione. Ma Kit non era dell'umore di essere paziente con lei, non aveva tempo da perdere. La voleva, e subito.

Lottando contro la propria apprensione, Lizzie cercò di dirsi che era quello che voleva, che per tutta la notte aveva tremato al ricordo di Kit che le accarezzava il seno come stava facendo ora. Eppure, non poté fare a meno di lasciarsi sfuggire un grido di dolore quando lui la morse selvaggiamente. Avrebbe voluto dirgli che smettesse, che le faceva male, ma non osava, nel timore di farlo arrabbiare di nuovo, di dimostrargli che *c'era* qualcosa di sbagliato in lei, che era una donna incompleta.

Kit la svestì rapidamente, mentre Lizzie si sforzava di non dare ascolto alla voce interiore che le diceva che non era come sarebbe dovuto essere, che in qualche modo lui la stava ingannando.

Dubbi e paure turbinavano nella sua mente. Secondo gli insegnamenti della zia Vi, quello che stava facendo era sbagliato, imperdonabile. Il conflitto accesosi nel suo cuore fra l'istinto e le inibizioni la gettava nella più totale confusione.

Kit la sentì irrigidirsi e imprecò fra i denti, chiedendo, brusco: «Che cosa c'è?».

«Non dovrei fare questo» sussurrò lei. «Non è giusto, io...»

Kit la zittì con un bacio. Non aveva intenzione di fermarsi ora, la voleva troppo.

«Come può non essere giusto, quando ci amiamo... quando abbiamo così poco tempo per stare insieme? Tu mi ami, vero?» le mormorò all'orecchio.

«Sì... sì, ti amo.»

Di quello, almeno, Lizzie era sicura.

«E allora, lascia che *io* ti ami, dolcezza. Lascia che abbia questo ricordo di te, da portare con me quando sarò lassù a combattere per il nostro paese... per noi...»

Aveva usato tante volte quelle parole che anche al suo orecchio suonavano come una filastrocca senza significato. Ma per Lizzie erano nuove, e le rammentavano la paurosa realtà della guerra. Kit le lesse negli occhi quei sentimenti e ne approfittò per baciarla di nuovo.

«Lascia che ti ami... Lascia che ti dimostri...» La sua voce era soffocata dall'eccitazione, mentre finiva di svestirla. Nessuno l'aveva mai vista nuda.

Lizzie cercò istintivamente di coprirsi con le mani, ma lui gliele afferrò, ridendo, e gliele imprigionò dietro la schiena. Lei non era certa che le piacesse essere tenuta così, come se fosse sua prigioniera...

«Non c'è niente da temere, tesoro» disse Kit, roco, e lei non trovò il coraggio di confessargli che il suo modo di guardarla, di trattarla, in un certo senso sviliva il loro amore... e avviliva pure lei.

Lizzie cercò di non tremare. Senza il sole del giorno prima, faceva freddo nel padiglione. Si irrigidì quando Kit la spinse sul pavimento, e la gola le si strinse per l'apprensione quando lui coprì il suo corpo col proprio. Si sollevò dopo un momento, armeggiando con la cintura, ma anziché svestirsi, si limitò a sbottonare i pantaloni dell'uniforme, poi si lasciò cadere di nuovo su di lei, inchiodandola sul pavimento polveroso.

Lizzie fece del suo meglio per nascondergli la propria tensione, la propria mancanza di desiderio. Il pavimento era duro e freddo, e lei trasalì quando Kit la penetrò con forza, imprecando fra i denti appena incontrò resistenza.

«Ma non puoi rilassarti?» brontolò, impaziente.

Era troppo tesa, troppo rigida. Kit glielo disse senza mezzi termini, irritato nei suoi confronti perché rovinava il suo piacere, e appena si spinse con violenza dentro di lei Lizzie si morse il labbro, terrorizzata all'idea che Kit si accorgesse della sua sofferenza. Aveva sentito dire, certo, che la prima volta poteva fare un po' male, ma non aveva mai immaginato che potesse essere così...

«Avresti dovuto farti monaca» borbottò Kit, quando finalmente riuscì ad aprirsi la strada a forza fra le sue cosce tese.

Lizzie si rese conto che non la guardava neppure più. Era sgomenta per le sue parole crudeli, e soprattutto per la consapevolezza di averlo deluso... la consapevolezza che come donna era un fallimento.

Benché sapesse che ciò che stava accadendo avrebbe dovuto darle piacere, non provava che sofferenza e confusione, tanto che l'ansare di Kit, i movimenti frenetici del suo corpo le sembravano distanti, remoti... Era acutamente conscia che non erano, come aveva sognato, un perfetto intero, bensì due individui lontanissimi fra loro.

Il dolore fisico era sfumato, d'altra parte ora provava una sofferenza assai più profonda. E quando finalmente Kit si abbandonò su di lei, non provò alcun sollievo, alcun piacere, niente, al di fuori di un senso di gelo. Lo aveva deluso. Non era una vera donna.

Vide la condanna negli occhi di Kit, quando si rialzò e le voltò le spalle per riabbottonarsi i pantaloni. Rabbrividì.

«Avanti, dolcezza, è meglio che tu ti vesta. Devo

andare a trovare ancora una volta il vecchio Edward prima di partire...»

Lizzie si rivestì con mani tremanti. Si sentiva stordita, e aveva la gola stretta da un nodo di lacrime.

«T... te ne vai così presto...» balbettò.

«Devo, purtroppo. Il dovere mi chiama, e via dicendo...»

«Ma... pensavo...»

«Non preoccuparti. Non ci vorrà molto perché abbia un permesso di ventiquattr'ore» mentì Kit.

L'ultima cosa che voleva, giunti a quel punto, era un addio costellato di lacrime. Ora che era soddisfatto, stava già cominciando a dimenticare quanto l'avesse desiderata. Ben presto, non sarebbe stata altro che un nome in un lungo elenco. C'era la guerra, e un uomo che viveva a costante contatto col pericolo aveva il diritto di trarre tutto il piacere che poteva dalla vita.

Tornarono alla macchina in silenzio. Lizzie cercava disperatamente di non piangere. Gli uomini odiavano le donne in lacrime, lo sapeva. E poi, doveva essere forte, doveva mandarlo via con il ricordo di un sorriso. Avrebbe voluto chiedergli di non andare a trovare Edward, di passare con lei il poco tempo che gli rimaneva, ma riconobbe che sarebbe stato egoista da parte sua. Non doveva diventare possessiva. Dopotutto, Kit le aveva promesso che si sarebbero rivisti presto... a meno che, naturalmente, non fosse stato mandato in azione.

Azione. Fino a quel momento era stata una parola come un'altra, una parola che terrorizzava le altre donne. Ora sperimentava sulla propria pelle quanto fosse angosciante temere per la vita dell'uomo che amava. Non ci sarebbe più stato un momento di pace, per lei, fino a quando quell'orribile guerra non fosse finita.

La sua freddezza fisica, la sua incapacità di rispondere a Kit come lui desiderava erano qualcosa a cui non doveva pensare, ora. Si morse il labbro, desiderando per la prima volta in vita sua di avere un'amica con la quale confidarsi. A sentire le altre ragazze, il sesso era qualcosa di terribilmente divertente. E dalle sue letture aveva appreso che era uno dei piaceri più alti che le persone potessero condividere. Mentre lei... Cominciò a tremare. Che cosa c'era di sbagliato in lei? Perché non aveva provato alcun piacere?

Erano arrivati alla macchina, e Kit disse, in tono leggero: «È meglio che non ti dia un passaggio, dolcezza. Non vogliamo che la gente chiacchieri, vero? Non vorrai metterti nei guai con la capoinfermiera».

«No... no» convenne Lizzie. Poi, gettando alle ortiche l'orgoglio, gli si gettò fra le braccia singhiozzando. «Mi scriverai, vero, Kit? Mi dispiace tanto di essere stata... una delusione per te...» Trattenne il respiro, aspettando che lui negasse, che le offrisse qualche conforto.

Kit si limitò a scrollare le spalle, dicendo con noncuranza: «Immagino che tu sia semplicemente una di quelle donne che non hanno interesse per il sesso. Dammi il tuo indirizzo. È meglio che ti scriva io per primo. Se sarò mandato in azione, le tue lettere potrebbero impiegare molto tempo a raggiungermi. Si parla di mandarci molto lontano da qui…».

«Molto lontano... ma...»

Lui scosse la testa.

«Non posso dirti di più, tesoro. Ho già parlato anche troppo. È tutto top secret, al momento.»

Lizzie aveva un piccolo taccuino nella borsetta. Strappò un foglio e scrisse con mano tremante il proprio indirizzo.

Kit lo intascò, poi, salendo in macchina, disse allegramente: «Non essere triste, dolcezza. Verrò a trovarti appena avrò un permesso».

Non era abituato a pensare più di tanto alle conseguenze delle proprie azioni, ma guardando l'espressione di Lizzie, vedendo l'amore e l'innocenza riflessi nei suoi occhi, provò una strana sensazione, che lo fece sentire a disagio. Stupida ragazza, non si rendeva conto...?

Un impulso che non poté controllare lo spinse a prenderle il viso fra le mani e a baciarla.

Il cuore di Lizzie si gonfiò di gioia. Per un momento aveva cominciato a dubitare... ma no, era stata una sciocca. Kit l'amava proprio come lo amava lei.

«Scriverò non appena mi sarà possibile» promise lui, sapendo di mentire. Poi, lo colpì un pensiero. «Non una parola di... di noi col cugino Edward» l'avvertì. Vedendo il suo sguardo perplesso, si corresse: «Non ancora, almeno...».

Aveva ragione, pensò Lizzie. Il loro sentimento era troppo prezioso per condividerlo con una terza persona. Seguì la macchina con lo sguardo fino a quando la polvere sollevata dalle ruote non fu ricaduta sulla strada.

Dopo poco più di un chilometro, Kit fu colpito da un altro pensiero fastidioso. Lizzie aveva promesso di non dire nulla a Edward, ma trascorsa qualche settimana senza sue notizie, forse si sarebbe arrischiata a chiedere l'aiuto del cugino. Non che gli importasse di quello che Edward pensava di lui, ma se si fosse messo in contatto con il suo comando per conto di quella stupida ragazza? Era proprio nel suo stile, accidenti a lui!

Rifletté rapidamente. Aveva l'indirizzo. Poteva mandarle un biglietto, fra qualche giorno, dicendo che veniva mandato molto lontano dalla base e non poteva darle il suo recapito per ragioni di sicurezza, e tantomeno mettersi in contatto con lei per qualche tempo... Sì, avrebbe funzionato. Non poteva rischiare che quell'impiccione di Edward lo cacciasse nei guai. Aveva già ricevuto un paio di avvertimenti dal suo comandante, che gli aveva detto a muso duro che se avesse dovuto richiamarlo una terza volta lo avrebbe confinato a terra, e lui non voleva che ciò accadesse. Amava troppo il volo, l'eccitazione che provava entrando in azione. Era anche meglio del piacere che traeva dal sesso.

Sì, arrivato al campo avrebbe mandato due righe a quella ragazza... omettendo il proprio indirizzo, beninteso.

Quando rientrò all'ostello, abbattuta, rosa dai dubbi,

con due ombre scure attorno agli occhi, Lizzie scoprì che aveva il dormitorio tutto per sé. Era contenta di essere sola. Non voleva assolutamente parlare di Kit con le altre ragazze. Il loro rapporto era speciale, quasi sacro.

Aveva fatto qualcosa che, secondo gli insegnamenti della zia Vi, nessuna donna perbene faceva fuori dal matrimonio, ma non provava alcun rimorso. I tempi erano cambiati, c'era la guerra, e così poco tempo per stare insieme...

No, non si sentiva in colpa per amare Kit. Provava solo un terribile bisogno di averlo vicino, di saperlo lontano dal pericolo.

Quella sera, pregò come non aveva mai pregato in vita sua, chiedendo a Dio di salvare Kit, pur sapendo che non faceva altro che ripetere la preghiera di milioni di donne, e che per ogni uomo la cui vita veniva risparmiata ce n'erano tanti altri che non sarebbero tornati.

Una settimana dopo, ricevette la lettera di Kit. Carezzò la busta con mani tremanti, girandola e rigirandola fra le dita prima di aprirla, con il cuore che le scoppiava di immensa gioia. Se rimase delusa che fossero soltanto poche righe, si sforzò di pensare che un uomo sul punto di andare a combattere non poteva mettersi seduto a tavolino a scrivere una lunga lettera d'amore.

Lesse e rilesse avidamente ogni parola, fino a imprimersela nella memoria.

Poche righe per dirti che non potrò mettermi in contatto con te per qualche tempo, tesoro mio. Come ti avevo preannunciato, sembra che mi mandino lontano da qui. Scriverò non appena mi sarà possibile. Nel frattempo, dolcezza, pensami come ti penserò io...
Con amore. Tuo Kit.

Lizzie baciò il foglio, piangendo lacrime di felicità. Si preoccupò per un momento, vedendo che non c'era alcun indirizzo nella lettera, ma poi pensò che Kit stesso, probabilmente, non conosceva la propria destinazione. Piegò con delicatezza la lettera, la rimise nella busta e la ripose nella borsetta. Intendeva portarla sempre con sé. Chiuse gli occhi, cercando di immaginarlo mentre la scriveva, la testa bruna china sul foglio...

Oh, Dio, salvalo, ti prego. Ti prego, supplicò fra sé.

Lizzie ed Edward andarono altre due volte a vedere i rododendri, ma lui si accorse che era distratta, distante. Avrebbe voluto chiederle se le era successo qualcosa, ma non osò. Sapeva che Lizzie provava compassione per lui, e questo lo rendeva ancora più conscio delle ferite inferte al suo corpo, alla sua virilità. Spesso la notte, quando non poteva dormire, confrontava amaramente l'uomo che era stato con il guscio vuoto che era diventato, incapace di suscitare in una donna altro sentimento che la pietà. Eppure, con Lizzie si sentiva più a suo agio che con le altre. La sua pietà non era mai velata di ribrezzo, come gli capitava di avvertire nelle altre ragazze.

Ora sembrava lontana, perduta nei propri pensieri, ma a Edward non passò neppure per la mente di collegare quell'improvviso cambiamento d'umore con la visita di suo cugino. Lui e Kit non erano mai andati d'accordo, neppure da ragazzi. Edward era il maggiore, d'altra parte aveva sempre saputo di essere il meno favorito. Kit avrebbe ereditato Cottingdean, ma era lui, Edward, che l'amava, che ne aveva nostalgia quando era lontano, che supplicava i suoi genitori di mandarvelo a passare le vacanze. Cercava di non provare risentimento, ma certo gli sarebbe stato più facile se Kit avesse amato quanto lui quella casa che apparteneva alla loro famiglia da secoli.

Ora, Edward era costretto ad ammettere che anche se suo padre fosse stato il fratello maggiore, anche se lui fosse stato l'erede di Cottingdean, non sarebbe mai stato in grado di avere dei figli che ne assicurassero l'appartenenza alla famiglia.

Kit gli aveva detto chiaro e tondo che non gli sarebbe stato concesso di rifugiarsi a Cottingdean. Aveva ventilato l'ipotesi di venderla, accidenti a lui... di stabilirsi a Londra, come se Cottingdean non fosse altro che una seccatura di cui liberarsi. Avrebbe potuto odiarlo per questo.

3

«Sage, mi spiace molto disturbarti, ma c'è un certo Alexi al telefono, e insiste per parlare con te.»

La cognata era così assorta nella lettura che sulle prime Faye pensò che non l'avesse sentita.

«Alexi?» chiese dopo un momento, come se quel nome non le dicesse nulla.

Faye lanciò un'occhiata al diario che Sage aveva fra le mani e provò un vago senso di apprensione. Che cosa c'era in quelle pagine, perché sua cognata le leggesse con una tale concentrazione?

«Sì. Ha già chiamato una volta, e insiste... Oh, a proposito, quando abbiamo visto che non venivi a cena... non volevamo disturbarti... ho telefonato all'ospedale. Liz tiene duro...»

Sage chiuse lentamente il diario e si alzò dalla poltrona di sua madre, le membra intorpidite dopo essere stata per tanto tempo raggomitolata nella stessa posizione. Guardò l'orologio, sbalordita di scoprire che era mezzanotte passata. Ricordò che si era ripromessa di chiamare Alexi alle undici, immaginando che a quell'ora sarebbe stata arcistufa dei diari di Liz e dei suoi noiosi resoconti dei fatti quotidiani della propria vita.

La realtà non sarebbe potuta essere più diversa dalle sue aspettative. Per certi versi, trovava incredibile che la ragazza che aveva scritto quei diari con tanta penosa sincerità, fosse sua madre. E ancora più sorprendente era che Liz avesse voluto che lei li leggesse. Ma forse aveva pensato di essere in punto di morte, di avere solo quella possibilità di raggiungerla... di spiegare.

«Alexi...» le rammentò la cognata, incerta.

Povera Faye. Senza dubbio Alexi era stato estremamente rude con lei. Era uno di quegli uomini che ritenevano ancora che fosse un preciso dovere delle donne soddisfare tutti i loro bisogni e desideri.

«Mi dispiace, Faye» si scusò, rimettendo il diario nel cassetto e chiudendolo a chiave, automaticamente.

Come aveva immaginato, quando andò al telefono Alexi era furioso.

«Hai lasciato detto che mi avresti chiamato stasera» la rimproverò. «Dov'eri?»

«Ho detto che avrei cercato di chiamarti» ribatté lei. «Si dà il caso che abbia avuto troppo da fare. Mi spiace aver disdetto il nostro appuntamento all'ultimo minuto...»

Sentiva che lui stava cercando di controllare la propria collera, e provò una punta di ironico disprezzo. Povero Alexi, doveva desiderarla davvero molto se era pronto a tollerare la sua sfida. Ma la sua pazienza non sarebbe durata a lungo. Sage non si faceva illusioni. Alexi la voleva e intendeva dominarla, soggiogarla. A letto, sarebbe stato un amante prepotente, dominatore e, in ultima analisi, egoista. Non avrebbe avuto dubbi circa la propria abilità amatoria, e avrebbe dato per scontato che lei non desiderasse altro che compiacerlo. Certo, sulle prime sarebbe stato insinuante, persuasivo. Ma una volta che fosse stato sicuro di lei...

Era un gioco che Sage aveva giocato spesso, in passato... ma ora, tutt'a un tratto, ne era stanca, nauseata. Provava perfino un certo disgusto di se stessa.

Perché? Forse a causa delle confidenze innocenti di una fanciulla tanto ingenua, così fiduciosa che leggere i suoi diari le poneva brutalmente davanti agli occhi la ragazza che lei stessa era stata e la donna che era poi diventata?

Quale che fosse la ragione, Sage seppe all'improvviso che era stanca di giocare al gatto col topo con Alexi, e al tempo stesso si rimproverò per la propria condotta irresponsabile, perché sapeva che sarebbe andata a letto con lui solo per dimostrargli che non poteva dominarla. In ogni caso, non certo perché lo desiderasse.

Quel pensiero la fece riflettere. Cercò di ricordare quando era stata l'ultima volta in cui aveva realmente desiderato un uomo in particolare, e non il semplice atto sessuale come mezzo per dimostrargli il proprio potere su di lui... e su sua madre e la severa moralità che sembrava aver regolato la sua vita.

Che cosa avevano significato tutti quegli uomini, quella sfrenata libertà sessuale? Non era forse perché, avendo amato disperatamente e avendo perduto l'amore, lei si era trasformata in una donna per cui il sesso era semplicemente un appetito da soddisfare? Era un atto di sfida, scelto deliberatamente per ferire sua madre?

« Sage, sei ancora lì?»

Ora, Alexi non si preoccupava più di controllare la propria irritazione, ma lei non se ne curò. Era, tutt'a un tratto, troppo stanca... stanca della sua vita e di come l'aveva sprecata.

«Sì, sono ancora qui, Alexi» rispose. «Mi spiace che tu sia seccato. Avrei dovuto telefonarti, ma...»

«Non è una tua telefonata che voglio, Sage. Sei tu... qui con me... nel mio letto. Sai quello che voglio, Sage, e sai bene quanto sarà bello. Lascia che venga a prenderti e ti riporti a Londra. Tua cognata mi ha detto che le condizioni di tua madre sono stazionarie. Non puoi fare niente per lei, restando lì. Qui, saresti più vicina all'ospedale, in ogni caso. Lascia che mi prenda cura di te, Sage. Tu sai quanto ti desidero...»

Com'era carezzevole la sua voce, bassa e profonda, e come sapeva usarla, riconobbe Sage distrattamente.

«No, Alexi, mi spiace, è impossibile. C'è bisogno di me, qui.»

O, piuttosto, *lei* aveva bisogno di essere là, fu costretta ad ammettere. Tutt'a un tratto, provò un senso di irritazione sia con lui, sia con se stessa. Non voleva Alexi. Probabilmente non lo aveva mai voluto. Il contrasto fra il proprio comportamento e quello della ragazzina inesperta dei diari era acutamente penoso. Ma, per quanti fossero i suoi difetti, mentire a se stessa non rientrava nell'elenco. Si rese conto che si stava misurando con sua madre, come aveva fatto tanto spesso durante gli anni della sua adolescenza, e ancora una volta riconobbe quanto fosse rimasta al di sotto dei valori e dei risultati ottenuti da Liz, quanto fosse lontana dai suoi stessi ideali.

«È inutile, Alexi» disse senza mezzi termini. «Non intendo tornare a Londra stanotte, e anche se ci fossi dormirei da sola a casa mia. Trovati qualcun'altra, Alexi. Il gioco è finito.»

Lasciò che lui protestasse, e quando cominciò a eccedere lo zittì semplicemente interrompendo la comunicazione. Subito dopo, si accorse che tremava. Non era la prima volta che rendeva furioso un uomo, che riceveva gli insulti che Alexi le aveva appena rivolto. D'altra parte era la prima volta che riconosceva che c'era in essi un fondo di verità.

Fece per tornare in biblioteca, ma si fermò con la mano sulla maniglia. Se avesse ripreso a leggere quella notte, probabilmente non avrebbe chiuso occhio. L'indomani, doveva andare a trovare sua madre in ospedale, passare dal suo ufficio, disporre che le trasmettessero i messaggi a Cottingdean. Era stata una giornata lunga e traumatica, e dopotutto i diari avevano aspettato per più di quarant'anni, non sarebbero scomparsi durante la notte!

Quarant'anni... quante altre rivelazioni contenevano quelle pagine? Il primo amore di sua madre, descritto così apertamente, con tanta onestà e tanta sofferenza che era stato quasi come rivivere la stessa pena...

Non aveva mai immaginato... E ora, c'erano tante domande che aspettavano una risposta. Era come se sua madre le stesse dicendo: «Guarda, anch'io ho sofferto, ho subito, ho conosciuto il dolore, l'umiliazione e la paura».

Ma perché proprio ora, dopo tanti anni? Forse perché Liz era certa di morire?

Sage si fermò a metà delle scale, raggelata. Non voleva che sua madre morisse... aveva bisogno che vivesse, riconobbe, sopraffatta dalla scoperta che dentro la donna matura, esperta, che credeva di essere, c'era una bambina terrorizzata, che desiderava disperatamente la sicurezza rappresentata dalla presenza di sua madre.

Dormì un sonno agitato, pieno di sogni confusi, e alla fine rivisse un vecchio incubo, che aveva cessato di perseguitarla da anni.

Stava cercando inutilmente di raggiungere l'uomo che amava. Lo vedeva in fondo a un lungo, oscuro sentiero, ma quando cercava di percorrerlo, altre persone uscivano dall'ombra e le impedivano di passare. Ma in quell'occasione, non era il suo amore che voleva raggiungere, bensì Liz. E Liz si mosse verso di lei.

Nel sogno, provò un enorme sollievo, ma a poco a poco le ombre del sentiero si fecero più fitte, fino a quando non poté più vedere sua madre. E lei non riusciva a muoversi, come se legami invisibili la trattenessero.

Fu solo quando si svegliò, sudata e tremante, che si rese conto che, negli incubi del passato, mai una volta l'uomo che amava le era andato incontro, come aveva fatto sua madre. Era un particolare apparentemente insignificante, ma tutt'a un tratto le parve di capire una verità che non aveva mai preso in considerazione.

Era come se leggere la storia del primo amore di sua madre, e di capire che quell'uomo, Kit, non l'aveva mai amata, come Liz ingenuamente aveva creduto, aiutasse anche lei a riconoscere che forse aveva commesso l'errore di amare troppo un uomo il cui sentimento per lei non era pari al suo.

Si ribellò a quel pensiero. No, erano due casi totalmente diversi. Sua madre era stata sedotta senza il minimo scrupolo da un uomo che non provava per lei altro che un desiderio momentaneo. Lei e Scott, al contrario, erano stati profondamente innamorati anche se, fisicamente, quell'amore non era mai stato consumato. Erano stati separati crudelmente, deliberatamente. Ma perché? Forse perché sua madre aveva sognato di coronare i propri successi sposandola all'unico figlio di un nobile decaduto? Perché voleva potersi vantare del fatto che sua figlia era Lady Heterby? Sage ricordava di averle mosso quell'accusa, con rabbia velenosa, ma come sempre la reazione di sua madre era stata calma, controllata.

«Jonathan sarebbe un ottimo marito, ma a mio modo di vedere sei ancora troppo giovane per il matrimonio, Sage» si era limitata a dire.

«A tuo modo di vedere, ma non per la legge... ed è per questo che il padre di Scott lo ha trascinato con sé in Australia. Noi ci amiamo, non lo capisci?»

«Hai diciannove anni, Sage, e anche lui. Ora credi di amare Scott, ma fra cinque anni sarete due persone totalmente diverse. Sei una ragazza intelligente. Sai che non ci sono molte probabilità che un matrimonio del genere possa durare.»

«Tu ti sei sposata a diciotto anni.»

«Era diverso... c'era la guerra...»

«Praticamente era già finita, quando sposasti papà. Oh, è inutile... tu sei decisa a tenerci divisi... tu e il padre di Scott. Vi odio, tutti e due» aveva concluso Sage, scoppiando in lacrime.

Certo, Scott in quel momento non era stato in grado di impedire a suo padre di portarlo via. Ma dopo... dopo non avrebbe potuto mettersi in contatto con lei, tornare a cercarla...?

Per la prima volta, Sage si trovava ad ammettere l'amara verità da cui era rifuggita tanto a lungo: se Scott l'avesse amata con la sua stessa passione, avrebbe trovato il modo di riunirsi a lei. Non importava che fosse figlio unico, che fosse destinato a succedere a suo padre nella gestione del grande allevamento di pecore che possedeva, che sapesse che suo padre desiderava da sempre che sposasse la figlia del suo vicino per riunire le due proprietà... Le aveva confessato di amarla, e lei gli aveva creduto. Ma era stato poi vero? O Scott aveva cambiato idea, una volta tornato in Australia?

Rabbrividì ricordando come il padre di Scott non avesse voluto vederla, quella sera all'ospedale, come avesse dato istruzioni affinché non fosse ammessa a vedere Scott. La riteneva colpevole dell'incidente, lo sapeva. Ma Scott, Scott che l'amava, che la capiva, che era parte di lei... l'aveva incolpata pure lui?

Sage sapeva che si era sposato. Non con la figlia del vicino, bensì con un'altra ragazza che corrispondeva ai desideri del padre. E ora, per la prima volta, era costretta a riconoscere che l'amore di lui non era stato bruciante, intenso, appassionato come il suo.

Non riuscì più a riprendere sonno, e alle sette, quando Jenny le portò il tè, era sveglia. Le chiese se aveva notizie dall'ospedale, ma non c'erano state telefonate, e la domestica la incoraggiò dicendo che probabilmente era un buon segno.

Quando Sage scese, il telefono stava squillando. Rispose dall'apparecchio dell'ingresso, e sentì una donna, di cui non riconobbe il nome, chiedere ansiosamente notizie di sua madre.

«Abbiamo appena saputo dell'incidente. Ne siamo molto dispiaciuti, naturalmente. E poi, c'è questa riunione stasera, per la nuova strada. Sua madre doveva presiederla... Dubito che sia possibile annullarla, e non credo che ci sia qualcuno che possa prendere il suo posto.»

Il comitato a cui aveva accennato Faye! Sage represse un sospiro di esasperazione. Possibile che quella donna non si rendesse conto che l'ultima cosa di cui si preoccupava, in quel momento, era la strada?

Poi, la colpì il pensiero che sua madre, quali che fossero state le sue preoccupazioni personali, avrebbe guardato al di là dell'immediato, avrebbe pensato al futuro. Per quanto quella riunione sembrasse irrilevante, al momento, sarebbe venuto il giorno in cui sarebbe diventata di vitale importanza.

«Abbiamo già discusso il problema» rispose. «Faye mi ha consigliato di prendere il posto di mia madre, in rappresentanza della famiglia. Immagino che mia madre abbia degli appunti e dei rapporti sulla situazione. Cercherò di leggerli prima di stasera.»

Poté quasi sentire la donna sospirare di sollievo.

«Siamo mortificati di importunarla in un momento come questo, d'altra parte sua madre era decisa a chiarire la nostra posizione fin dall'inizio. Il Ministero manda un suo rappresentante, e ci sarà anche il presidente dell'impresa di costruzioni. Sarebbe perfetto se lei potesse prendere il posto di sua madre.»

«Senza dubbio» rispose Sage automaticamente, pensando con una punta di cinismo che forse la sua interlocutrice non sarebbe stata altrettanto fiduciosa, se l'avesse conosciuta meglio.

«Era l'ospedale?» chiese Faye ansiosamente, scendendo le scale giusto mentre Sage deponeva il ricevitore, dopo essersi accordata sull'ora della riunione.

«No, era una certa signora Henderson, del comitato di protesta contro la nuova strada. Voleva sapere della riunione di stasera. Ho promesso di trovarmi là un quarto d'ora prima dell'inizio. Temo che questo significhi che dovrò passare il pomeriggio frugando negli archivi della mamma. E credo anche che, fino a quando non sarà sulla via della guarigione, dovrò trasferirmi qui. Spero di non esserti di troppo disturbo. Purtroppo, significherà che i miei clienti mi cercheranno qui, e che dovrò trovare un posto in cui lavorare. Posso prendermi qualche giorno di libertà, ma...»

«Ma anche se Liz si riprenderà, sarà una convalescenza molto lunga» concluse Faye per lei.

«Sì. Ci pensavo stamattina. Ieri sera, nell'euforia di sapere che era ancora viva, abbiamo trascurato il fatto che essere viva è ben diverso dall'essere in piena salute.»

«Non credo di essere preparata ad accettare l'idea che Liz non si riprenda» mormorò Faye con voce tremante. «Mi sono appoggiata a lei per tanto tempo... Vorrei somigliare a te, essere indipendente, autosufficiente... Ma sapere che Liz è in pericolo di vita mi ha fatto capire quanto io dipenda da lei...»

Sage la vide così smarrita che provò l'impulso di rassicurarla.

«Non posso prometterti che la mamma guarirà, Faye, ma se è delle piccole cose pratiche della vita che ti preoccupi... be', anche se accadesse il peggio, non hai nulla da temere. Cottingdean sarà sempre la tua casa.

Conoscendo mia madre, posso immaginare che abbia fatto testamento, e sono sicura che ha lasciato Cottingdean a Camilla.» Faye fece per protestare, ma Sage la prevenne. «No, non pensare che mi dispiaccia. Dopotutto, sono io a essere un'estranea, qui. Anzi, ti prego, se preferisci che me ne torni a Londra, non aver timore di dirmelo.»

«È l'ultima cosa che voglio» affermò Faye. «Non riuscirei mai a cavarmela da sola. E quanto a essere un'estranea... è un'idea assurda, e lo sai bene.»

«Davvero?» chiese Sage, secca. Poi continuò: «In ogni caso, se la mia presenza ti causerà qualche problema, ti prego di dirmelo francamente».

Si diresse verso la saletta soleggiata in cui Jenny serviva di solito la colazione e Faye, seguendola, si azzardò a chiedere: «E Alexi... gli dispiacerà che tu ti fermi qui...?».

«Quello che piace o dispiace ad Alexi non mi riguarda più» ribatté Sage, secca. «E se chiama per piantare grane, metti pure giù il telefono. Pensavo di andare all'ospedale, stamattina, e poi dovrò passare dall'ufficio per sistemare alcune cose. Tu e Camilla volete venire all'ospedale con me?»

«Certo, se per te non è un problema...»

Sedettero al tavolo, aspettando Camilla che, a quanto aveva detto Jenny, era uscita a cavallo. Fuori, Charles stava già lavorando. Una portafinestra dava su una piccola terrazza, da cui si poteva scendere in giardino.

Quando Liz era arrivata a Cottingdean, il giardino era poco più di un groviglio di sterpi. Quale fede doveva aver avuto sua madre nel futuro per immaginare quella perfezione, quell'armonia di verde... A quel tempo Cottingdean era in rovina, Liz non aveva denaro per riportarla ai primitivi splendori, e meno che mai per creare giardini eleganti e inutili. Aveva un marito invalido, un bambino che stava per nascere, niente famiglia, né amici, nessuno che potesse aiutarla, eppure fin dall'inizio aveva progettato quel giardino, sapendo che sarebbe venuto un giorno in cui il suo sogno si sarebbe realizzato.

Perché? In passato, Sage aveva attribuito la visione di sua madre a un ostinato orgoglio, al desiderio di affermare a ogni costo la propria volontà, ma ora, all'improvviso, vedeva le sue azioni in un'ottica diversa, come la disperata reazione che avrebbe potuto avere lei stessa: una battaglia contro ostacoli così grandi che la scelta era soltanto fra distruggerli o esserne distrutta.

«Ecco Camilla» annunciò Faye, interrompendo i suoi pensieri.

Camilla salì i gradini della terrazza e si unì a loro.

«Hai fatto una bella cavalcata?» le chiese Sage. «Ti ho invidiata un po' quando Jenny mi ha detto che eri uscita a cavallo.»

Sage era stata molto attenta a non occupare la sedia che era sempre stata di sua madre. Non voleva che Camilla si risentisse, vedendola prendere il posto della nonna per cui nutriva un profondo affetto, anzi, chiese a Faye di versare il tè, compito che di solito era di Liz.

«La nonna mi ha detto che una volta versare il tè era una specie di esame a cui le future suocere sottoponevano le fidanzate dei figli» le informò Camilla.

«Ecco la ragione per la quale non ho mai trovato marito, sono troppo maldestra» commentò Sage ridendo.

Risero tutte con lei e l'atmosfera si alleggerì un po'.

«Sage vuole andare a Londra a trovare la nonna, ma dobbiamo partire presto» disse Faye alla figlia. «Stasera presiede il comitato, e vuole avere il tempo di consultare l'archivio di Liz. Appena hai finito di fare colazione, va' a cambiarti.»

«E penso che domani potresti tornare a scuola» aggiunse Sage.

Camilla si era rifiutata di andare in collegio, e aveva insistito per frequentare la scuola locale. Quell'anno doveva sostenere gli esami di maturità, e aveva buone probabilità di essere ammessa a Oxford.

«So che sei preoccupata per la nonna» continuò, vedendo Camilla rabbuiarsi, «ma sai bene che lei ti direbbe la stessa cosa. E molto fiera di te, e non vorrebbe mai che trascurassi i tuoi studi. Ma non temere, potrai andare a trovarla spesso, tutte le volte che vorrai.»

Si chiese se dovesse preparare la nipote all'impressione che avrebbe provato entrando nella stanza della Terapia Intensiva dov'era ricoverata Liz, con tutti quei tubi e macchinari complicati, in contrasto con un pallido, fragile corpo umano, ma poi decise di non farne nulla. Camilla apparteneva a una generazione per la quale la tecnologia, anche la più complessa, era parte dell'esperienza quotidiana. Era probabile che Camilla non avrebbe trovato l'ambiente della Terapia Intensiva sconvolgente, bensì piuttosto rassicurante, traendo conforto dalla consapevolezza che la vita della nonna era affidata alle tecniche più avanzate.

Sage stava guidando attraverso l'intenso traffico di Londra quando Camilla domandò all'improvviso: «Come va la lettura dei diari? Volevo chiedertelo ieri sera, ma sono andata a letto prima che smettessi».

«Non ho ancora finito il primo» mentì Sage, per giustificare il fatto che non aveva ancora passato loro neppure uno dei diari, come avevano concordato.

«C'è qualcosa di interessante?»

Sage non seppe che cosa rispondere. Strinse le mani sul volante, cercando qualcosa da dire, e inaspettatamente Faye le venne in aiuto.

«Liz vuole che leggiamo i diari ognuna per proprio conto... che traiamo le nostre conclusioni individualmente.»

«Sì, proprio così.»

«Finirai il primo stasera, allora?» insistette Camilla, come se avvertisse la riluttanza di Sage a discutere l'argomento.

«Stasera c'è la riunione del comitato, e non so quanto possa durare...» rispose lei.

Era strano che proprio ora, quando sua madre non poteva più obbligarla, fisicamente o psicologicamente, ad agire nel modo che considerava giusto, fosse lei a costringersi... Non era mai stata metodica, organizzata, logica nel suo modo di lavorare, aveva sempre provato un perverso piacere nell'abbandonare la routine per seguire di volta in volta strade diverse. Eppure, ora stava progettando meticolosamente di seguire le orme di sua madre, come se agendo così compisse una specie di sacro dovere, come se, in qualche modo, tenesse accesa la fiammella tremolante della vita di Liz.

Un'idea ridicola... dettata dall'emozione... Eppure tanto potente e irresistibile che non poteva fare a meno di seguirla.

4

«Non mi ero resa conto... era quasi come se la nonna non ci fosse» mormorò Camilla, rabbrividendo.

«È sotto l'effetto dei sedativi» le spiegò Sage gentilmente. «Il suo organismo deve superare il trauma dell'incidente e delle ferite...»

Camilla inghiottì a vuoto.

«Non morirà, vero? Non voglio che muoia» supplicò, come una bambina.

Sage la prese fra le braccia.

«Non posso risponderti, Camilla. So solo, come lo sai tu, che se qualcuno può sopravvivere a tutto questo, quella persona è tua nonna.»

«Andiamo via, ti prego... non posso...»

«Devo parlare col medico» disse Sage. «Ma tu puoi aspettare in macchina, se preferisci. Forse la mamma...»

Si rivolse a Faye. Sembrava sconvolta quanto sua figlia, ma scosse la testa.

«No, resto con te.»

Sage consegnò a Camilla le chiavi della macchina, e la ragazza si allontanò, quasi barcollando.

«Non mi ero resa conto che fosse così grave» mormorò Faye. «Oh, Dio, Sage, ho tanta paura... Non sopporto l'idea di perderla. Credevo che il peggio fosse passato, che fosse solo questione di tempo, ma ora... E sono anche egoista. È tua madre, non la mia...»

«E per questo dovrei amarla più di te?» Sage sorrise, cupa. «Come sei ingenua, a volte, Faye. Conosci la situazione fra la mamma e me. Non siamo mai andate d'accordo. Quando ero bambina, desideravo disperatamente il suo amore, ma a un certo punto mi resi conto che non ero e non sarei mai stata la figlia che voleva... Non gliene faccio una colpa. Devo essere stata una grossa delusione per lei. Non credo che tu possa capire. Tutti adorano mia madre... l'adorano e la rispettano...»

In quel momento, la porta si aprì ed entrò il dottor Ferguson, il chirurgo con cui Sage aveva parlato il giorno prima. Se possibile, sembrava anche più stanco.

«Signorina Danvers, credo che la caposala le abbia detto che dobbiamo tenere sua madre sotto sedativi per attenuare il trauma fisico dell'incidente, e fino a che non saremo certi che questo sia avvenuto, non potremo fare nient'altro.»

«Quali lesioni ha riportato, esattamente?» chiese Sage.

Lui la guardò per un momento, poi rispose: «Sospettiamo che ci sia un'emorragia cerebrale, ma non possiamo stabilirne l'entità, per il momento. In caso lei non si renda conto della gravità della situazione, è bene che le spieghi...».

Mentre il chirurgo le chiariva quanto fossero esigue le probabilità di sua madre di sopravvivere, Sage si sorprese a stringere i pugni per non tremare. Accanto a lei, Faye era pallida come un cencio, e sembrava sconvolta.

«Tutto sommato, non credo che passerò in ufficio, oggi» disse Sage, quando il medico le ebbe lasciate sole. «È stata una visita traumatica, per tutte noi, d'altra parte non possiamo fare nulla per la mamma, restando qui. La caposala ha detto che ci chiamerà immediatamente se ci sarà qualche cambiamento nelle sue condizioni...»

«Se morirà, vuoi dire» precisò Faye, amaramente. «Hai notato che qui in ospedale, dove hanno a che fare con la morte tutti i giorni, nessuno pronuncia la parola? L'ammalato è grave, è in condizioni disperate, ma non è mai moribondo...»

Guardando Faye battere i pugni sui braccioli della

sedia, Sage desiderò di poter dare sfogo altrettanto liberamente ai propri sentimenti. Anche lei era spaventata, benché la sua paura fosse diversa da quella di Faye. Era la paura di trovarsi sulle spalle le responsabilità che erano state di sua madre, o di dover occupare un posto che non era destinato a lei, e che sapeva bene che l'avrebbe limitata, imprigionata. Faye si aggrappava già a lei. Quanto tempo sarebbe passato prima che dipendesse da lei come aveva dipeso da sua madre?

Sorpresa e quasi disgustata dalla grettezza dei propri pensieri, Sage strinse il braccio della cognata e gentilmente la tirò in piedi.

«Camilla ci aspetta» le ricordò.

Era sempre stata affezionata a Faye, ed era sconvolgente scoprire che stava quasi per odiarla, come se sua cognata le avesse teso una trappola che stava per chiudersi su di lei. Non era certo colpa sua se era una persona che aveva un disperato bisogno degli altri, del loro sostegno. Sage non aveva mai capito perché non si fosse risposata. D'altra parte, gli uomini come David erano difficili da trovare, anche se Faye ne avesse cercato uno. E, in realtà, aveva fatto l'esatto contrario, scegliendo di isolarsi dal resto del mondo.

«Sei riuscita a trovare nell'archivio di Liz il materiale riguardante l'autostrada?» chiese Camilla.

Stavano prendendo il tè, che Jenny aveva servito inflessibilmente, ignorando la loro affermazione di non avere appetito. Anche in sua assenza, le consuetudini di Liz governavano la casa, e forse tutti, ciascuno a suo modo, si aggrappavano a quelle abitudini, in un istintivo bisogno di credere che, tenendole vive, mantenessero in vita la stessa Liz.

«Be'... sì» rispose Sage.

Aveva letto tutto ciò che aveva trovato, ma non era riuscita a capire in che modo sua madre pensasse di impedire la costruzione dell'autostrada.

«Non pensi che potremo fermarli, vero?» arguì Camilla.

«È presto per dirlo, ma non ci sono molte speranze. Se la strada fosse costruita vicino a un luogo di interesse archeologico o di particolare bellezza naturale, avremmo qualcosa su cui lavorare, ma per quanto ne so...»

«La nonna avrebbe trovato un modo» affermò Camilla, in tono quasi polemico. «Ma a te non importa nulla, vero? Voglio dire, tu non ti preoccupi di Cottingdean...»

«Camilla!» protestò Faye, arrossendo lievemente. «Questo non è vero...»

«No, ha ragione» intervenne Sage, calma. «Per me, Cottingdean non è importante come per voi. È una bella casa, ma è solo una casa... non una specie di santuario. D'altra parte non è in pericolo solo la casa, lo è anche il villaggio, la vita della gente. Senza la fabbrica, non ci sarebbe lavoro, qui, e senza di esso il villaggio comincerebbe a disintegrarsi. Ma dubito che al Ministero siano propensi a tener conto delle esigenze di un gruppetto di campagnoli.»

«La nonna ha proposto un percorso alternativo, dall'altro lato delle marcite.»

«Sì, ma è un terreno umido e richiederebbe dei lunghi e costosi lavori di drenaggio e di rinforzo.»

«Non capisco perché tu vada alla riunione, visto che è evidente che non te ne importa...»

«Basta, Camilla» intervenne di nuovo Faye.

«Me ne importa eccome, Camilla. Solo, non so come la mamma pensasse di convincere le autorità a cambiare il tracciato della strada, e non sono riuscita a capirlo dai suoi appunti. Non dubito che avesse un piano d'azione, ma solo lei lo conosce, al momento. Tutto quello che posso fare è usare una tattica dilatoria, e sperare che nel frattempo accada un miracolo che permetta alla nonna di riprendere in mano la situazione, prima che sia troppo tardi.»

Non aveva affatto voglia di partecipare a quella riunione, riconobbe Sage più tardi, mentre saliva le scale per andare a cambiarsi. Non era abituata a usare la diplomazia, era troppo franca, troppo priva di tatto. Non aveva la capacità di sua madre di esercitare sottili persuasioni o coercizioni. Eppure, quella sera doveva, in qualche modo, trovare in se stessa quella capacità, adottare, almeno esteriormente, i metodi di sua madre.

Riconobbe, con secco divertimento, quanto stesse già cambiando, quanto stesse modificando le sue convinzioni e le sue abitudini... perfino nel modo di vestire. Quella sera, avrebbe rinunciato ai comodi abiti sportivi che di solito comprava d'impulso, spesso sbagliando clamorosamente, solo perché si innamorava del tessuto, del taglio o del colore. Non era da lei pianificare accuratamente un guardaroba, scegliere gli abiti per proiettare una certa immagine di se stessa.

Ma quella sera, avrebbe avuto bisogno di farsi scudo di un'immagine. Purtroppo, frugando nell'armadio si rese conto che il meglio che poteva rimediare era una camicetta di seta color crema, indossata con una morbida gonna di lana marrone. Un'elegante giacca di maglia avrebbe aggiunto un tocco di autorità all'insieme, decise, lanciando uno sguardo all'orologio.

Le sette... Era ora di uscire. Pensò per un momento ai diari. Per tutto il giorno, aveva cercato di escluderli dalla mente, eppure era impaziente di continuare a leggerli, di scoprire qualcosa di più sulla sconosciuta che era sua madre. Nello stesso tempo, era quasi riluttante a farlo, come se avesse paura... Di che cosa? Di scoprire che sua madre era umana e fallibile, e che lei non era più capace di nutrire nei suoi confronti la stessa rabbia e lo stesso risentimento? E perché avrebbe dovuto aggrapparsi a quei sentimenti?

Forse perché giustificavano la sua volontà di impedire a sua madre di entrare a far parte della sua vita, la sua determinazione di recidere tutti i legami affettivi fra loro... di continuare a punire sua madre. Ma per che cosa? Per non aver amato lei come aveva amato David? Per aver distrutto la sua felicità, per aver permesso che Scott le fosse strappato? O, semplicemente, era ancora, dentro di sé, la bambina risentita che batteva i piedi per terra, pretendendo di avere l'attenzione della madre esclusivamente per sé?

Esclusivamente... Era quello che aveva voluto? No, certo. Aveva sempre saputo di dover condividere l'affetto di sua madre. Oppure lei stava continuando a mentirsi ? Sage aveva forse rifiutato di riconoscere che sua madre potesse amare anche delle altre persone, proprio come aveva rifiutato di riconoscere il diritto di Scott ad amare suo padre, a provare nei suoi confronti una lealtà e un senso del dovere che venivano anche prima dell'amore per lei?

Avevano litigato in proposito, e furiosamente. Scott aveva insistito che prima di sposarla doveva tornare in Australia a spiegare la situazione a suo padre. Le aveva chiesto di andare con lui, ma Sage aveva rifiutato. Perché sottomettersi all'esame di suo padre, quando sapeva già che l'avrebbe bocciata? Per quale ragione? Scott non capiva che non avevano alcun bisogno di inchinarsi alla volontà di suo padre, che potevano vivere benissimo lontano dall'Australia, che non dovevano dipendere dai loro genitori?

«Ma non capisci che hanno bisogno di noi?» le aveva chiesto lui.

Sage aveva perso la pazienza, e aveva reagito con rabbia. Erano in macchina, e quando Scott aveva rallentato, lei aveva allungato la mano verso la portiera... certo non con l'intenzione di balzare giù. Ma nella furia del momento il suo carattere focoso l'aveva tradita.

In ogni caso, non avrebbe mai saputo che cosa avesse intenzione di fare, perché Scott, nel protendersi per afferrare la maniglia, non aveva visto la macchina che sopravveniva.

Paradossalmente, era stato il braccio di Scott a salvarla dal rimanere ferita gravemente... e a impedire a lui di proteggersi, subendo l'urto della collisione.

Santo cielo, non poteva mettersi a pensare all'incidente proprio ora. Non aveva sofferto abbastanza, non si era sentita abbastanza colpevole da scontare perfino il più nero dei peccati?

Dabbasso, l'orologio a pendolo batté un quarto. Con sollievo, Sage si staccò dai suoi dolorosi ricordi e scese le scale.

«La metteremo vicino al titolare dell'impresa di costruzioni» la informò Anne Henderson, appena fatte le presentazioni. «Purtroppo, non conosco il suo nome. Invece, ho quelli dei rappresentanti del Ministero, il signor Stephen Simmonds e la signorina Helen Ordman. Dovrebbero arrivare insieme e speriamo che siano puntuali.»

La sala dove si tenevano le riunioni del villaggio era un dono di Liz, o meglio della fabbrica. In origine era un vecchio granaio cadente, ma sua madre lo aveva fatto ristrutturare per assicurare agli abitanti un luogo di incontro, dove si tenevano balli, recite della compagnia filodrammatica e così via.

«La gente sta già arrivando» annunciò Anne. «La moglie del vicario mi ha telefonato per avvertirmi che forse suo marito tarderà di qualche minuto. Fa parte anche lui del comitato. Sua madre sperava di persuadere anche il deputato locale a intervenire, stasera, ma non ho avuto sue notizie.»

Gli altri membri del comitato erano un avvocato e un medico del villaggio, entrambi con idee molto precise sulla nuova strada e dotati di una buona parlantina. Era una fortuna, perché lei non era molto in gamba in quel senso, pensò Sage, quando le furono presentati.

Per quella sera, tutto ciò che poteva fare era rappresentare la posizione di sua madre, piuttosto che contribuire alla discussione.

La sala cominciava a riempirsi, ed era evidente che gli abitanti del paese prendevano molto sul serio la minaccia alla loro pace rurale. Ma quando mai i sentimenti erano stati capaci di battere la logica? Se così fosse stato, Sage avrebbe riportato molte più vittorie, nella sua vita!

Ci fu una certa agitazione in direzione della porta, e Anne Henderson si scusò, dicendo: «Dev'essere arrivata la controparte. È meglio che vada a presentarmi».

Sage guardò entrare i nuovi venuti, un uomo e una donna. Quest'ultima era una brunetta snella ed elegante, sulla trentina, che indossava un elegante completo. Tuttavia, nonostante la severità del suo abbigliamento, a Sage diede l'impressione non di una donna tutta dedita alla carriera, bensì di una femmina sensuale, quasi predatrice, che si era vestita in quel modo non per una riunione di lavoro, ma per un uomo. La semplice camicetta di seta sembrava casualmente sbottonata, giusto quel tanto per rivelare un accenno di scollatura. La gonna era abbastanza corta da mettere in evidenza le gambe snelle, la pettinatura e il trucco più provocanti che professionali.

Una donna, beninteso, sapeva riconoscere al volo quei particolari. Gli uomini erano diversi, e Sage si chiese, con un'ombra di divertimento, se fosse il tizio piuttosto insignificante, in jeans e giacca a vento, che l'accompagnava a suscitare nella nuova arrivata quegli istinti predatori.

Sage si alzò e si presentò. Si rese subito conto che la donna cercava di valutarla come potenziale rivale e ne fu divertita. Lei non era per nulla interessata alla sua preda.

L'uomo del Ministero fece per sedersi accanto a Sage, ma Anne lo fermò, dicendogli che quello era il posto riservato al presidente della ditta di costruzioni.

«Oh, sì, dimenticavo» intervenne la sua compagna. «Arriverà con qualche minuto di ritardo. Ha detto di cominciare pure senza di lui, visto che verrà qui soprattutto per rispondere alle domande della gente sulle conseguenze della costruzione della strada.»

«Non è un po' prematuro?» chiese Sage, fredda. «Non è affatto certo che la strada si farà, fino a questo momento.»

Stephen Simmonds parve a disagio.

«Be', la fattibilità della nuova strada è proprio quello che siamo venuti a discutere» si affrettò a precisare. «Naturalmente, comprendiamo i timori degli abitanti della zona, ed è nostro compito assicurare che le loro esigenze saranno tenute nel debito conto e che i lavori di costruzione turberanno il meno possibile le loro normali attività.»

«E quando saranno finiti?» si informò Sage, secca. «O pensa che avere un'autostrada a sei corsie che virtualmente taglia in due il villaggio non turbi le normali attività della gente? Immagino che possiate sempre fornirci un bel ponte di cemento, o magari un tunnel, in modo che una metà del villaggio possa comunicare con l'altra senza dover imparare d'improvviso a volare...»

«Non sia ridicola! Saranno presi tutti i provvedimenti necessari per consentire il normale traffico» la interruppe Helen, acida.

«Credo che sia meglio cominciare» sussurrò Anne a Sage. «La gente si sta spazientendo.»

Sage aprì la riunione, presentò gli ospiti, poi cedette la parola ad Anne, che conosceva meglio di lei la prassi di quelle riunioni. Comunque, dai minuziosi resoconti di sua madre aveva tratto un'idea ben precisa di quello che l'aspettava.

Il dibattito iniziò con un pacato discorso dell'uomo del Ministero, inteso a placare i timori della gente e a far apparire la costruzione della strada come un fatto di vitale importanza per il paese. Dopo di lui, Anne parlò in modo assai meno analitico e logico contro la costruzione, e dalla reazione dell'uditorio fu chiaro da che parte stavano gli abitanti del villaggio.

Le domande piovevano fitte, e Sage notò con divertito cinismo che la regia prevedeva che Helen rispondesse alle domande degli uomini, approfittando del vantaggio del proprio fascino ed evitando abilmente i punti più scabrosi con luminosi sorrisi e risposte evasive.

Quelle erano ancora le prime schermaglie, la battaglia vera e propria doveva ancora cominciare, riconobbe Sage. Dopo aver studiato gli appunti di sua madre, sapeva quanto fosse importante ottenere il sostegno di personaggi influenti. Era quella la ragione per cui Liz era andata a Londra? C'era stato un momento in cui le era stato proposto di presentarsi come candidata al Parlamento, ma lei aveva rifiutato, dicendo che non aveva tempo da dedicare alla carriera politica. Ciò nonostante, Liz aveva un'infinità di contatti con persone importanti.

Immersa nei propri pensieri, Sage alzò appena gli

occhi quando la porta si aprì ed entrò un uomo.

Alto, bruno, vestito con l'impeccabile completo scuro che tutti si erano aspettati dal rappresentante del Ministero, il nuovo arrivato emanava un'aura di forza come fosse abituato all'attività fisica, piuttosto che a vivere dietro a una scrivania.

L'interesse femminile suscitato dalla sua comparsa era quasi palpabile, pensò Sage. Ora capiva per chi si era vestita Helen! Non per il suo scialbo compagno, bensì per quell'uomo che avanzava verso il palco, quell'uomo che aveva alzato la testa per guardare non Helen, ma lei.

Si riconobbero all'istante.

Daniel Cavenagh. Il salone cominciò a girarle attorno paurosamente. Sage si aggrappò al tavolo per sostenersi.

Daniel Cavenagh... Quanto tempo era passato da quando si era concessa di pensare a lui, di ricordare perfino la sua esistenza?

Tremava per la sorpresa, e dimenticando il motivo della presenza di Daniel in quel luogo era sopraffatta dal vortice impetuoso dei ricordi.

Ricordi che aveva cercato per anni di cancellare, di ignorare, di negare, ricordi che ancora suscitavano in lei sofferenza e rimorso. Eppure, dopo averla riconosciuta, lui l'aveva ignorata di proposito.

Sentì Anne presentarlo e le giunse il mormorio indistinto della conversazione fra lui ed Helen. Il tono sensuale, possessivo della voce della donna le procurò una fitta di un sentimento così inaspettato, così sorprendente che per un momento tutto il suo essere si tese nel respingerlo.

Gelosia... Era gelosa del rapporto di un'altra donna con l'uomo che lei non aveva mai voluto, che non le era neppure mai piaciuto. Un uomo che aveva usato senza scrupoli in un momento di rabbia e di amarezza, e che le aveva ritorto contro il suo comportamento con tanta brutalità che il ricordo di lui era una parte della sua vita che preferiva cancellare.

Quanti errori... Tutta la sua vita ne era costellata. Ma

Daniel Cavenagh era stato più di un errore... era stato uno sbaglio quasi fatale, era colui che aveva dimostrato una pericolosa capacità di giudicarla, l'origine di una svolta che era diventata l'asse attorno a cui ruotava la sua vita attuale.

Daniel stava prendendo posto accanto a lei, con i movimenti disinvolti e sicuri dell'uomo che è a suo agio con se stesso. Con il passare del tempo i lineamenti del suo viso si erano induriti. Doveva essere sui trentasette anni, tre più di lei.

Un educato applauso interruppe i pensieri di Sage. Guardò Daniel alzarsi e notò che il suo completo era rifinito a mano, e senza dubbio indossava una camicia su misura. Aveva sempre avuto una struttura fisica possente, ed era alto ben oltre il metro e ottanta.

Cercò di concentrarsi su quello che diceva, ma riusciva a sentire solo la brusca cadenza della sua voce, che suscitava in lei ricordi di un altro tempo, di un altro luogo, quando lui era stato ugualmente conciso, controllato, quasi distaccato mentre riduceva a brandelli il suo orgoglio, faceva a pezzi la sua anima e le restituiva i cocci con la fredda cortesia che, in qualche modo, era stata peggio di tutto il resto messo assieme.

«Mi fai pena» le aveva detto.

Lui, più di chiunque altro, era stato il responsabile della distruzione della ragazza impulsiva, testarda, egocentrica che era stata, e della creazione della donna cauta, attenta, responsabile che si era costretta a diventare.

Forse avrebbe dovuto essergli grata. Grata... Era precisamente quello che lui le aveva detto, lanciandole le parole come coltelli affilati.

«Immagino che pensi che dovrei esserti grato...»

Erano passati tanti anni, e Sage non si era mai concessa di ricordare. Aveva dato un taglio netto, si era bruciata il terreno alle spalle.

Ora, desiderava solo fuggire dalla sala, rimanere sola. Ma non poteva, non ancora. La gente tumultuava, le domande si accavallavano. Qualunque cosa Daniel avesse detto, aveva sollevato un putiferio.

Doveva ascoltare, s'impose Sage. Doveva dimenticare il passato, concentrarsi su quello che stava accadendo quella sera.

Chiuse la riunione senza sapere bene che cosa stesse dicendo, e tornò alla realtà solo quando Anne le comunicò che il vicario aveva suggerito di andare tutti a casa sua per una chiacchierata informale e una tazza di tè. Sage scosse la testa, sforzandosi di recuperare il controllo.

«Mi dispiace, non posso.»

«Certo, vorrà tornare a casa. Ha notizie dall'ospedale?»

Sage scosse di nuovo la testa. Cominciava a dolerle terribilmente, come se stesse per avere uno degli attacchi di emicrania che aveva da tempo imparato a controllare. Voleva soltanto rifugiarsi in un luogo buio e sicuro, dove non fosse costretta a pensare, a fingere, un luogo dove non ci fossero uomini alti e bruni che la inducessero a ricordare, a soffrire.

Fu la prima a lasciare la sala. La sua Porsche era posteggiata poco distante, ma non se la sentiva di guidare. Aveva lo stomaco stretto dalla nausea, la testa che le doleva sempre più. Non sarebbe stata la prima volta che perdeva conoscenza, durante quei tremendi attacchi di emicrania.

La cosa migliore sarebbe stata telefonare a casa e chiedere a Jenny di mandare qualcuno a prenderla, ma avrebbe significato fermarsi là, col pericolo di trovarsi faccia a faccia con Daniel.

Sentì la sua voce dietro di lei e, insieme, quella calda, carezzevole della sua compagna.

«Sage, ho sentito che, come me, non puoi unirti agli altri al vicariato...» Era accanto a lei.

L'educazione e il buonsenso esigevano che si voltasse a rispondergli, ma non poté muoversi, non riuscì neppure a parlare.

«Daniel, devi proprio andare? Ci sono ancora tante cose da discutere!»

Grazie al cielo, esistevano le donne predatrici, pensò Sage con sollievo quando Helen si interpose fra loro, prendendo il braccio di Daniel con fare possessivo.

«Temo di sì. Ho una riunione del consiglio d'amministrazione domattina e una montagna di documenti da leggere. Sage, sospetto che quella mostruosità rossa sia tua. Sei sempre stata incline all'esagerazione... in tutte le cose.»

La lasciò come l'aveva trovata, immobile e senza parole, a fissarlo con gli occhi pieni di lacrime di rabbia.

Sage aspettò deliberatamente fino a quando Daniel non fu partito, su una Aston Martin grigio acciaio che senza dubbio costava molto più della sua Porsche, prima di incamminarsi in direzione di Cottingdean. La casa distava poco più di tre chilometri dal villaggio, una passeggiata piacevole in quella bella serata primaverile. Quando era una ragazzina, l'aveva fatta diverse volte al giorno, senza neppure pensarci. Allora, però, non portava i tacchi a spillo e non tremava come se avesse la febbre.

Cosa stava succedendo alla sua vita, che fino a quel momento aveva creduto di avere sotto controllo? Prima l'incidente di sua madre, poi la scoperta dei diari... E ora, l'incontro inaspettato con Daniel Cavenagh era stato l'ultimo anello di una catena che partiva da molto lontano, e di cui dubitava di potersi mai liberare.

Vide i fari avvicinarsi, e si spostò sul ciglio della strada. Solo quando la macchina la superò, si rese conto che era quella di Daniel. La vide rallentare e fermarsi, e il panico l'afferrò alla gola. Desiderava disperatamente fuggire, nascondersi... non da lui, bensì dai propri rimorsi...

L'orgoglio le impedì di darsela a gambe, e si sforzò di voltarsi a guardarlo, appena lui scese dalla vettura e si avvicinò.

«Credevo che tornassi a casa in macchina.»

«Ho preferito andare a piedi.»

«Con i tacchi alti?»

«Non c'è alcuna legge che me lo proibisca» ribatté Sage. «Anche se vi è da dire che, se riuscirai a far passare di qui la tua autostrada, i tempi delle passeggiate saranno finiti.»

«L'autostrada passerà a più di un chilometro da qui. Non la vedrete neppure, da Cottingdean. Ma già, tu sei sempre stata più incline all'emotività che al ragionamento, vero, Sage?»

«Che cosa ci fai qui? Sei dalla parte opposta del villaggio, rispetto all'autostrada per Londra.»

«Sì, lo so. Mi sono perso e sono dovuto tornare indietro.»

Sage ebbe l'impressione che mentisse. Lo conosceva troppo bene per credere che potesse sbagliare strada.

Daniel la stava fissando. I suoi occhi erano grigi, dello stesso colore metallico della macchina, e aveva le ciglia insolitamente lunghe. Sage ricordò che, un tempo, aveva pensato che quegli occhi lo facevano apparire, a volte, quasi vulnerabile. Che sciocca! *Vulnerabile* non era una parola adatta a descrivere la personalità di Daniel!

Le testa riprese a pulsarle più dolorosamente che mai. Istintivamente, si portò una mano alla tempia.

«Emicrania?»

Sage alzò gli occhi di scatto, sorpresa.

«Come...»

«Ho un'ottima memoria» la interruppe lui, secco.

«Già, lo immagino» convenne lei, aspra.

«Ti do un passaggio. Non è sicuro per una donna andarsene in giro sola di notte... neppure qui.»

«No, grazie, preferisco camminare. Ho bisogno di aria fresca.»

«Puoi passeggiare per i giardini di Cottingdean, quando sarai a casa. È più sicuro.»

La sua calma decisione fece infuriare Sage.

«Non voglio un passaggio» ripeté con durezza. Ma Daniel le aveva già afferrato un braccio e la stava spingendo verso la macchina, cortese, ma fermo.

Era più facile andare con lui che continuare a discutere, decise Sage debolmente, salendo in macchina. Daniel chiuse la portiera, salì a sua volta e partì. Era un buon guidatore, attento, controllato.

«Strano» commentò, quando comparvero i cancelli di Cottingdean. «Tu sei l'ultima persona che mi sarei aspettato di trovare alla presidenza di un comitato per la protezione dell'ambiente.»

«Infatti, ho semplicemente preso il posto di mia madre» rispose lei, rigida.

«Davvero? La Sage che conoscevo l'avrebbe considerata una perfetta occasione di sabotaggio.»

Sage si irrigidì ancora di più. Ecco, era quello che aveva temuto: che Daniel le ricordasse il passato, con le sue sofferenze, le sue ombre... e più di tutto che le rammentasse la persona che era stata.

«Nessuna risposta?» chiese lui, fermando la macchina.

«Mi hai fatto una domanda?» lo sfidò Sage, aprendo la portiera. «Mi è sembrata piuttosto un'affermazione. Come vivo la mia vita non è affar tuo, Daniel.»

«Sempre la stessa, vecchia Sage. Impaziente, illogica. Così maledettamente abituata ad averla vinta da non avere neppure il buonsenso di evitare gli ostacoli.»

Daniel scese e girò attorno alla vettura prima ancora che lei avesse il tempo di sganciare la cintura di sicurezza. Sage scoprì che tremava, scendendo dalla macchina, non più di paura, bensì di rabbia... e di qualcos'altro...

«Grazie per il passaggio.»

«Piacere mio» rispose lui, formale.

Sage lo guardò risalire in auto e allontanarsi.

Daniel Cavenagh... Perché era ricomparso nella sua vita, e proprio in quel momento, riaprendo ferite che aveva creduto rimarginate per sempre?

Daniel Cavenagh... Sage rabbrividì ancora una volta, mentre si incamminava verso la casa, lottando contro la valanga dei ricordi che minacciava di travolgerla.

5

Era inutile, non sarebbe riuscita a dormire, quella notte, si rassegnò Sage, mettendosi a sedere sul letto.

Guardò l'orologio. Le due del mattino. Tanto valeva che facesse qualcosa di utile, invece di starsene lì a cercare di non pensare... di non ricordare. Qualcosa di utile... come per esempio leggere i diari?

Che cosa sperava di trovare in quei diari? O li usava semplicemente come un mezzo per tenere a bada i propri pensieri?

Scese le scale in punta di piedi, prese il diario che stava leggendo e lo portò in camera sua, assieme a un paio di frutti che prelevò in cucina. Erano le mele aspre e croccanti che le erano sempre piaciute, diversamente da sua madre, che amava quelle dolci e succose. Liz aveva sempre spiegato il suo debole per il dolce con le privazioni della guerra. Era una piccola debolezza, in una donna così forte, eppure Sage ricordò, con una punta di rimorso, che da bambina non aveva perso l'occasione per rimproverargliela. I bambini sanno essere crudeli, riconobbe. Usano tutte le armi, senza scrupoli, specialmente quando sono convinti di essere nel giusto, com'era stata lei.

Quanti anni aveva quando aveva cominciato a incolpare Liz per l'indifferenza di suo padre verso di lei? Otto, nove... forse meno. Ora, ripensandoci, le sembrava di aver sempre saputo che mentre David poteva avvicinare liberamente il padre, quando lei aveva cercato di fare altrettanto sua madre si era sempre interposta. Ma per quale ragione? Non poteva certo temere che il suo affetto rappresentasse una minaccia ai suoi rapporti con Edward!

Lui aveva adorato la moglie, con un'intensità sconvolgente e, per certi versi, morbosa. Sua madre praticamente non poteva uscire di casa senza prima spiegare dove andava, e quando sarebbe tornata.

Sage cercò di immaginare come avrebbe reagito, lei, se fosse stata al posto di sua madre, di fronte a un amore così possessivo. Avrebbe lasciato Edward, probabilmente, ammise. Ma Sage non era sua madre. Liz era troppo perfetta per mettere le proprie necessità al di sopra di quelle di una persona che dipendeva in tutto da lei, com'era stato Edward.

Era la prima volta che Sage si fermava a esaminare da vicino il matrimonio dei suoi genitori, che si poneva delle domande su un rapporto che per anni aveva invidiato. La prima volta che si rendeva conto che un simile rapporto le sarebbe apparso, come donna, a dir poco soffocante. Eppure, evidentemente, sua madre non lo aveva considerato tale.

Sage scacciò quel pensiero. Lei e sua madre erano due persone molto diverse. Non avevano nulla in comune, tranne il fatto accidentale di essere madre e figlia: un rapporto che non era gradito a nessuna delle due, anche se Liz riusciva a mascherare meglio di lei la propria antipatia.

Eppure, nonostante tutto, una parte di Sage si sentiva attratta dalla ragazza che stava scoprendo nei diari. E quella era la ragione per cui, alle due passate, stava voltando le pagine coperte dalla fitta scrittura di sua madre, ricacciando in fondo alla mente i ricordi suscitati dall'incontro con Daniel Cavenagh.

Daniel... Chi era, in fondo? Soltanto un uomo. Niente di più. Un uomo come tanti altri.

Aprì gli occhi che aveva chiuso per qualche istante e cercò la pagina del diario a cui era rimasta, scacciando il pensiero di Daniel e del passato per concentrarsi sulla lettura.

Passò una settimana, poi un'altra, e Lizzie non ebbe

notizie di Kit. Ogni giorno aspettava piena di speranza una lettera, ma non ne arrivò nessuna. Poi una mattina, quando si svegliò, il mondo parve girarle attorno e un'ondata di nausea la costrinse a precipitarsi in bagno.

Lizzie non si rese conto subito della causa di quel malore. Aveva sofferto di nausee, al suo arrivo all'ospedale, quando il suo stomaco si era ribellato al cibo scadente, e pensò che si trattasse dello stesso disturbo... almeno fino a quando una collega non la illuminò, casualmente, pensando che fosse già al corrente delle proprie condizioni.

Un bambino... il bambino di Kit. Al di sopra del brivido di terrore nel rendersi conto di essere entrata a far parte di quella schiera di donne che, secondo il modo di esprimersi di sua zia, si erano messe nei guai, provò un minuscolo fremito di gioia. Portava in grembo il bambino di Kit.

Fu colta da un'improvvisa urgenza di condividere la notizia con lui, di meravigliarsi assieme a lui della nuova vita che avevano creato insieme. Kit! Quanto desiderava vederlo! Sola nel dormitorio, rimase a fissare nel vuoto, smarrita in un meraviglioso sogno a occhi aperti in cui lui appariva all'improvviso, annunciandole che dovevano sposarsi immediatamente... e che l'amava con tutto il cuore.

L'avrebbe portata via sulla sua piccola auto lucente e si sarebbero sposati in segreto. Lei avrebbe abitato in un minuscolo cottage nascosto fra le rose, fuori dal mondo, ma abbastanza vicino alla sua base perché Kit potesse andare a trovarla. Là avrebbe aspettato la nascita del loro bambino... un maschio, sapeva che sarebbe stato un maschio... e sarebbero stati incredibilmente felici...

Toccò a una delle sue compagne più anziane e più esperte dissipare le sue illusioni.

Donna era stata scelta dalle altre per parlare con Lizzie. Erano delle ragazze di buon cuore, e trovavano incomprensibile il suo atteggiamento. Al suo posto, non se ne sarebbero di certo state sedute ad aspettare che il Principe Azzurro comparisse per risolvere tutto. Quella povera sciocca non capiva che cosa le era successo? Non sapeva che cosa ne sarebbe stato di lei, non appena le autorità dell'ospedale avessero scoperto le sue condizioni?

Donna Roberts era la maggiore di cinque sorelle e tre fratelli. Aveva visto sua madre incinta troppe volte per farsi delle illusioni sulle reazioni degli uomini di fronte a una paternità indesiderata. Sua madre si era sposata a sedici anni, e a trentacinque, quando Donna se n'era andata di casa, dimostrava già il doppio della sua età, logorata dalle gravidanze e dalla miseria.

Quanto a lei, la guerra le aveva offerto l'occasione di sfuggire alla stessa sorte, e di conquistare la libertà. Aveva giurato a se stessa che non si sarebbe mai sposata, e tantomeno avrebbe avuto dei figli!

«Senti, piccola» cominciò, cauta, «noi tutte sappiamo in che guaio ti trovi. Non è facile, ma devi guardare in faccia la realtà... Non vuoi finire come Susan Philpott, vero?»

«Susan?» Lizzie la guardò senza capire. «Ma è tornata a casa.»

«Neanche per idea!» esclamò Donna. «Dio sa dov'è ora, ma certo non è andata a casa. Mi ha detto che suo padre l'avrebbe uccisa per essersi messa nei guai. Probabilmente, è da qualche parte sulla strada, a quest'ora» aggiunse, spiegandosi in maniera più esplicita quando si rese conto che Lizzie non aveva capito. «Lui non tornerà. Non tornano mai» continuò, con brutale onestà. «E tu devi fare qualcosa...»

«Fare qualcosa?» chiese Lizzie, perplessa.

Preferiva ignorare il commento su Kit. Donna non conosceva Kit, non sapeva quanto si amavano. Apprezzava le preoccupazioni delle sue compagne, ma lei non ne aveva bisogno.

Donna sospirò e alzò gli occhi al cielo. Era peggio di quanto avesse creduto. Perché erano sempre le più sciocche e ingenue che si cacciavano nei guai?

«Dovrai pure liberarti del bambino, no? Senti, so che cosa pensi, ma quello non ti sposerà. Non succede mai» le disse senza mezzi termini.

La vita non le aveva insegnato di certo il tatto e la sensibilità. Per conto suo, la cosa migliore che potesse fare per quella piccola stupida era farle entrare in testa un po' di buonsenso e, se non era già troppo tardi, metterla in una vasca d'acqua bollente, versarle in gola quanto più gin potevano procurarsi e sperare di provocarle un aborto spontaneo.

A volte funzionava, e a volte no. C'erano altri metodi, ma erano troppo rischiosi, e comunque, a quanto pareva, ci sarebbe voluto un bel po' per persuadere Lizzie a calarsi nella vasca.

«Non tornerà, qualunque cosa ti abbia detto» ripeté, dura. «Ti ha dato il suo indirizzo? Ti ha detto qualcosa di sé, a parte il nome... ammesso che sia quello vero? Sai che cosa ti succederà quando qui si accorgeranno che sei incinta? Perderai il posto e ti rimanderanno a casa...»

A casa... dalla zia Vi. Per la prima volta, Lizzie ebbe realmente paura. Cercò di immaginare come sarebbe stata la sua vita se avesse dovuto tornare dalla zia, incinta e senza marito. La zia Vi non l'avrebbe mai ripresa in casa. Rabbrividì. Ma di che cosa aveva paura, in fondo? Non le sarebbe successo niente del genere. Kit l'avrebbe sposata. Tutto quello che doveva fare era aggrapparsi a quella certezza, avere fede e coraggio, ricordare che Kit l'amava.

«Via, piccola... abbi un po' di buonsenso. Non puoi essere molto avanti. Con un pizzico di fortuna, ti libererai del bambino...»

«No» disse Lizzie, decisa. Poi aggiunse, con pacata dignità: «Anche se tu avessi ragione a proposito di Kit, non potrei mai uccidere il mio bambino».

Donna capì di essere stata sconfitta. Brontolando fra sé sulla pazzia del proprio sesso, si allontanò. Lizzie, pensava nel frattempo, avrebbe imparato a sue spese, e anche troppo presto!

Era passato molto tempo da quando Lizzie aveva ricevuto la lettera di Kit... Settimane, durante le quali si era a poco a poco abituata all'idea che avrebbe avuto il suo bambino. La fine della guerra in Europa fu festeggiata in tutto il paese, ma per Lizzie non era la cosa più importante. Fino a quando non avesse avuto notizie di Kit e non fosse stata certa che era sano e salvo, non potevano esserci festeggiamenti, per lei. Anche il suo diciottesimo compleanno passò sotto silenzio, ricordato solo dalla zia con un biglietto e un regaluccio.

Edward aveva notato che Lizzie si era chiusa in se stessa, ed era preoccupato per lei. Ma non le aveva fatto domande, pensando che forse la sua compagnia le pesava.

Il medico gli aveva detto che, con le adeguate cure, poteva avere davanti a sé altri vent'anni di vita, ed era una prospettiva che lo faceva rabbrividire. Altri vent'anni... quando c'erano delle mattine in cui la prospettiva di vivere altre venti ore sembrava un peso troppo grande.

Lizzie, di solito così sensibile ai sentimenti altrui, non vedeva la disperazione di Edward. Passava ancora parecchio tempo con lui, ma prestava poca attenzione ai suoi tentativi di conversazione, concentrata com'era sul suo bambino e sull'amore per Kit.

Il tempo peggiorò, con vento e pioggia. Il tragitto in bicicletta per andare all'ospedale divenne penoso e, nonostante la gravidanza, Lizzie cominciò a dimagrire, per quanto si sforzasse di nutrirsi per amore del bambino.

Edward era turbato nel vedere quanto fosse diventata fragile. Ormai, aveva accettato il fatto che Lizzie, in un modo o nell'altro, si era conquistata un posto nel suo cuore. Non che potesse venirgliene qualcosa, riconosceva amaramente. Lizzie era giovane e molto bella, e aveva tutta la vita davanti, mentre per lui il futuro si perdeva dolorosamente nel nulla. Un invalido senza niente da offrire a una donna.

A volte, si confrontava amaramente con suo cugino. Gli era arrivata una lettera dagli avvocati della famiglia, ma non l'aveva ancora aperta, immaginando che fosse un avvertimento formale da parte di Kit a non contare di stabilirsi a Cottingdean. Sarebbe stato tipico di suo cugino! Che cosa credeva, che lui volesse imporgli la sua presenza? Che fosse disposto a vivere a Cottingdean come un mendicante, costretto a vedere Kit e i suoi figli prosperare, mentre lui...

Lizzie era in servizio quella mattina. Come sempre, Edward era impaziente di vederla. Gli aveva promesso di portarlo nel parco, ma dalla finestra vedeva la pioggia che scendeva e il vento che piegava gli alberi. Normalmente, Lizzie non si sarebbe lasciata scoraggiare, ma in quei giorni era così pallida e magra!

In corsia, ci fu il solito trambusto causato dal cambio di turno. Edward si mise la lettera in tasca senza aprirla e attese che comparisse Lizzie.

Durante la notte era piovuto molto, e Lizzie aveva le scarpe inzuppate e rabbrividiva per il freddo. L'ultima cosa che desiderava era tornare fuori, ma mentre entrava in corsia la collega a cui doveva dare il cambio le sussurrò, accennando con la testa a Edward: «Spero che tu ti sia portata dietro l'impermeabile. Sua Signoria è già pronto e non vede l'ora di uscire».

Lizzie si sentì cadere le braccia, vedendo che la protezione di tela cerata era già stata sistemata sulla carrozzina di Edward.

Lui le lesse la stanchezza negli occhi, e si affrettò a dire: «Ah, Lizzie, sono sicuro che non hai voglia di uscire, oggi... è stata una mattinata così piovosa...».

Lizzie non poté fare a meno di notare la tristezza del suo tono. Si chiese che cosa avrebbe provato lei, inchiodata su una carrozzina, senza mai respirare una boccata d'aria fresca, senza vedere altro che i muri grigi della corsia...

«Pioveva, ma ora ha smesso» disse nel tono più allegro che le riuscì di simulare, spingendo la carrozzina verso la porta.

Edward la sentì rabbrividire quando uscirono all'aperto. Il soprabito che indossava era troppo leggero per quel tempo. Avrebbe avuto bisogno di qualcosa di più caldo, pensò.

Lui aveva un suo posto preferito nel parco, un piccolo giardino con una panchina di pietra e una vasca circolare. Lizzie mise il freno alla carrozzina e sedette sulla panchina. Stava peggio del solito, quella mattina. L'attacco di nausea era durato più a lungo del normale, e si sentiva debole e stordita.

Aveva un disperato bisogno di ricevere notizie di Kit. Era così sola, e cominciava ad avere paura... e se gli fosse successo qualcosa? Ma, in ogni caso, lei non avrebbe mai rinunciato al suo bambino, mai...

Edward la vide prossima alle lacrime e desiderò disperatamente di poterla aiutare. Tutt'a un tratto, intuì che Lizzie era alle prese con qualche grosso problema. Vide una lacrima, poi un'altra, scivolarle lungo la guancia, e si voltò dall'altra parte, per non metterla in imbarazzo.

In quel movimento, sentì il fruscio della lettera che aveva in tasca e la tirò fuori, più che altro per dare a Lizzie il tempo di riprendersi, quale che fosse il motivo che la turbava tanto.

Estrasse la lettera dalla busta scorrendola con impazienza, fermandosi di colpo quando si rese conto del contenuto. Poi la rilesse, adagio...

Al suo fianco, Lizzie gli era grata per il suo tatto. Sarebbe morta di vergogna se le avesse chiesto che cosa aveva. Che cosa avrebbe detto Edward, se avesse saputo? Lizzie era certa che non l'avrebbe tradita, e neppure avrebbe riso di lei, come le altre ragazze, che la spingevano a liberarsi del suo bambino.

Non sapeva perché quella mattina si sentiva così depressa. Forse perché aveva ricevuto la solita lettera mensile di sua zia, che le rinnovava i suoi precetti, raccomandandole di comportarsi bene e di evitare le cattive compagnie.

Se solo avesse avuto il coraggio di chiedere di Kit a Edward! Ma gli aveva promesso di non farlo...

Accanto a lei, sentì all'improvviso Edward mormorare: «Oh, mio Dio».

Si voltò di scatto, raccogliendo la lettera che era caduta.

«Edward, che cosa c'è? Non ti senti bene?»

«No, no, non è questo...» La mano di Edward si strinse attorno alla sua. «È Kit, mio cugino. Forse ricordi che è venuto a trovarmi... Ho appena saputo... È morto, ucciso in azione. Devo tornare subito in corsia... Ci saranno delle cose da fare, provvedimenti da prendere per Cottingdean... Dovrò anche scrivere alla sua fidanzata... Povera Lillian... anche se Kit non sarebbe mai stato un buon marito...»

Edward si interruppe di colpo, osservando la faccia di Lizzie. Non aveva mai visto nessuno impallidire in quel modo. Per un momento, vedendola così bianca e immobile, si chiese perfino se fosse ancora viva...

Stava cercando di dirgli qualcosa. La sua bocca si muoveva, ma non ne usciva alcun suono e tremava come se avesse la febbre.

Tutta la frustrazione per la sua invalidità, per la sua impotenza gli piombò addosso come un'ondata. Avrebbe dato tutto ciò che possedeva, compresa Cottingdean, per potersi alzare e prenderla fra le braccia, per essere un uomo, non un misero fagotto di carne. Invece, tutto quello che poteva fare era pregare che, in un modo o nell'altro, potessero tornare all'ospedale.

«Non stai bene... Avrei dovuto capirlo... Dobbiamo tornare indietro» disse, in tono incerto.

Più tardi, Lizzie si rese conto che doveva aver sentito le sue parole, perché si era alzata e aveva cominciato a spingere la carrozzina in direzione dell'ospedale. Ma si muoveva come in sogno, non riusciva a focalizzare nulla, eccezion fatta per la propria angoscia.

Kit morto... Kit perduto, strappato a lei... Ma peggio, molto peggio era quella spaventosa, incredibile informazione che aveva appreso così casualmente...

Kit era stato fidanzato con un'altra. *Dovrò scrivere alla sua fidanzata,* aveva detto Edward.

Non si accorse di essere arrivata all'ospedale fino a quando non sentì Edward chiamare ansiosamente una infermiera di passaggio.

«Può aiutare Lizzie? Non si sente bene...»

Lei aprì la bocca per negare, ma tutto le ondeggiava attorno, e un abisso d'oscurità si aprì per precipitarla in un terrificante, doloroso vuoto.

Edward si preoccupò per tutto il giorno, e la notte quasi non poté chiudere occhio, ma fu solo verso il mattino che riuscì ad avere notizie di Lizzie, quando l'infermiera di turno, vedendolo così agitato, chiamò il medico.

«Qualcosa non va, vecchio mio?»

Il medico era anziano ed esausto per il troppo lavoro, ma era anche comprensivo.

«Si tratta di Lizzie... la signorina Bailey» spiegò Edward. «Si è sentita male ieri mattina, mentre eravamo fuori, e nessuno ha saputo dirmi che cosa le è successo.»

Il medico era lo stesso che aveva visitato Lizzie. Gli era bastata un'occhiata per capire tutta la storia, e aveva provato per lei un misto di pietà e di collera. Erano così sciocche, le ragazze! E più erano innocenti, più erano sprovvedute.

Ora, guardando il viso preoccupato del suo paziente, si disse che se non avesse saputo quali erano le lesioni di Edward, forse avrebbe sospettato... In fondo, non si poteva escludere del tutto una probabilità, per quanto piccola, che potesse concepire un figlio.

«Quella sciocchina si è messa nei guai» disse, brusco. «Questo è il problema, con le ragazzine. Perdono la testa per un uomo, lui racconta qualche frottola... Peccato, ma non c'è niente da fare. Le regole sono regole, dovremo mandarla a casa. Ha solo una zia, e a quanto ho capito non la tratterà troppo bene... ma che altro possiamo fare? Questo è un ospedale, non un pensionato per ragazzine sprovvedute.»

Edward lo fissò, attonito. Lizzie... la piccola Lizzie incinta... non poteva... non voleva crederlo.

«Chi è l'uomo... il padre?» chiese.

Il medico scosse la testa.

«Morto, a quanto ho capito. La capoinfermiera non è riuscita a cavarle altro. Un pilota, pare. Probabilmente non l'avrebbe mai sposata, anche se lei non vuole crederlo, povera anima...»

Lizzie incinta... Lizzie che era poco più di una bambina, così innocente che Edward avrebbe giurato...

Poi, all'improvviso, intuì la verità. Lizzie, la sua Lizzie, aspettava un figlio di Kit. Non avrebbe saputo spiegarne il perché, ma ne era praticamente sicuro. Così com'era certo che pure lui doveva fare qualcosa, vedere Lizzie, parlare con lei, prima che la rimandassero a casa. Sapeva anche troppo bene come sarebbero stati trattati lei e il suo bambino, in una piccola comunità di campagna, anche se la zia l'avesse tenuta presso di sé.

Non poteva permetterlo. Lizzie non meritava di soffrire. E il suo bambino... Edward sussultò. Il bambino di Lizzie era suo nipote... l'erede di Cottingdean. Non ce ne sarebbero mai stati altri. Kit era morto, e lui era come se lo fosse, in quelle condizioni.

Ma poteva fare qualcosa per Lizzie. Era ancora un uomo... almeno davanti alla legge. Era un uomo che ora possedeva una casa che un giorno sarebbe appartenuta al bambino di Lizzie, l'unico discendente dei Danvers.

La testa gli girava per l'emozione. Se avesse sposato Lizzie... Si sentiva stordito, come se avesse appena scoperto un meraviglioso segreto, come se gli fosse stato rivelato che la vita aveva ancora in serbo per lui una speranza, che il destino aveva cessato di accanirsi contro di lui.

Aveva già Cottingdean. Che cosa gli impediva di avere anche il figlio di Kit? Nelle sue mani, affidato alle sue cure, al suo amore, il bambino avrebbe avuto, in fin dei conti, molto più di quanto Kit avrebbe mai potuto dargli.

E soprattutto, avrebbe avuto Lizzie, la cara, bella Lizzie che passava attraverso il cupo grigiore dei suoi giorni come un arcobaleno, dando loro luce e colore.

Ma Lizzie avrebbe voluto sposarlo? Era giovane, bella e desiderabile... E se ora avesse accettato e poi, un giorno, se ne fosse andata? Era poi giusto che lui le parlasse di matrimonio? Perché non offrirle semplicemente una casa, un rifugio?

Era perché sapeva che i pettegolezzi sarebbero stati inevitabili o più semplicemente perché, in fondo al cuore, era quello che aveva sempre desiderato?

Neppure Lizzie poteva dormire. Più si avvicinava il mattino, più aveva paura. La capoinfermiera non le aveva lasciato dubbi su quale sarebbe stata la reazione di sua zia alla notizia. La spaventosa incertezza riguardo al proprio futuro stava a poco a poco soverchiando l'angoscia della perdita di Kit. Kit che, ora cominciava a crederlo, non era mai stato suo.

Per un momento, si sorprese a desiderare che non ci fosse il bambino, ma subito dopo si vergognò della propria debolezza. Come poteva rifiutare il bambino di Kit? Si protesse l'addome con le mani, chiedendo silenziosamente perdono alla creatura che vi cresceva. Certo che lo voleva! Per quanto la sua vita potesse essere dura, valeva la pena di essere vissuta.

Poi ricordò qual era l'esistenza delle due o tre ragazze madri che conosceva, com'erano evitate dalle donne del paese e importunate dagli uomini... e gli occhi le si riempirono di lacrime. Una di loro, una ragazza all'incirca della sua età, si era perfino suicidata.

Lizzie rabbrividì, sopraffatta dalla paura per sé e per il suo bambino.

Edward aspettò fino al cambio di turno, pensando di approfittare di quel momento di confusione per scivolare fuori dalla corsia inosservato. Si era accordato con un altro paziente perché lo spingesse fino alla stanzetta dov'era ricoverata Lizzie.

Lei sentì lo scricchiolio della carrozzina e si voltò, arrossendo. Edward provò un misto di pietà e di collera, vedendola quasi arretrare davanti a lui. Già era segnata dal marchio del tradimento di Kit, aveva perso la sua fresca aura di innocenza.

L'altro paziente se ne andò, lasciandoli soli. Edward gli aveva chiesto di tornare a prenderlo di lì a poco.

Lizzie si voltò dall'altra parte, quando lui le si avvicinò. Le lacrime le bruciavano le palpebre. Aveva capito dalla sua espressione che sapeva e ora, mentre la sorpresa e la disapprovazione degli altri non erano bastate a farle provare vergogna, ci riusciva l'espressione calma di Edward. Lui vide le sue spalle sussultare e provò una nuova ondata di collera. Avrebbe potuto uccidere Kit solo per quelle lacrime.

«Lizzie, non piangere» esordì gentilmente. «È stato Kit, vero? Kit è il padre del tuo bambino. Ed è colpa mia se ora sei qui. Se non fossi stato così maldestro, ieri...»

«È vero che era fidanzato con un'altra?»

Edward si sentì gelare. Avrebbe dovuto prevederlo. Lizzie lo aveva amato, povera bambina. Doveva saperlo che non era il tipo da darsi a un uomo senza amore.

Per un momento, fu tentato di dirle la verità, ma non poté.

«Sì» ammise, «ma quando è venuto a trovarmi mi ha confessato che voleva rompere il fidanzamento...»

Forse non era del tutto una bugia. Kit avrebbe sposato Lillian, ma certo non l'amava. Edward dubitava che avesse mai amato qualcuno, a parte se stesso, ma non intendeva dirlo a Lizzie.

«Ascoltami, ho solo pochi minuti, e devo parlarti. Ti prego, cerca di stare bene attenta a quello che sto per dirti. So quanto soffri, d'altra parte è importante, non solo per te, ma anche per il bambino.» Vide Lizzie tendersi, in attesa, e continuò: «Lo sai, vero, che questo bambino, il figlio di Kit, un giorno sarà il mio erede, l'erede di Cottingdean? Il dottor Marshall mi ha detto che ti rimanderanno a casa oggi, e che non sarai ben accolta. Lizzie, sai quanto me che sarò sempre un invalido, e che è molto difficile che possa avere un figlio mio. Ma il tuo bambino ha il diritto di crescere a Cottingdean, nella casa che un giorno sarà sua. Vorrei poterti offrire la mia protezione come vedova di mio cugino, ma è impossibile. Eppure, voglio portare te e il bambino a Cottingdean con me, Lizzie. Dopotutto, se Kit fosse vissuto ti avrebbe sposata e ti ci avrebbe portato lui stesso». Era certo che Kit non avrebbe mai fatto niente del genere, ma non poteva dirlo a Lizzie. «Voglio che tu venga a Cottingdean, Lizzie... Voglio sposarti.»

Lei si voltò a guardarlo, sbalordita. Stava sognando o Edward le aveva davvero chiesto di sposarlo? Fu quasi sopraffatta dall'impulso di scoppiare in una risata isterica. Aveva tanto sognato di sposare Kit, e ora la proposta di Edward le sembrava una parodia di quei sogni.

Sposare Edward... Edward che, per quanto fosse caro e gentile, era pur sempre un invalido, come aveva detto lui stesso. Edward che non avrebbe mai potuto essere un marito, nel vero senso della parola. Né lei lo voleva, del resto. Quella parte della sua vita era chiusa. Non avrebbe mai permesso a un altro uomo di amarla come l'aveva amata Kit, non avrebbe mai condiviso con un altro le intimità che aveva conosciuto con Kit... intimità che perfino con l'uomo che amava aveva trovato disgustose e che sarebbe stata ben lieta di eliminare dalla propria vita.

Edward non poteva prendere il posto di Kit, ma poteva proteggere lei e suo figlio. Edward poteva impedire che fosse mandata a casa ad affrontare sua zia...

«Pensa al bambino» insistette lui, avvertendo il suo tormento interiore. «Pensaci. So quale grande sacrificio sarà per te, ma è quello che Kit avrebbe voluto per suo figlio.» Lui sapeva che il cugino non si sarebbe minimamente curato di suo figlio, ma Lizzie non doveva saperlo. «Sposami, Lizzie» concluse, improvvisamente deciso, autoritario, con un tono di voce che le ricordò Kit.

Lizzie si sentiva smarrita, debole, impotente... Era stata così spaventata, poco prima, e ora Edward le offriva un rifugio, una speranza per lei e per il bambino. E aveva ragione: il figlio di Kit sarebbe cresciuto nella casa di suo padre, e nessuno si sarebbe permesso d'infierire su di lui. All'improvviso, tutto era semplice, facile. Doveva dire di sì a Edward, accettare di sposarlo.

Aveva solo diciotto anni, ma in quel momento si sentiva come se ne avesse avuti ottanta.

6

Oggi Edward e io ci siamo sposati.

Lizzie fissò quelle parole come se fossero scritte in un'altra lingua e non significassero nulla per lei. Com'erano piatte e dure, ben lungi dalla gioia e dall'euforia con cui aveva scritto del suo incontro con Kit! Tutto era accaduto troppo in fretta. In qualche modo, Edward aveva ottenuto il permesso della zia Vi per il matrimonio, poiché Lizzie era minorenne, e ora lei era la signora Danvers.

Quel pensiero le diede una fitta dolorosa. Era la moglie di Edward Danvers, mentre avrebbe dovuto esserlo di Christopher!

Tutt'a un tratto, era impaziente di lasciare l'ospedale, di rifugiarsi nella nuova vita che Edward le aveva promesso. Lui era eccitato come un bambino alla prospettiva di tornare nella casa della sua infanzia. Gliel'aveva descritta con tanta vivacità che a Lizzie sembrava già di vederla, anche se si chiedeva, un po' dubbiosa, come si sarebbe adattata a vivere in tanto lusso. Era stata in qualche casa del genere con la zia, e si era sempre sentita intimidita. Tutte quelle delicate antichità, quella fragile porcellana, quei tappeti dai colori pastello, e quei pavimenti lucenti...

Ma a Cottingdean sarebbe stato tutto diverso. Cottingdean era ormai la sua casa, lei ne sarebbe stata la padrona e suo figlio l'erede. Suo figlio... suo e di Edward, ora.

L'unico che avesse tentato di dissuaderla dal compiere quel passo era stato il dottor Marshall. Aveva cercato di farle capire che tipo di vita l'aspettasse, accanto a un invalido che non avrebbe mai potuto essere un vero marito, ma Lizzie si era limitata a fissarlo, apatica, troppo presa dal proprio dolore per la perdita di Kit per ascoltarlo realmente. Tutto quello che sapeva era che Edward era affettuoso e gentile, e che si vedeva costretta ad accettare la sua protezione per amore del bambino.

Il vicario, che durante la guerra aveva celebrato più matrimoni frettolosi di quanti gli piacesse ricordare, era rimasto sbalordito di fronte a quella particolare coppia: la sposa così giovane... troppo giovane... e lo sposo invalido.

Lizzie era rimasta sorpresa di scoprire che Edward aveva incaricato un fotografo di ritrarli all'uscita della chiesa.

«È per il bambino» le aveva spiegato.

Lei allora era stata presa dalla smania di proteggere i diritti di Kit su quella paternità. Un giorno, quando suo figlio fosse stato abbastanza grande, gli avrebbe parlato di suo padre, gli avrebbe detto... I suoi pensieri si interruppero bruscamente, quando si rese conto di quanto poco, in realtà, sapesse di Kit, e che si sarebbe dovuta rivolgere a Edward per informarsi su di lui. Ma Edward le aveva già detto che voleva allevare il bambino come proprio figlio.

Lizzie rabbrividì nel leggero vestito che aveva comprato dietro le insistenze di Edward. Si era sentita imbarazzata quando lui le aveva consegnato il denaro e i tagliandi del razionamento, raccomandandole di comprarsi qualcosa di grazioso. Era stata sul punto di dirgli che avrebbe preferito acquistare qualcosa per il bambino, ma un'istintiva cautela femminile le aveva suggerito che sarebbe stato un errore. L'unico vestito che era riuscita a trovare era troppo largo, di stoffa scadente e sottile e non la proteggeva minimamente contro il vento freddo che soffiava sul piccolo sagrato.

Mentre passavano in mezzo al gruppetto silenzioso delle persone che avevano assistito alla cerimonia, Lizzie guardò le lapidi sparse dell'attiguo cimitero, testimonianza delle molte generazioni che erano passate in quel luogo, ora scomparse. Kit non aveva una lapide, non c'era nulla che segnasse il suo passaggio. Lizzie rabbrividì di nuovo e si rivolse a Edward, impulsivamente.

«Edward potresti...? C'è una chiesa a Cottingdean? Potresti farci mettere qualcosa per... per Kit...?»

Lui le accarezzò una mano, combattuto fra la pietà e la gelosia. Lizzie era ancora così giovane, così vulnerabile, eppure, proprio per quella ragione, tanto ingenua che non aveva idea di quello che Kit era stato in realtà.

Non ci fu alcun ricevimento. C'era il razionamento, e per di più la capoinfermiera era furiosa con Lizzie per essersi non solo tolta dai guai, ma anche per essersi, nello stesso tempo, elevata socialmente. Edward Danvers poteva anche essere invalido e non avere un soldo, ma era pur sempre *uno di Loro,* un membro dell'aristocrazia, e quell'acqua cheta di Lizzie era riuscita a sposarlo!

Il treno era affollato, anche in prima classe, dove Edward aveva insistito per viaggiare. Il loro scompartimento era occupato da un gruppo di militari americani e dalle loro ragazze, ridenti e rumorose.

Una delle ragazze vide Lizzie rabbrividire, e le chiese, sollecita: «Non stai bene, cara?» e senza aspettare che rispondesse, continuò: «Anche tuo padre non ha un bell'aspetto. Sembra che si sia addormentato... meglio così».

Lizzie la fissò sbalordita. La ragazza aveva scambiato Edward per suo padre! Aveva sempre pensato che, con i suoi trent'anni, fosse troppo vecchio per lei, e certo dimostrava qualche anno di più della sua età, con i capelli precocemente brizzolati e il corpo mutilato. Ma suo padre...

Una reazione istintiva la spinse ad abbassare gli occhi sulla fede nuziale che Edward le aveva donato, e che era appartenuta a sua madre e a dire, in tono di sfida: «Non è mio padre, è mio marito».

Edward non stava dormendo. Era troppo sofferente per dormire. Aveva visto e sentito tutto, e si stava chiedendo, disperato, che cosa il futuro avesse in serbo per loro. Era stata una pazzia sposare Lizzie? Sul momento, lei era ancora troppo sconvolta dalla morte di Kit per preoccuparsi di ciò che le accadeva, e certo gli era grata per averle offerto una via di scampo. Ma, una volta superato il trauma, che cosa avrebbe provato? Gli sarebbe stata ancora grata, o avrebbe cominciato a odiarlo, a considerarlo un peso? Era troppo giovane per legarsi a un uomo come lui. D'altra parte lui l'amava tanto, ne aveva tanto bisogno...

A Bath dovettero aspettare tre ore il treno locale che doveva portarli a Cottingdean. Edward aveva telegrafato all'anziana coppia che badava alla casa per avvertire del loro arrivo, ma non c'era alcun taxi ad aspettarli, e quando Lizzie si informò in proposito si sentì dire che non c'erano auto pubbliche in paese.

«L'unico che ha una macchina, qui intorno, è il dottore, e adesso è alla fattoria Miller. Maisie Miller sta partorendo il suo quinto figlio...»

Lizzie tornò da Edward a riferirgli quanto aveva appreso, e nell'avvicinarsi a lui fu colpita dal pallore della pelle, dal suo aspetto esausto. Non le parve più così strano che la ragazza sul treno l'avesse scambiato per suo padre. In ospedale, forse si notava meno ma ora, confrontandolo con gli altri uomini, si rendeva conto di quanto fosse fragile.

«Quanto dista da qui Cottingdean?» gli chiese.

«Circa tre chilometri.»

«Oh be', possiamo andare a piedi» affermò lei, cercando di non dare a vedere a Edward quanto si sentisse scoraggiata, spaventata e sola. Tutt'a un tratto, si era resa conto di non avere soltanto la responsabilità del bambino, ma anche quella di Edward. Ma Edward era suo marito, sarebbe dovuto essere tutto il contrario...

Erano arrivati alla stazione nel tardo pomeriggio e il villaggio era deserto. Era grazioso e pittoresco come Lizzie lo aveva immaginato, circondato com'era dal verde della campagna.

Lizzie aveva pensato di poter percorrere senza difficoltà i tre chilometri che li separavano da Cottingdean, ma non aveva previsto che il sentiero fosse sassoso e per di più in leggera salita, e spingere la carrozzina diventò di metro in metro sempre più faticoso. Eppure, Lizzie non voleva fermarsi. Era come se stesse combattendo un battaglia segreta, come se fosse di vitale importanza che raggiungesse Cottingdean senza cedere alla stanchezza. Qualcosa, dentro di lei, le diceva che era il momento di mettere da parte le sue paure e di assumere il controllo della sua vita.

Fu la voce di Edward a strapparla a quegli strani pensieri.

«Guarda, Lizzie, eccola! È Cottingdean...»

C'era tanto orgoglio, tanta gioia in quell'esclamazione che Lizzie alzò gli occhi a guardare il gruppo di edifici che si intravedeva fra gli alberi, aspettandosi qualcosa di molto più imponente. Invece, non vide che dei tetti aguzzi e degli alti camini che sembravano sul punto di crollare. Era quella Cottingdean?

«Eccola!» ripeté lui, trionfante.

Dal suo tono, Lizzie si rese conto che non vedeva ciò che vedeva lei: l'abbandono, la desolazione, i tetti malandati, i muri ammuffiti. Di fronte a loro si apriva un cadente cancello di legno. Edward lo guardò, perplesso, mentre Lizzie si sforzava di controllare il proprio sgomento. Quella era Cottingdean... quell'edificio in rovina, con le finestre spalancate, per lo più senza vetri, circondato da un intrico di sterpi. Quello era l'Eden di cui suo figlio era l'erede!

«Immagino che i cancelli di ferro siano stati trasformati in carri armati» stava dicendo Edward. «Peccato... ma forse le cose miglioreranno, ora che la guerra è finita.»

Lizzie era sbalordita che potesse preoccuparsi dei cancelli. Quello che preoccupava lei, ora, erano le necessità immediate: cibo, fuoco, un posto asciutto dove passare la notte. Era impossibile vivere in quella rovina disabitata. Dov'erano i custodi di cui le aveva parlato Edward?

Era giunta là preparata a sentirsi intimidita da quella casa, dalla sua storia, dalla sua ricchezza, dalle sue tradizioni, e ora si rendeva conto di non avere davanti che un guscio vuoto.

«Che cosa sarà successo ai Johnson?» chiese Edward, corrugando la fronte, mentre Lizzie cercava di spingere la carrozzina sull'erba incolta del sentiero. «Kit mi ha detto che si erano impegnati a restare fino alla vendita della casa.»

Stava cominciando a scorgere le differenze fra i suoi ricordi e la realtà?, si chiese Lizzie. All'improvviso, provò un bisogno quasi materno di proteggerlo, di lasciare che si aggrappasse ancora per qualche momento ai suoi sogni. Sapeva anche troppo bene che cosa significasse vedere tutti i propri sogni distrutti. Ora, l'unica cosa a cui poteva aggrapparsi lei era il pensiero di suo figlio... del figlio di Kit.

Erano in vista della porta principale, ormai, e Lizzie si sentì cadere le braccia quando la vide spalancata. Era evidente che nessuno viveva là da molto tempo. Si aspettava che Edward suggerisse di tornare al villaggio, di cercare un posto dove passare la notte, ma lui non disse nulla, e quando si chinò a guardarlo gli lesse sul viso lo sgomento.

«Non capisco... Dove sono i Johnson? Perché non c'è nessuno? La casa sembra deserta...»

Il suo tono era quasi supplichevole, come se invocasse di essere contraddetto. Lizzie non poteva farlo, ma neppure si sentiva di dirgli che dovevano tornare indietro, che era inutile entrare a vedere il resto di quella desolazione.

Invece, si sorprese a dire allegramente: «Be', è meglio entrare...».

La porta era rotta, qua e là, e ne pendevano festoni di ragnatele. Oltre la soglia si intravedeva un ingresso scuro, col pavimento di pietra, pervaso da un così pesante odore di umidità e di muffa che Lizzie arretrò d'istinto. D'altra parte Edward si aspettava che lo spingesse dentro, e lei ubbidì al suo desiderio, rendendosi conto che la mancanza di luce era dovuta alle protezioni per l'oscuramento ancora fissate alle finestre.

Appena i suoi occhi si adattarono alla semioscurità, vide un enorme focolare di pietra. Sulla parete opposta c'erano le scale, e sopra di esse una galleria sormontata da una grande finestra. Un tempo le pareti dell'ingresso dovevano essere state rivestite di pannelli di legno, che ora, però, pendevano rotti e staccati.

Mentre Lizzie si guardava attorno, un grosso topo sfrecciò davanti a lei.

«Be', c'è una cosa che dovremo fare subito» disse Lizzie, in un tono secco che somigliava a quello di sua zia. «Procurarci un gatto che ci liberi dai topi.»

«Ma che cosa è successo alla casa? Non capisco...» mormorò Edward.

Sembrava vecchio, stanco... eppure, nello stesso tempo, c'era in lui qualcosa di infantile che rafforzava in Lizzie l'istinto di proteggerlo, di dirgli che la situazione non era disperata come appariva. Si inginocchiò accanto alla carrozzina e gli prese la mano.

«Non è poi tanto male, sai. Ha solo bisogno di una bella ripulita. Sembra in cattivo stato perché non c'è nessuno. Quando torneranno i Johnson ...»

Edward rise, secco.

«Usa la testa, Lizzie. I Johnson non torneranno. La casa è in rovina. Nessuno ci vive da chissà quanto! Solo, non capisco...»

«Non fasciamoci la testa prima di essercela rotta» suggerì lei. «Andiamo a dare un'occhiata alle altre stanze, vuoi?»

Mezz'ora più tardi, lei ed Edward si guardarono in silenzio. La casa doveva essere disabitata da anni. Nessuna stanza era realmente abitabile, a parte il piccolo particolare della penuria di mobili. Lizzie dovette lottare contro un'isterica voglia di ridere, ricordando le antichità, le porcellane, le sete e i damaschi che aveva immaginato. Gli unici mobili erano dei tavoli a cavalletti e delle sedie malandate, probabilmente rimasti da quando la casa era stata requisita.

Solo la cucina conservava una vaga rassomiglianza con quella che Edward le aveva descritto. C'erano, come Lizzie aveva immaginato, un'enorme stufa e una grande credenza, colma di stoviglie polverose. In un angolo, un lavello con un rubinetto. Lizzie provò ad aprirlo, e l'acqua cominciò a scorrere. Era gelida, ma sembrava potabile. Probabilmente proveniva da una sorgente.

La stufa, pensò Lizzie, di certo serviva anche a riscaldare l'acqua, i suoi forni potevano essere usati per cucinare e, con gli sportelli aperti, poteva bastare a riscaldare quella stanza enorme.

Da qualche parte, negli edifici che circondavano il cortile, doveva esserci un deposito di legname... ammesso che ci fosse ancora della legna da ardere.

Lizzie sentì un rumore e si voltò. Edward era sprofondato nella carrozzina, col viso fra le mani. Come lei aveva già fatto per tanti giorni, piangeva il suo amore perduto, l'amore che lo aveva sorretto così a lungo e che ora vedeva crudelmente infranto.

Era impossibile restare là... ed era parimenti impossibile andarsene. Lizzie non avrebbe mai avuto la forza di spingere la carrozzina fino alla stazione. E poi, dove sarebbero andati? A Bath? A fare che cosa?

Benché Edward fosse il proprietario di Cottingdean, aveva ben poco denaro. L'allevamento di pecore che un tempo aveva costituito la maggiore ricchezza di Cottingdean era stato decimato dalle malattie negli ultimi anni, e non c'erano stati i mezzi per riempire i vuoti. Poi, era scoppiata la guerra. I cattivi investimenti di suo nonno avevano ulteriormente impoverito la proprietà. L'unico reddito di Edward proveniva dalla pensione e da una piccola rendita.

«Mio Dio, Lizzie, che cosa ti ho fatto?» mormorò Edward. «Kit doveva sapere di tutto questo, maledizione a lui!»

Una protesta le salì alle labbra, ma Lizzie la trattenne. Non era il momento di levarsi a difendere il suo amore, bensì di pensare a sopravvivere.

«Non possiamo stare qui...»

«Credo che ci saremo costretti» replicò lei gentilmente. «Almeno per stanotte. Se c'è della legna, potrò accendere la stufa. Se la casa è stata usata come caserma, forse ci saranno dei materassi, al piano di sopra. Possiamo... posso portarli giù e se li facciamo asciugare davanti al fuoco...»

«Dormire qui?» Edward la guardò come se fosse impazzita. «Ma è impossibile!»

Lizzie sentì di essere sul punto di perdere il controllo.

«Non abbiamo scelta» affermò, dura. «Edward, non capisci? Dove pensi che potremmo andare? Hai detto tu stesso che non c'è denaro, che avremmo dovuto imparare a essere autosufficienti...»

«Ma non sapevo che sarebbe stato così...» sussurrò lui.

«Senti, tu aspetta qui» disse Lizzie, con forzato ottimismo. «Andrò fuori a vedere se trovo della legna. Se possiamo accendere la stufa...»

«Se *possiamo!*» rise Edward amaramente. «*Noi!*»

Ma Lizzie non lo ascoltava più. Stava già aprendo la porta posteriore per uscire in cortile. Gli altri edifici erano nello stesso stato di decadenza di quello principale. Aveva ben poca speranza di trovare della legna. Ora, sospettava che i pannelli dell'ingresso fossero stati divelti per accendere il fuoco! Tuttavia, cercò metodicamente in diversi ripostigli prima di entrare nella stalla, ora vuota, ma ancora impregnata di un odore acre di bestiame che la fece trasalire. In un angolo, una grande tela cerata copriva qualcosa, e Lizzie ne sollevò un angolo, incuriosita. Scoprire una grossa catasta di legna da ardere fu come scoprire una miniera d'oro.

Quando rientrò in cucina, trascinandosi dietro un grosso secchio pieno di ciocchi, Edward la guardò appena. La sua pelle era grigia e tesa, e sembrava completamente esausto. Quando Lizzie gli chiese i fiammiferi si limitò a fissarla con uno sguardo vuoto, e lei dovette prenderglieli delicatamente dalla tasca. Non c'era carta per accendere il fuoco, ma pensò di servirsi della stoffa usata per oscurare le finestre.

Dovette salire in piedi sul lavello per prenderla. Vide Edward guardarla sbalordito e gli rivolse un sorriso incoraggiante, ma lui non disse nulla. Ora Edward aveva bisogno di un po' di tempo. Tempo, pace e tranquillità per venire a patti con la realtà di Cottingdean.

Stranamente, ora che faceva qualcosa di concreto, Lizzie si sentiva meglio. Mentre aspettava che la legna prendesse fuoco, si sorprese a pensare che per la prima volta era padrona della propria vita, che non c'era nessuno che potesse impartirle degli ordini... neppure Edward. Povero Edward, come avrebbe potuto, quando era così evidente che dipendeva in tutto da lei?

E, nello stesso tempo, la colpì la verità di un principio che prima i suoi genitori, poi sua zia le avevano inculcato. Nella vita, niente veniva regalato. Ogni cosa aveva un prezzo che bisognava pagare. Il destino le aveva dato Kit e il suo bambino, ma aveva preteso la vita di Kit in pagamento. Le aveva dato Edward e il matrimonio, la rispettabilità e una casa. Aveva concesso a suo figlio un futuro, anche se, ora, era costretta ad ammettere che la sola casa, il solo futuro che suo figlio avrebbe avuto erano quelli che lei stessa gli avrebbe costruito, e che il prezzo che doveva pagare per quel privilegio erano i suoi obblighi verso Edward. L'impegno di curarlo e proteggerlo, di trasformare di nuovo Cottingdean nel sogno che era stato un tempo.

Come fosse giunta a quelle conclusioni, non lo sapeva. Era una vaga catena di pensieri e di sensazioni ancora informi, che le vorticavano nella mente mentre attendeva ai compiti pratici imposti dalla loro situazione precaria. Quello che sapeva con certezza era che doveva assumere il controllo della propria vita, e che la sua capacità di perseguire quello scopo era legata a Cottingdean e alla sua desolata decadenza. Che prendere possesso di quella casa e riportarla in vita avrebbe significato anche prendere possesso di se stessa.

Era a causa del suo bambino? Il bambino che un giorno avrebbe ereditato Cottingdean? Era per lui che sentiva quel bisogno di prendersi cura di quella casa, e di riportarla allo splendore di un tempo? O era solo un sogno impossibile?

Dormirono in cucina, usando i materassi e le coperte che Lizzie aveva trovato al piano superiore e fatti asciugare davanti alla stufa. Erano materassi singoli, e mentre giaceva, sveglia, nel suo giaciglio, ed Edward dormiva poco distante da lei, Lizzie ricordò come, poco prima, lui aveva fatto un tentativo per baciarla. Per gratitudine, lo sapeva, non per desiderio, ma la sensazione delle labbra aride di lui che si muovevano sulla sua guancia le aveva causato un tale senso di repulsione che era riuscita a malapena a nasconderlo.

Ora, raggomitolata nel suo letto solitario, si disse che il tocco di Edward non aveva fatto che rafforzare la sua convinzione che l'intimità sessuale era una parte della vita matrimoniale di cui era ben lieta di fare a meno. Era stata fortunata a trovare Edward, pensò ingenuamente. Fortunata a sposare un uomo così gentile, premuroso, che era disposto non solo ad accettare suo figlio come proprio e a offrire a entrambi una casa, ma era anche un uomo che non sarebbe mai stato in grado di criticare la sua mancanza di sensualità, come aveva fatto Kit.

Forse il loro non era un inizio normale della vita matrimoniale, e tuttavia lei era decisa a essere per Edward una buona moglie, a dargli tutte le cure e la devozione di cui aveva bisogno. Scivolando nel sonno, promise a se stessa che avrebbe fatto tutto il possibile per dimostrare a Edward quanto gli era grata di quello che aveva fatto per lei. In qualche modo, sarebbe riuscita a rendere Cottingdean abitabile, a trasformarla in una vera casa, piena di calore e d'amore... la casa che lei voleva per suo figlio.

7

Oggi è giunta la notizia che il Giappone si è arreso e che la guerra è finita.

Liz fissò le parole che aveva scritto, riconoscendo onestamente con se stessa che da quando era a Cottingdean la sua vita era stata così piena di difficoltà, di problemi immediati, che la guerra era diventata qualcosa di remoto. D'altra parte, lei ed Edward vivevano isolati: non avevano radio, non ricevevano giornali e raramente capitavano alla loro porta dei visitatori.

Sulle prime, Liz aveva pensato che la gente del villaggio non si recasse a Cottingdean a causa sua, ma si era ricreduta alla svelta. Anzi, era sorprendente la facilità con cui tutti avevano accettato il fatto che lei fosse la moglie di Edward, sorvolando sulla differenza di età e sull'invalidità di lui. Era vero che gli abitanti del paese la trattavano con una certa riservatezza, ma Liz si rese conto ben presto che non era perché avessero indovinato la verità su di lei, bensì perché sia lei, sia Edward, erano ancora considerati degli estranei nella piccola comunità.

Dal medico del paese, Ian Holmes, un settentrionale dal carattere deciso, poco più che cinquantenne, avevano appreso che la coppia che, teoricamente, avrebbe dovuto prendersi cura della casa, se n'era andata da più di un anno. Edward sospettava che Kit lo avesse saputo, ma ormai era impossibile accertare le ragioni per le quali suo cugino aveva lasciato cadere Cottingdean in rovina.

In meno di ventiquattr'ore, Liz si era resa conto che

rendere abitabile Cottingdean avrebbe richiesto tutte le sue capacità e anche tutta la forza di volontà che, a sua stessa insaputa, la zia Vi le aveva inculcato.

Nessuno, avendo un'alternativa, avrebbe scelto di vivere in un posto simile, aveva riconosciuto la prima mattina, svegliandosi nella cucina di Cottingdean, indolenzita e infreddolita per aver dormito sul materasso ancora umido.

Era stato uno sforzo rincuorare Edward, persuaderlo ad andare con lei al villaggio per comprare qualche provvista, scoprire che cosa ne era stato dei Johnson, e passare infine dal medico.

Era rimasta sorpresa quando si era resa conto che Edward si riferiva a lei chiamandola Liz anziché Lizzie, ma dopo un po' aveva deciso che lo preferiva. La faceva apparire più adulta, più matura.

A poco a poco, con l'aiuto di Ian Holmes, che aveva fornito loro i nomi di alcuni abitanti del villaggio che, occasionalmente, potevano dare loro una mano, erano riusciti a rendere abitabile una piccola parte della casa, e prima di tutto la cucina, in cui Liz aveva lavorato per una settimana, pulendo scrupolosamente il pavimento, le pareti e gli scaffali con l'acqua calda fornita dalla stufa e il rozzo sapone giallo che aveva trovato nella stalla.

Al piano terreno, le stanze più asciutte e pulite avevano subito lo stesso trattamento ed erano state adibite a camere da letto.

Un problema a parte era Edward. Fisicamente era alquanto migliorato, soprattutto dopo che Ian Holmes gli aveva prescritto un sedativo che lo aiutava a dormire la notte, ma se non ci fosse stato un periodo di bel tempo che aveva consentito a Liz di lasciarlo fuori in giardino, nella sua carrozzina, mentre lei seguitava a pulire la casa, non sapeva proprio come se la sarebbe cavata.

Era evidente che il trauma seguito alla scoperta dell'abbandono in cui era caduta la casa che amava tanto lo aveva sconvolto profondamente. Sulle prime, era sprofondato in un tale stato di depressione che Liz si era chiesta se facevano bene a restare a Cottingdean. Ma dove altro potevano andare?

Erano a Cottingdean da quasi un mese quando Liz riuscì a trovare il tempo per esplorare i dintorni al di là del giardino. Fu la scoperta di una mappa della proprietà in fondo a un armadio che le suscitò il desiderio di conoscerla meglio. Mostrò la mappa a Edward, proponendogli di appenderla sopra il caminetto nella stanza che chiamavano la biblioteca, ma si accorse di aver commesso un errore quando vide lo sguardo di lui incupirsi per la sofferenza.

La biblioteca era stata la stanza che Edward aveva amato di più nella sua infanzia. L'aveva descritta a Liz come il dominio privato di suo nonno, un ambiente caldo, accogliente, pervaso dall'odore della legna che bruciava nel caminetto, del tabacco, del cuoio delle rilegature. La nonna teneva sempre un grande vaso di fiori freschi sull'enorme scrivania lucida, ed essere ammesso in quella stanza era stato, per il piccolo Edward, un onore speciale. Ora, nessuno l'avrebbe riconosciuta da quella descrizione. Non solo erano scomparsi i tendoni di velluto e la scrivania, ma perfino gli scaffali erano rotti in più punti, non si sapeva se per disgrazia o di proposito. I libri erano sparsi sul pavimento, rosicchiati e trasformati in nidi dalla colonia di topi che sembrava prediligere quella stanza.

Liz aveva fatto del suo meglio nel riordinare quel locale, certa che se avesse potuto ricreare una vaga immagine della stanza che Edward ricordava, lo avrebbe aiutato a superare la sua angoscia.

Non passava giorno senza che il marito si incolpasse dell'accaduto, senza che dicesse che non avrebbe mai dovuto sposarla e tantomeno portarla a Cottingdean. Si sentiva in colpa per averla ingannata così crudelmente, per averle fatto credere che sarebbe andata a vivere in una bella casa, dove lei e il suo bambino sarebbero stati serviti e coccolati. Invece... invece Liz passava le giornate carponi, a pulire i pavimenti. Odiava vederla lavorare, mentre Liz stava scoprendo, con una certa sorpresa, che lei ne traeva la più grande soddisfazione. Riportare alla vita quella casa era una sfida che le piaceva.

Nessuno sembrava sapere che fine avesse fatto l'arredamento, ed Edward si guardava bene dal comunicare a Liz il suo sospetto che Kit avesse venduto tutto quello che aveva un valore, prima di abbandonare la casa allo sfascio.

Lowndes, uno dei contadini dei dintorni, presentato loro da Ian Holmes e che, pur brontolando, aveva mandato alcuni suoi braccianti a riparare il tetto, aveva detto a Liz che per ripulire il giardino dalle erbacce il sistema migliore era quello di liberarvi un paio di capre.

Liz rifletté su quel consiglio. Avere degli animali capaci di ripulire il giardino in modo che si potesse cominciare a coltivare qualcosa, e nello stesso tempo capaci di fornire del latte, le sembrava un'ottima idea. Avrebbe voluto chiedere il parere di Edward, ma scoprì ben presto che lui non si intendeva affatto di agricoltura e di bestiame, e che non desiderava imparare... al contrario di lei, che voleva sapere tutto, a cominciare da quale razza di galline producesse quelle belle uova maculate che la signora Lowndes le aveva fatto scivolare nel cestino la prima volta che Liz aveva trovato il coraggio di far visita alla fattoria. Edward, invece, sembrava ritenere quegli interessi inadatti a una signora.

Liz stava scoprendo in lui una vena di snobismo, una tendenza a mantenere certe distanze dalla gente comune.

Lei, dal canto suo, si sentiva in imbarazzo quando i braccianti le si rivolgevano chiamandola *Signora Danvers,* mentre Liz, pur essendo molto più giovane, li chiamava per nome. Sposando Edward, era entrata in un mondo che non le era familiare, in cui il denaro non era il criterio principale per misurare il livello sociale. Era il mondo che le era stato descritto da sua zia, ma ora lo vedeva dall'altro lato della barriera che separava i servitori dai serviti.

Un'altra informazione preziosa che Liz ricevette da

Lowndes fu che alcuni dei lussureggianti campi dal lato opposto del villaggio in realtà appartenevano a Cottingdean.

«Sono marcite, prese in affitto da Jimmy Sutton più di quarant'anni fa. Jimmy pagava un bell'affitto, ma da quando il vecchio padrone è morto...»

Cautamente, Liz chiese a Edward se sapeva qualcosa delle marcite, guardandosi però bene dal ferire il suo orgoglio dicendogli che l'informazione le veniva da Lowndes. Fu subito evidente, come del resto si era aspettata, che Edward si trovava in imbarazzo di fronte a quelle questioni pratiche. D'altra parte erano disperatamente a corto di denaro, e se realmente quelle marcite appartenevano a Cottingdean...

«Forse gli avvocati di tuo zio sono le persone più indicate presso cui informarsi» insinuò con delicatezza.

Edward accettò il suggerimento e promise che avrebbe scritto all'avvocato Allwood.

«Lo studio Allwood si occupa degli affari di famiglia fin dai tempi di mio nonno» spiegò. «Ma non farti troppe illusioni, mia cara.»

Quello che non disse, era che temeva che Kit avesse venduto anche le marcite, ma non voleva deluderla innanzitempo.

Liz lavorava così duramente, faceva tanto... tanto che a volte Edward provava un ingiustificato risentimento nei suoi confronti. Non ne aveva il diritto, e lo sapeva. Liz non sarebbe potuta essere più gentile e premurosa, e se lo trattava come un vecchio zio infermo, be'... che cosa si era aspettato? Aveva sempre saputo che non avrebbe mai provato desiderio per lui, e anche se lo avesse provato... Era già molto che avesse accettato di sposarlo, e che con quel matrimonio lui avesse assicurato un erede a Cottingdean.

Solo Ian Holmes sapeva la verità sul bambino di Liz. Aveva conosciuto Kit, e non era d'accordo riguardo alla decisione di Edward di lasciarle le sue illusioni sul cugino.

«La gente parla, e prima o poi Liz scoprirà la verità.

Veniva qui, capisci... portava delle donne...» aveva accennato, con aria disgustata.

Ma, finché fosse stato possibile, Edward voleva evitare di deludere Liz.

Fu la scoperta delle marcite che persuase Liz della necessità di compiere una ricognizione sulla proprietà. Partì un pomeriggio, sul presto, dopo essersi accertata che Edward non avesse bisogno di nulla.

La sua gravidanza era evidente, ora, forse anche a causa della sua magrezza. Il cibo era scarso, e il denaro ancor più. Liz aveva persuaso la signora Lowndes a venderle alcune delle sue galline, che però, fino a quel momento, si erano rifiutate di deporre uova. Quanto alle capre, nessuno sembrava sapere dove trovarne. La persona giusta a cui chiedere consiglio, le avevano detto, era il pastore.

Il suggerimento aveva stupito Liz. Aveva incontrato il giovane Vic, come tutti lo chiamavano, solo una volta. Si era presentato a Cottingdean tre giorni dopo il loro arrivo e Liz, a cui Edward aveva descritto il pastore come un vecchio curvo e malandato, era stata colta di sorpresa e aveva avuto una reazione quasi ostile vedendo quel ragazzone bruno, che doveva avere pochi anni più di lei. Non appena Vic aveva chiesto timidamente di Edward, lo aveva fatto entrare in cucina, ma era rimasta in piedi dietro la carrozzina, come una giovane volpe di guardia al suo cucciolo. Vic sapeva sulle donne all'incirca quanto Liz sapeva sugli uomini, cioè quasi nulla, ma conosceva abbastanza bene gli animali da riconoscere che quella silenziosa aggressività nascondeva la paura... paura di non essere in grado di difendere il marito da un'eventuale aggressione di quell'uomo giovane, forte e sano.

Vic era rimasto orfano da bambino, ed era cresciuto col nonno, isolato dai coetanei, quasi con la sola compagnia del gregge e dei cani. Neppure la guerra aveva turbato il suo isolamento, perché era stato esentato dal servizio militare a causa di un soffio al cuore, retaggio delle febbri reumatiche di cui aveva sofferto da bambino. Era un ragazzo tranquillo, che aveva assorbito in fretta gli insegnamenti del nonno e aveva dimostrato subito di possedere quel dono naturale di saper trattare con gli animali.

Era quella particolare sensibilità che gli aveva consentito di scorgere che cosa c'era dietro l'ostilità di Liz. E aveva visto anche il suo spirito, la sua forza, aveva intuito che quella donna avrebbe ricostruito l'eredità dell'uomo di cui si ergeva così fieramente a difesa.

Suo nonno era morto l'inverno precedente, e da allora Vic era vissuto solo nella piccola casa colonica del pastore. Una volta, il gregge di Cottingdean era stato famoso per la sua lana, ma nel corso degli anni si era impoverito e Vic, che nelle lunghe serate solitarie aveva letto tutto quanto possibile sull'allevamento delle pecore, nutriva il sogno segreto di allevare un gregge che avrebbe prodotto la miglior lana del mondo. Ma per realizzare quel fantastico progetto, occorreva un montone di razza, e i montoni che lui sognava costavano cari. I migliori venivano allevati in Australia e in Nuova Zelanda, e non era facile procurarsene uno.

Sarebbe stato relativamente semplice per Liz chiedere a Vic di mostrarle la proprietà, di spiegarle il suo lavoro con il gregge, di consigliarla su come fare un po' d'ordine in giardino, ma non si era ancora decisa, trattenuta da un misto di timidezza e di risentimento.

Eppure, era ingiusto provare del risentimento nei confronti di Vic. Le avevano detto che senza le sue cure il gregge sarebbe scomparso, e Liz sospettava che nessuno gli avesse pagato un salario, dopo la morte del nonno di Edward...

La visita dell'avvocato fu illuminante. Le marcite appartenevano ancora a Cottingdean, e il legale rimase molto sorpreso nell'apprendere che l'affitto non veniva pagato da tempo. Fu Ian Holmes, poi, a offrirsi di far avvertire con discrezione Jimmy Sutton che il proprietario intendeva discutere con lui dell'argomento, e a suggerire a Edward che il denaro in più che avrebbero incassato fosse speso intelligentemente, assumendo qualcuno che si incaricasse delle piccole riparazioni di cui necessitava Cottingdean.

Liz sperò che suo marito accettasse quel consiglio. Avrebbe voluto parlargliene lei stessa, d'altra parte ormai lo conosceva abbastanza da sapere che aveva delle idee antiquate sul suo ruolo nella famiglia. Era una donna, e il posto di una donna era in salotto, a ricamare e a sovrintendere alla servitù e all'andamento della casa. Non aveva importanza che il salotto fosse un locale umido e cadente, con gli stucchi che si staccavano dal soffitto e le tappezzerie che pendevano dalle pareti...

Purtroppo, anche dopo aver concluso un accordo con Sutton, Edward non fece più parola dell'idea di assumere un uomo, e Liz era riluttante a sollevare l'argomento.

Alla fine di novembre ci fu la prima nevicata. Liz, si svegliò, una mattina, e vide dalla finestra quel magico bagliore.

Lei ed Edward dormivano in camere separate al piano terreno, e lei provava un misto di sollievo e di senso di colpa nel non dover condividere con lui alcun tipo di intimità.

Edward era diventato più indipendente, dopo il loro arrivo a Cottingdean, e non aveva più bisogno di aiuto per vestirsi. Aveva anche imparato a manovrare la carrozzina e a muoversi per casa. Ma quando il tempo era freddo e umido, il dolore delle amputazioni lo rendeva irritabile, perciò Liz sospirò sconsolata, quando si rese conto che cosa significava per lei quell'insolito chiarore. Quanto tempo era passato da quando la prima neve era stata una novità eccitante? Ora, il suo pensiero principale fu per le necessità pratiche. Erano disperatamente a corto di legna, le galline dovevano avere un ricovero per l'inverno, e quanto alle capre, Liz si era ormai convinta che era impossibile trovarne.

Stava accendendo la stufa in cucina quando sentì l'abbaiare dei cani, e si irrigidì, ben sapendo che cosa significasse. I soli cani che c'erano a Cottingdean appartenevano a Vic.

Dalla finestra, Liz lo vide avvicinarsi, curvo, trainando una slitta. Perplessa, aprì la porta.

«Ho portato la legna» annunciò lui semplicemente. «La metto al solito posto, vuole?»

Liz lo guardò scaricare la legna e sistemarla nella stalla. Era una provvista sufficiente per tutto l'inverno. Inaspettatamente, le salirono le lacrime agli occhi. Era passato tanto tempo dall'ultima volta in cui aveva pianto. Quelle lacrime le aveva sparse sul suo amore perduto. Kit... Si concedeva raramente di pensare a lui, ora. A che cosa serviva? Kit era morto. Non l'avrebbe più tenuta fra le braccia, non le avrebbe più detto quanto l'amava, mai più...

Liz non aveva idea che Vic avesse lavorato tutta la notte a tagliare la legna, e tantomeno che quello non fosse affatto uno dei suoi compiti abituali, bensì qualcosa che aveva fatto per lei...

La slitta era già vuota per metà quando Liz si indusse ad andare nella stalla per portargli una tazza di tè e una fetta di pane. Il sorriso con cui Vic l'accolse era caldo e aperto, e la gentilezza con cui la ringraziò la commosse, benché si sentisse ancora a disagio in sua presenza.

Quando ebbe finito, Vic riportò la tazza in cucina e si limitò a dire; in tono pratico: «È meglio che torni dalle pecore».

La prima neve si sciolse presto, ma era stata un avvertimento dell'approssimarsi dell'inverno... un inverno per cui non erano affatto preparati, riconobbe Liz.

Durante la seconda settimana di dicembre, ci fu un periodo di tempo inaspettatamente bello, e lei fu presa da un inesplicabile desiderio di stare all'aperto.

Proprio quella mattina aveva ricevuto la visita di Louise Ferndean, moglie del vicario, che si era informata con tatto sui suoi preparativi per la nascita del bambino. In quei tempi di razionamento e di penuria di tessuti, doveva essere difficile per lei mettere insieme un corredino.

Infatti, Liz aveva passato ore frugando nei bauli pieni di vestiti che aveva trovato in soffitta, rimpiangendo di non avere una macchina per cucire. Aveva anche trovato una vecchia culla, coperta di polvere e ragnatele, e troppo pesante perché lei potesse portarla dabbasso.

Ne parlò a Louise, che si offrì subito di mandare il suo giardiniere ad aiutarla. E quanto alla macchina per cucire, poteva prestarle la sua, le disse, impietosita. Era così giovane, e suo marito così malridotto. Una coppia davvero sfortunata, e tanto coraggiosa...

Liz, ormai, conosceva troppo bene Edward per parlargli della generosità della moglie del vicario. Si era abituata al suo inflessibile orgoglio e al fatto che odiava dipendere dagli altri ed era geloso se lei faceva amicizia con qualcuno. Liz cercava di non pensarci, di comprendere il suo punto di vista. Finanziariamente, le cose erano un po' migliorate, con la rendita delle marcite, ma erano tempi duri per tutti...

Nel villaggio, si andava diffondendo un'atmosfera di irrequietudine, man mano che gli uomini tornavano dalla guerra. Le donne si lamentavano che i loro mariti erano cambiati, che non trovavano lavoro... Eppure, Edward non aveva ancora fatto nulla per trovare un uomo che potesse aiutarli.

Mentre si allontanava dalla casa, lungo lo stretto sentiero che saliva su per la collina, Liz rifletté su quanto era cambiata la sua vita nel giro di un anno. In un certo senso, la sconcertava il pensiero che Kit, che era responsabile di tutti quei cambiamenti, fosse diventato poco più di un'ombra nella sua memoria. Lo amava ancora, certo, d'altra parte il suo ricordo si faceva sempre più sbiadito, sopraffatto dal pensiero di Cottingdean, dai problemi della sua vita con Edward... e, ora, dalla cosa più importante di tutte: la responsabilità verso il bambino che cresceva dentro di lei.

In qualche modo, senza sapere il perché, Liz aveva smesso di pensare appassionatamente al bambino come al figlio di Kit. Invece, la creatura che portava in seno e la casa quasi si confondevano nella sua mente, come se la nascita di suo figlio e la determinazione a riportare agli antichi splendori Cottingdean fossero indissolubilmente legate fra loro.

8

Il sentiero era più ripido di quanto ricordasse, e Liz dovette fermarsi diverse volte a riposare. La sua gravidanza era molto avanzata, ormai, e in un certo senso era sorprendente che gli abitanti del villaggio la considerassero qualcosa di normale. Nessuno sapeva quando lei ed Edward si fossero sposati di preciso, ma tutti sembravano convinti che il loro matrimonio fosse antecedente alla disgrazia, e di certo lei ed Edward non facevano nulla per modificare quell'impressione.

Liz sapeva quanto era importante per Edward che il bambino fosse accettato come suo, e lei si adeguava al suo desiderio, ben sapendo che, per quanto la sua vita fosse dura, era sempre meglio che allevare da sola un bambino senza padre. Inoltre era un bene per il bambino che Edward lo considerasse suo, anziché rivangare di continuo che era figlio del cugino.

Edward aveva provato del risentimento nei confronti di Kit. Liz lo sapeva, ed era decisa a fare in modo che quel risentimento non si trasferisse su suo figlio.

La salita le parve più faticosa della prima volta in cui aveva percorso quel sentiero, d'altra parte era stato tre mesi prima, in un caldo pomeriggio autunnale. Ora faceva freddo, lassù, benché splendesse il sole, e Liz indossava un soprabito troppo leggero. Ma dalla cima della collina avrebbe goduto una magnifica vista di Cottingdean e della terra che la circondava. Non sapeva esattamente che cosa la spingesse a salire fin lassù, ma era ben decisa ad arrivarci.

Verso la cima, la collina diventava brulla e sassosa. Liz vi giunse ansante, con le gambe e la schiena doloranti. Sapeva di essersi spinta un po' troppo lontano, ma ormai la cima era a pochi passi, e preferì continuare.

Quando mise il piede in fallo e perse l'equilibrio, non poté fare nulla per trattenersi, e cadde pesantemente a terra. Rimase distesa per diversi minuti, raggelata e tremante per lo spavento, prima di trovare il coraggio di muovere le braccia e le gambe per accertarsi che niente fosse rotto.

Prese a scendere cautamente lungo il sentiero, rimproverandosi l'imprudenza che aveva messo a rischio non solo lei stessa, ma anche il bambino. Ora, desiderava soltanto tornare sana e salva a Cottingdean, e dovette farsi forza per non cedere alla tentazione di mettersi a correre.

Camminando, parlava sottovoce al bambino, dicendogli che madre sciocca aveva e chiedendogli perdono. Aveva preso l'abitudine di parlargli spesso, ultimamente, seduta accanto alla culla vuota che il giardiniere del vicario le aveva riportato pulita e lucente, e con un completo di lenzuolini, regalo di Louise.

Era a metà strada, e stava quasi cominciando a rilassarsi, quando sentì la prima contrazione, abbastanza forte da costringerla a fermarsi, tremante.

Riprese a scendere, affrettando il passo. Pregò disperatamente il bambino di aspettare, poi si disse che si stava facendo prendere dal panico per nulla, che la nascita non era prevista fino al mese seguente. E giusto quando era riuscita a rassicurarsi un po', la contrazione si ripeté.

Vic la vide scendere la collina e corrugò la fronte. Non avrebbe dovuto allontanarsi tanto da casa, nelle sue condizioni.

Mentre la guardava, la vide fermarsi, abbracciandosi l'addome. Era troppo lontano per scorgere l'espressione del viso, ma quel gesto bastò a fargli capire che cosa stava accadendo.

Era a quasi tre chilometri da Cottingdean, e solo a qualche centinaio di metri dalla fattoria. Vic prese rapidamente la sua decisione, chiamò i cani a guardia del gregge e le andò incontro.

Liz non aveva visto il pastore. Era troppo presa dalla propria sofferenza fisica, troppo impegnata a cercare di frenare le doglie che si succedevano sempre più frequenti, e anche troppo spaventata. Quando Vic la raggiunse, era piegata in due, con gli occhi spalancati per il dolore e la paura.

Lui la chiamò per nome e le prese il braccio, gentilmente, esitante, fino a quando lei lo mise a fuoco e la sua espressione terrorizzata si trasformò in sollievo...

Nel riconoscerlo, Liz sentì tutta la propria animosità nei suoi confronti svanire come neve al sole, davanti al conforto di non essere più sola. Lasciò che Vic la sorreggesse e la guidasse giù per il sentiero, lottando contro la sofferenza per dirgli con voce tremante: «Vic... il bambino...».

Lui la guardò con tenerezza. Era così forte che qualche volta dimenticava che era anche tanto giovane. Troppo giovane per essere sposata con Edward... No, quelle erano cose che non doveva pensare. Liz era la moglie di Edward.

«Devo tornare a Cottingdean, devo...»

Vic aveva notato quanto le doglie erano vicine l'una all'altra, e sapeva che non ci sarebbe stato il tempo di arrivare a Cottingdean. Forse, non c'era neppure quello di raggiungere la fattoria! Sapeva anche che era insolito che un primo parto si verificasse così alla svelta, e che, in quei casi, c'era da temere un'emorragia che poteva essere fatale. Era sempre preoccupato quando una delle sue pecore aveva un travaglio troppo rapido. Ora, mentre guidava Liz verso la fattoria, quella preoccupazione era centuplicata.

Quando si rese conto di dove la stava portando, Liz si fermò, fissandolo sconcertata.

«No, Vic, devo andare a casa... Il bambino...»

«Nascerà troppo presto per arrivare a Cottingdean.

«La fattoria è più vicina.»

Liz sentì il cuore balzarle in gola. Che cosa stava dicendo Vic? Come poteva saperlo? Poi, all'improvviso, intuì che aveva ragione, e il panico l'attanagliò.

«Il dottor Holmes...»

Vic le lesse la paura negli occhi e ne provò una profonda compassione. Non le disse che non c'era il tempo di chiamare il medico, che non c'era tempo per fare nulla, tranne permettere al bambino di venire al mondo. Ma qualcosa, nel suo tocco, rassicurò Liz che, senza più protestare, si lasciò guidare per i pochi passi che li separavano dalla fattoria.

Non era mai entrata in quella casa. Attraversarono la cucina, linda e lucente come uno specchio, e Vic la guidò su per le scale, nella camera che era stata di suo nonno e in cui ora si trovava soltanto un letto.

In uno stato di stordimento, Liz sentì la morbidezza del materasso sotto di sé, poi le mani di Vic, decise e delicate, che le toglievano il vestito e la sua voce tranquilla che la rassicurava.

Le doglie erano sempre più frequenti e più forti. Provò un senso di terrore per lei e per il bambino che doveva nascere, e si rese conto che probabilmente aveva manifestato quel terrore ad alta voce, perché qualcuno le rispose, rassicurandola, calmandola.

Vic aveva visto più nascite di quante potesse ricordare, d'altra parte ognuna di esse era qualcosa di speciale, di magico... un momento fuori dal tempo in cui un uomo poteva sentirsi immortale... Ma mai aveva provato quelle sensazioni con tanta intensità, con tanta umiltà come quando assistette alla nascita di quel bambino.

L'imbarazzo che Liz aveva immaginato di provare in quelle circostanze era svanito da tempo. Non provò altro che gratitudine e un prezioso, intenso senso di comunione che andava oltre ogni parola non appena Vic le porse il suo bambino, avvolto in una morbida pelle d'agnello.

Quando lui le mise dei cuscini sotto le caviglie, accettò quel fatto senza fare domande, ignara com'era della grave emorragia causata dal parto.

«Credo che lo chiamerò David ...» mormorò.

«È un bel nome» convenne Vic. «Il nome di un re...»

Liz era esausta, ma l'euforia di aver partorito le impediva di assopirsi. Vic, senza allarmarla, le rimase seduto accanto sorvegliando la perdita di sangue. Era diminuita, ma non cessata. Forse la cosa più giusta sarebbe stata andare a cercare aiuto. Edward doveva essere terribilmente preoccupato.

Quando ne parlò a Liz, però, lei gli si aggrappò al braccio.

«No... ti prego, resta con noi... Ci sono tante cose...» Si interruppe, scuotendo la testa per negare i suoi stessi pensieri. Che cosa voleva dire a Vic, che cosa voleva condividere con lui? Era un estraneo per lei, ancor più di Edward, eppure avevano condiviso qualcosa di così speciale, così intimo che li avrebbe legati per il resto della vita.

«Parlami...» mormorò. «Dimmi che cosa ti aspetti dalla vita, Vic...»

Lui ubbidì, tenendola d'occhio mentre parlava, ma senza far trapelare il suo sollievo quando l'emorragia lentamente si fermò e le tornò un po' di colore sul viso. Sarebbe stata una buona madre, rifletté Vic, guardando il modo rilassato, istintivo, con cui teneva fra le braccia il bambino. Il piccolo, almeno, era sano, nonostante la nascita prematura.

Assomigliava a un quadro della Madonna... Tutt'a un tratto, le sue speranze, i suoi progetti non gli sembravano abbastanza. Voleva di più... voleva lei, riconobbe, anche se sapeva che non l'avrebbe mai vista stringere fra le braccia un figlio suo.

«Continua» mormorò Liz. «Mi stavi parlando di un nuovo montone...»

Edward fu entusiasta di suo figlio. Approvò anche il nome che Liz aveva scelto per lui, ma lei sospettava che, in fondo al cuore, provasse un certo risentimento perché era venuto al mondo così intempestivamente, in un luogo tanto plebeo, con la sola assistenza di un pecoraio.

Per qualche tempo, trattò Vic con una certa freddezza, ma Ian Holmes fu prodigo di elogi per il giovane pastore, trattando l'argomento con tanta naturalezza che Liz gliene fu sinceramente grata.

«È stata una fortuna che Vic si trovasse nei pressi. Non si sarebbe potuta trovare una levatrice migliore. Dopotutto, ha molta più esperienza di me in materia!»

Edward non apprezzò quel commento, osservando che una pecora era molto diversa da una signora.

«Non quando partorisce» replicò Ian, evitando di aggiungere che senza l'intervento di Vic Liz sarebbe potuta incorrere in un'emorragia pressoché fatale.

Invece, si stava riprendendo benissimo dal parto, e anche David cresceva magnificamente.

Da qualche parte erano saltate fuori due capre, che ora fornivano quel latte fin troppo saporito che Liz si sforzava di bere per il bene di David, temendo che la dieta povera che tutti erano costretti a seguire le impedisse di avere il latte sufficiente per nutrirlo.

Quando David ebbe circa sei mesi, accaddero tre fatti che, in modo diverso, esercitarono un'influenza determinante sulla loro vita.

Il primo assunse la forma di una visitatrice inaspettata, che si presentò alla porta di Cottingdean in un caldo pomeriggio di giugno, dopo che Liz aveva appena messo a letto sia Edward, sia David per il loro consueto sonnellino. Se Liz avesse dovuto fare l'elenco delle sue fortune, avrebbe messo al primo posto l'amore di Edward per il bambino. La sorprendeva quanto fosse facile, anche per lei, pensare a David come *loro* figlio. Ogni dubbio che avesse potuto nutrire sull'opportunità del loro matrimonio era svanito nel momento in cui aveva visto gli occhi di Edward splendere d'amore e di orgoglio guardando il piccolo.

A sei mesi, David era un bambino tranquillo e grassottello, con una gran massa di capelli scuri, seri occhi azzurri che stavano già tendendo al grigio e la pelle abbronzata dal sole, a causa delle lunghe ore che sua madre passava lavorando in giardino, portandolo con sé in una cesta che si teneva accanto.

Le capre avevano fatto un buon lavoro e qualcuno, probabilmente Ian Holmes o Vic, aveva persuaso Jack Lowndes a prestarle due dei suoi uomini, in primavera, per il duro lavoro di dissodare il terreno.

Consapevole della loro cronica scarsità di denaro, Liz aveva insistito per conservare gli alberi da frutta, nella speranza di indurli, con le assidue cure, a produrre qualcosa di commestibile. Ora, in giugno, quando entrava in quel giardino che era il suo regno privato, il cuore le si gonfiava di orgoglio alla vista dei risultati del suo lavoro. Facendo tesoro degli insegnamenti della zia, stava già pensando all'autunno, quando sarebbe venuto il momento di preparare conserve e marmellate.

Le visite che riceveva erano rare, perciò era doppiamente sorprendente riceverne una il lunedì pomeriggio, quando tutte le brave massaie del villaggio erano occupate col bucato settimanale. Ma una visita che passasse per la porta principale era un avvenimento addirittura straordinario.

L'unica stanza realmente abitabile della casa era la cucina. Edward ormai sembrava rassegnato a viverci, e non aveva sollevato obiezioni quando Liz, con l'aiuto di Vic, aveva trascinato giù dalla soffitta due poltrone malandate, e per molte sere aveva lavorato al fine di ricoprirle col tessuto ricavato da due vecchie tende di damasco.

Vivendo in cucina, aveva preso l'abitudine di usare le scale sul retro, e da quando era nato David non aveva più avuto il tempo per cercare di rimettere un minimo di ordine nelle altre stanze. Ora, attraversando l'ingresso, illuminato dal sole estivo, si rese conto di nuovo del suo stato di abbandono.

D'altra parte, al momento, non poteva farci nulla, si disse, aprendo il pesante catenaccio. Se qualcuno preferiva entrare dalla porta principale, doveva anche subirne le conseguenze.

Quando aprì la porta, rimase per un momento a fissare sbalordita la sua visitatrice. Era una donna alta, ossuta, con una massa di riccioli grigi e la pelle bruciata dal sole come quella di una zingara. Doveva essere vicina alla settantina, calcolò Liz.

«Harriet Fane» si presentò la donna, tendendole una lunga mano ossuta. «Di Fane Place» continuò, entrando in casa e degnando appena di uno sguardo lo squallore dell'ingresso. «Vivo con mio fratello... o, piuttosto, ci vivevo. Lo abbiamo seppellito la settimana scorsa. La cosa migliore che potesse capitargli, per la verità... dilaniato da una bomba a Dunkerque. Sarebbe stato meglio per lui finirla allora. E questa è la ragione per cui sono qui. Ho sentito di suo marito. Non l'ho mai incontrato, ma conosco la famiglia...»

Liz ascoltava sbalordita. Aveva sentito parlare di Harriet Fane, o meglio *Lady* Harriet Fane da Ian Holmes, che li aveva informati della morte del fratello, Lord George. La loro casa, Fane Place, era in condizioni anche peggiori di Cottingdean. Nessuno dei due si era mai sposato. Lady Harriet, si diceva in paese, viveva per i suoi cavalli e il suo giardino, ed era una donna mascolina, senza peli sulla lingua.

Liz le spiegò timidamente che vivevano in cucina e le fece strada, rimpiangendo che Edward stesse dormendo. Lui avrebbe saputo sbrigarsela molto meglio di lei, con quel genere di ospite.

«Che buon odore.»

Liz sorrise, incerta, al commento della donna. Edward aveva sempre poco appetito, e lei faceva del suo meglio per preparargli dei pasti che potessero stuzzicarlo. Quel giorno, si era alzata presto per fare il pane fresco, e sul fuoco stava cuocendo un pollo in umido per la cena.

Invitò l'ospite ad accomodarsi e le offrì una tazza di tè, dopodiché Harriet Fane cominciò senza preamboli: «Le dirò perché sono qui. Si tratta di Chivers».

Liz aspettò, incerta. Non aveva idea di chi o che cosa fosse Chivers. Magari uno dei cavalli di Lady Harriet che era scappato...

«Chivers?» ripeté educatamente.

«Sì, l'attendente di George. Era con lui da anni, virtualmente, lo ha tenuto in vita. Il miglior infermiere che un uomo possa avere, diceva sempre George. Sa fare di tutto. Devo assolutamente trovargli un posto, ora che mio fratello non c'è più. Ho sentito che cercate un uomo...»

Liz cominciava a capire, e si sentì cadere le braccia. Era vero che aveva finalmente persuaso Edward ad assumere un uomo per i lavori più pesanti. Ma quello che aveva in mente era un uomo giovane, forte... non un ex militare di mezz'età che probabilmente avrebbe arricciato il naso di fronte ai lavori più umili. E per di più, il salario che potevano pagare non era granché. Quell'idea le diede un certo sollievo. Forse aveva trovato una scappatoia, si disse, affrettandosi a chiarire quel punto alla sua ospite.

«Oh, non c'è problema» affermò Harriet. «Chivers non vorrà molto. Credo che George non lo abbia mai pagato. No, quello che importa è trovare un impiego adatto a lui. Non ha nessuno, e bisogna pure sentirsi responsabili per i propri dipendenti.»

E così, cominciava a capire Liz, era una questione di orgoglio nobiliare. Cercò disperatamente una scusa, ma riuscì solo a mormorare: «È stata molto gentile a pensare a noi. Ma naturalmente dev'essere Edward a...».

«È esattamente quello che serve a suo marito, mia cara. Chivers gli farà un gran bene.» Harriet si alzò. «Mi fa piacere che tutto sia stato risolto così alla svelta. Manderò Chivers domattina. Ora devo andare. I cavalli mi aspettano.»

Sconfitta, Liz accompagnò l'ospite alla porta e la guardò allontanarsi su una vetusta Morris dal motore tossicchiante.

Con una certa sorpresa, Liz constatò che Edward non era seccato dall'offerta di Lady Harriet, ma piuttosto lusingato che volesse passare a lui il vecchio attendente di suo fratello, quasi come se gli facesse un onore e un favore... cosa di cui lei dubitava fortemente.

I suoi dubbi su Chivers aumentarono non appena, l'indomani, si trovò davanti un uomo piccolo e rotondetto, con la pelle rosea e la testa pelata. Poteva avere qualunque età fra i quaranta e i sessanta.

Mentre attraversavano l'ingresso, lo vide osservare i pannelli di legno che lei aveva cercato di pulire. Il legno grezzo, dove lo aveva raschiato, aveva un gran bisogno di nutrimento, ma come procurarsi dell'olio di lino, in quei tempi in cui tutto scarseggiava o era razionato?

Liz condusse Chivers nella biblioteca, ora pulita, ma spoglia, dove Edward lo aspettava. Aveva acceso il fuoco nel caminetto, ma non aveva fatto altre concessioni al comfort. Che Chivers vedesse pure la casa com'era. Se si fosse scoraggiato e se ne fosse andato, sarebbe stato tanto di guadagnato.

Liz impiegò soltanto tre giorni a cambiare idea su Chivers. Quello che la stupiva, piuttosto, era che Harriet Fane potesse fare a meno di lui.

Tanto per cominciare, poco dopo il suo arrivo lo trovò inginocchiato sul pavimento dell'ingresso, intento a bagnare amorosamente i pannelli di legno con qualcosa che aveva l'odore dell'olio di lino.

Infatti lo era, la informò lui, con aria di mistero, aggiungendo che non poteva rivelare le sue fonti di approvvigionamento per la sorprendente quantità di articoli che cominciò ad arrivare a Cottingdean. Il buco nel tetto della stalla si chiuse come per magia, gli scaffali rotti della biblioteca furono sostituiti...

Harriet Fane poteva anche non avere l'aspetto della Fata Turchina, ma certo il suo dono si stava rivelando oltremodo prezioso. All'improvviso, la vita di Liz era diventata più facile. Aveva più tempo per lavorare in giardino, rideva, cantava. C'erano giorni in cui non pensava affatto a Kit.

Poi, in una bella mattina di sole, in cui Chivers aveva portato Edward e David a fare un giro al villaggio, arrivò la seconda visita. Anche quella era una donna, e pure lei bussò alla porta principale, ma per il resto le due visitatrici non sarebbero potute essere più diverse.

Liz andò ad aprire la porta, sorridendo alla vista dei

lucenti pannelli di legno. Ma il suo sorriso svanì quando vide la donna alta, snella, elegante, con i capelli scuri raccolti in uno chignon e il viso perfettamente truccato. Sembrava del tutto fuori posto a Cottingdean. Dietro di lei, sul vialetto, c'era un'enorme macchina azzurra e lucente.

Seguendo lo sguardo di Liz, la donna accennò alla macchina e disse, in un tono quasi acido: «Un dono di nozze di mio marito. Carina, vero? Posso entrare? A proposito, sono Lillian Chalmers».

Liz era sbalordita. Evidentemente, la donna si aspettava che conoscesse il suo nome.

«Ero fidanzata con il cugino di Edward, prima che si facesse ammazzare...» Gettò sul vialetto la sigaretta che stava fumando, la spense col piede e aggiunse, a mezza voce: «Probabilmente il miglior favore che mi abbia mai fatto... Ha conosciuto Kit, a proposito? Io sono stata per tutto questo tempo negli Stati Uniti e ho saputo del vostro matrimonio solo al mio ritorno. Ora che Lee e io ci siamo sposati... be', ho pensato di venire a dare un'ultima occhiata a questo posto, prima di tornarmene in America. Kit dava delle feste piuttosto movimentate, qui, sa. Non che io fossi invitata, si capisce. Non erano il genere di party a cui un uomo invita la fidanzata, specialmente se la sposa solo per i quattrini di suo padre...».

Liz era stordita. Si sentiva trascinata di nuovo in una spirale di dolore e di disperazione da cui credeva di essere uscita. Quella donna era stata fidanzata con Kit, lo aveva amato, era stata ferita da lui... E chiaramente non aveva idea che anche lei avesse vissuto la stessa esperienza.

«Lo amavo, capisce» disse la donna amaramente, seguendo Liz in cucina. «Era un inferno. Lo amavo, e per un po' Kit mi ha lasciato credere che il mio amore fosse corrisposto... giusto il tempo per portarmi a letto. Per lui era tutto un gioco. Sapeva che non lo avrei mai lasciato. Lo divertiva ferirmi, dirmi che mi sposava solo per denaro.»

Liz avrebbe voluto supplicarla di fermarsi, dirle che

non voleva sentire, che stava distruggendo i suoi sogni, i suoi ricordi.

«Anche così, quando morì credetti che sarei morta anch'io. Ho perfino desiderato di avere un figlio suo» continuò la donna. «Che idea ridicola, vero? Era l'ultima cosa che Kit volesse! Ci fu una volta... Era furioso, diceva che era colpa mia... anche se non sapevo nulla e lui era stato il primo.»

Si interruppe per accendere una sigaretta, mentre Liz combatteva contro un'ondata di nausea che rischiava di sommergerla. Non voleva sentire. Era troppo. Perché doveva sapere quelle cose? Perché non era potuta restare nella sua ignoranza?

«Mi diede un indirizzo... Era un posto sudicio... E quella megera...» Lillian rabbrividì. «Grazie al cielo, era un falso allarme. Dopo, ho saputo da un'amica che diverse donne che erano state da lei erano morte...» Scosse la testa, disgustata. «Kit amava solo se stesso. Edward me lo disse, una volta, ma non volli credergli, pensai che fosse geloso, ma ora so che aveva ragione. Anche questa casa... Non appena morì suo padre, Kit la svuotò di tutto quello che aveva un valore. Povero Edward, dev'essere solo un peso per lui averla ereditata...» Lillian guardò veramente Liz per la prima volta. «Lei è molto giovane per aver sposato un uomo come Edward, un invalido...»

«Ho conosciuto Edward prima... prima...» balbettò Liz.

«E dopo, quando gliel'hanno rimandato così, ha sentito che doveva mantenere fede alla promessa fatta. Molto nobile. Com'è il matrimonio?»

«È come la vita» rispose Liz, secca. «Dipende da noi quello che riusciamo a ricavarne.»

«Davvero? Be', vedrò che cosa posso fare. Almeno, Lee è abbastanza ricco da sistemarmi bene, in caso di divorzio. Adesso, il vento è girato, per così dire. Mio padre ha perso tutto il suo denaro, e io ho sposato Lee per la stessa ragione per cui Kit voleva sposare me. È scandalizzata, vero?»

«Non sta a me giudicare» rispose Liz quietamente.

Quanta della durezza di quella donna era da addebitare a Kit? Di quanto male, di quanta distruzione si era reso responsabile?

«Devo andare» disse Lillian all'improvviso. «Per la verità, non so proprio perché sono venuta fin qui...»

«Per esorcizzare un fantasma?» suggerì Liz.

Dopo che Lillian se ne fu andata, Liz rimase a lungo a fissare nel vuoto. Ora capiva che Edward non le aveva mai parlato di Kit per non distruggere le sue illusioni, ed era un sollievo pensare che David non avrebbe mai saputo chi fosse il suo vero padre. Era stata fortunata a sposare Edward. Rabbrividì, pensando alla breve, ma efficace descrizione che Lillian aveva fatto del posto in cui Kit l'aveva mandata, e ringraziò il cielo di non aver avuto la possibilità di parlare a Kit della sua gravidanza.

Fu quel giorno che chiuse definitivamente la porta sui ricordi. Aveva suo figlio, un marito comprensivo e affettuoso, e una casa che un giorno avrebbe riportato all'antico splendore. Curare e proteggere quelle ricchezze era il suo scopo, il suo destino.

Aveva appena compiuto diciannove anni.

La terza sorpresa non arrivò sotto forma di un ospite, bensì di una lettera. Una missiva dattiloscritta indirizzata a lei personalmente e che Liz aprì e poi lesse con un'espressione di crescente turbamento.

«È successo qualcosa?» chiese Edward.

Stavano facendo colazione nella piccola stanza soleggiata che Liz e Chivers erano riusciti a pulire e arredare con i mobili trovati in soffitta. Erano vecchi e malandati, ma le mani magiche di Chivers trovavano sempre il modo di riparare ogni cosa.

«È una lettera dall'avvocato di mia zia» rispose Liz, porgendo il foglio a Edward.

Aveva scritto diverse volte alla zia Vi, ma non aveva mai ricevuto risposta, e ora l'avvocato la informava che la zia era morta e aveva disposto che lei non fosse avvertita fin dopo il funerale. Quello che era più sorprendente, è che le lasciava ogni sua proprietà: la casa e del denaro.

«Più di mille sterline! È una bella sommetta» commentò Edward.

«È una fortuna!» ribatté Liz. «Che cosa ne faremo?»

Stava pensando di comprare una piccola automobile... qualcosa che avrebbe reso più facile e piacevole la vita di Edward, ma quando glielo disse lui scosse la testa.

«No, Liz, il denaro è tuo, dovresti spenderlo per comprare qualcosa per te... che so, dei bei vestiti...»

Lei rise divertita. Che bisogno aveva di bei vestiti? Per di più, ora aveva una macchina per cucire, e poteva utilizzare l'abbondante provvista di stoffe e indumenti trovati in soffitta. Era bastato accennare a Chivers che una macchina per cucire sarebbe stata un oggetto molto utile, e poco dopo ne era comparsa misteriosamente una.

Spendi il denaro per te stessa, aveva detto Edward. Ma più tardi, quello stesso giorno, mentre era in giardino a discorrere con Vic, all'improvviso Liz seppe che cosa avrebbe fatto con l'eredità di sua zia.

«Ma... un montone...» mormorò lui, incerto.

«Non *un* montone, Vic. Ci occorre il meglio. Se tu potessi andare a cercarlo in qualsivoglia parte del mondo, dove andresti?»

«In Australia» rispose lui senza esitazione. «Stanno facendo degli esperimenti di incroci... Ho letto qualcosa in proposito poco tempo fa.» Si strinse nelle spalle. «Ma è impossibile.»

«No, niente è impossibile» lo corresse Liz.

Ci volle molto a persuaderlo, e anche di più a convincere Edward, ma alla fine Liz l'ebbe vinta. Trovò un vicino disposto a sostituire Vic nella cura del gregge, furono scritte delle lettere, presi degli accordi.

«È come il viaggio di Giasone alla ricerca del vello d'oro» disse Liz a Vic al momento della partenza.

«Proprio così. Le nostre lane varranno più dell'oro, quando avrò portato qui uno dei migliori montoni del-

l'Australia. Non sarà facile comprarne uno, però...»
«No» convenne Liz. «Ma tu ci riuscirai, Vic.»
Una metà di lei quasi invidiava l'avventura che lo attendeva. D'altra parte lei aveva il suo mondo, Cottingdean. E se a volte le sembrava ristretto... be', accantonava quel pensiero e si diceva quanto dovesse essere grata di averlo.

9

Sage contava di passare la mattinata lavorando ad alcuni schizzi preliminari per un murales che le era stato commissionato. La sua fama non era stata guadagnata dalla sera alla mattina, e non poteva permettersi di abbandonare del tutto il lavoro, anche se avrebbe preferito passare il tempo in un altro modo... per esempio, leggendo i diari di sua madre.

Che cosa le rendeva quella lettura così avvincente? Forse, il fatto che leggere i diari era come entrare in un altro mondo, il mondo di sua madre quando era giovane, di scoprire che sotto le etichette di *madre* e *moglie devota* che le aveva applicato, c'era una donna come lei, una donna per cui poteva provare solidarietà e comprensione.

Sage fissò il blocco da disegno, ma decisamente non era il momento giusto per potersi dedicare allo schizzo di un giardino all'italiana del diciassettesimo secolo. La sua mano, infatti, aveva tracciato il disegno di un giardino ben più semplice, con le aiuole traboccanti di fiori sullo sfondo di un muro di mattoni.

Il giardino di sua madre.

Forse era meglio che facesse qualcos'altro, si disse, gettando la matita sul tavolo. Il problema della nuova strada la preoccupava. C'erano tanti elementi contro di loro che era improbabile che la protesta degli abitanti del paese potesse avere successo. Guardando le cose spassionatamente, era chiaro che la strada doveva pur passare da qualche parte, e che avrebbe causato un certo sconvolgimento dovunque fosse stata tracciata.

Nel caso specifico, tuttavia, si sarebbe potuto evitare che la strada attraversasse il villaggio, se fosse stata deviata sul terreno paludoso che si trovava al di là delle marcite, aggirando l'abitato. Ma il fattore determinante contro quella proposta era il costo dei lavori. Non si trattava tanto di aumentare la lunghezza della strada, quanto il fatto che il terreno avrebbe dovuto essere prosciugato per costruire delle adeguate fondamenta, e tutto ciò sarebbe costato un patrimonio.

Sage si alzò e andò a prendere il dossier che Liz aveva preparato. C'erano molti ritagli di giornale che sua madre aveva raccolto su episodi dello stesso genere, suddivisi in due cartelle: una per i casi in cui le proteste avevano avuto successo, l'altra per quelli in cui le sollevazioni della gente avevano fallito. Purtroppo, la prima era sottile in modo sconfortante.

Sage si era procurata una carta topografica su grande scala della contea e ne aveva riportato i punti salienti su un foglio, segnando solo le città principali e le autostrade già esistenti. Sorrise fra sé mentre srotolava il suo schizzo e lo appuntava sul tavolo da disegno. A scuola, il maggior rimprovero che le era stato rivolto era che aveva una buona testa, ma che era pigra a usarla. Fra sé, lei aveva pensato che la colpa era da attribuirsi per larga parte ai suoi insegnanti, che non erano stati capaci di stimolarla. Una volta motivata, una volta sfidata...

Riflettè, con una piccola smorfia, sulla propria personalità turbolenta, riconoscendo quante volte il suo entusiasmo fosse stato suscitato da qualche iniziativa, e altrettanto facilmente fosse svanito, fino a quando non aveva imparato ad applicarsi a un progetto, per quanto difficile e poco attraente. Prima di quel momento, la sua vita era stata cosparsa dei detriti di centinaia di interessi abbandonati.

Era il fatale difetto del suo carattere, quell'incapacità di seguire un progetto dall'inizio alla fine, e solo quando aveva cominciato ad assaporare la soddisfazione di portare a termine un compito prefissato era riuscita a superarlo.

Era cambiata tanto negli ultimi anni, era maturata.

Scosse la testa. In un certo senso era vero, ma doveva ancora lavorare parecchio. Una parte di lei continuava a prediligere la disordinata ribellione della vecchia Sage.

Certo, si disse per l'ennesima volta, lei non aveva corrisposto alle attese di sua madre. Si chiese se Liz avesse accolto la sua nascita con la stessa gioia con cui aveva accolto quella di David. David che, dopotutto, non era figlio di Edward, ma che lui aveva ugualmente amato.

Sage si era chiesta spesso se il distacco che suo padre aveva sempre manifestato nei suoi confronti fosse dovuto al modo insolito del suo concepimento, al fatto che lei fosse il risultato di uno dei primi miracoli della medicina moderna, piuttosto che del mistero del congiungimento fisico di due persone... Eppure, i suoi genitori, e specialmente sua madre, dovevano averla desiderata molto, per indursi a concepirla in quel modo...

Si aggirò per la stanza, irrequieta, e si fermò davanti alla finestra che guardava sulla parte del giardino preferita da sua madre. Non c'era sole quel giorno, e il cielo era grigio.

Sage pensò a tutte le volte che aveva guardato da quella finestra, spesso ascoltando con animo ribelle una delle calme, ragionevoli ammonizioni di sua madre sull'uno o sull'altro dei suoi difetti. Eppure, quel giorno era come se lo vedesse per la prima volta, accorgendosi di quel perfetto accordo di tinte: lilla, rosa, azzurro, bianco, meravigliandosi che sua madre avesse trovato il tempo di progettare quel capolavoro e ancor più la capacità di realizzarlo.

Sua madre era una donna incredibilmente dotata. Forte e decisa, quando si trattava di affari, eppure, nello stesso tempo, attenta a non ferire l'ego maschile dei suoi interlocutori. Liz, riconobbe, non aveva mai giocato sul fatto di essere una donna, e nello stesso tempo aveva evitato di negare il proprio sesso, di diventare una donna mascolina. Liz assomigliava al suo giardino: a prima vista era forse troppo tranquillo e dimesso.

Era solo guardandolo più da vicino, osservando i dettagli, che ci si rendeva conto della sua perfezione.

All'improvviso, Sage provò il bisogno di averla accanto, pervasa dal timore non tanto di perderla, quanto di scoprire di non essere all'altezza delle sue aspettative...

La strada, con la complessità dei suoi problemi, stava diventando il simbolo di tutto ciò che mancava nei loro rapporti. La tenacia, la perseveranza, la sottile diplomazia che necessitavano per montare una campagna vincente, non facevano parte del suo bagaglio. Le sue capacità erano altre. Forse non meno valide, ma diverse. Eppure, toccava a lei prendere il posto di sua madre. E se falliva...

Certo, Cottingdean non sarebbe stata toccata direttamente dalla nuova strada. Era il villaggio che era a rischio, ma per Liz il villaggio e la sua gente facevano parte delle sue responsabilità. Considerava un suo preciso dovere proteggerli. E ora, quel dovere ricadeva su di lei.

Sage tornò alla scrivania, lanciando un'occhiata distratta, mentre passava, alla mappa della proprietà appesa sopra il caminetto.

Un particolare la colpì. La mappa aveva colori diversi per rappresentare i differenti tipi di terre. Quelle che non appartenevano a Cottingdean erano grigie, e là, proprio a nord del villaggio, giusto vicino al luogo dove, secondo il progetto, doveva passare la strada, spiccava una vasta macchia grigia. Sage si fermò a studiarla, poi pensò che sua madre doveva avere delle carte topografiche più recenti, da qualche parte. Infatti, ne trovò una nello schedario e si mise a sedere per studiarla, cercando di individuare i confini della proprietà colorata in grigio. Chiunque la possedesse, avrebbe avuto un bel guadagno dalla nuova strada. Proprio in quel punto, se ricordava bene, la strada statale esistente si sarebbe raccordata alla nuova autostrada. Una collocazione ideale per un futuro insediamento abitativo... il genere di sviluppo che, alla fine, poteva arrivare a minacciare la stessa Cottingdean.

Il nome della proprietaria era segnato accuratamente nella precisa calligrafia di Liz: Agnes Hazelby. Sage mordicchiò la matita, ricordando di aver sentito dire da Faye che la vecchia signora, gravemente ammalata, era stata costretta a vendere e a trasferirsi in una casa di cura. Chi aveva acquistato la proprietà? Il miglior modo di saperlo era rivolgersi all'avvocato di famiglia. Sage sollevò il ricevitore e compose il numero.

L'avvocato non sapeva chi avesse comprato la terra in questione, ma le assicurò che non sarebbe stato difficile scoprirlo. Ricordava che Liz aveva in animo di acquistarla lei stessa, ma che la proprietà era stata venduta all'asta e che l'offerta era andata ben al di là del prezzo di un terreno agricolo che sua madre era disposta a pagare.

Mentre aspettava che l'avvocato la richiamasse per comunicarle il nome del nuovo proprietario, Sage studiò di nuovo i ritagli di giornale, cercando di capire che cosa accomunasse i rari successi delle azioni di protesta.

Una certa influenza nei posti giusti e l'abilità di portare la campagna all'attenzione della stampa avevano avuto un ruolo importante, ma l'elemento determinante non era mai stato il fervente desiderio degli ecologisti di non veder rovinato il loro territorio: generalmente, avevano potuto basarsi sull'esistenza di qualcosa di importante, dal punto di vista storico o naturalistico.

Sage si passò le dita fra i capelli. Per quanto ne sapeva, non c'erano scavi archeologici, animali in via d'estinzione o piante rare nella zona di Cottingdean. Considerando il caso spassionatamente, non c'era alcuna ragione per cui il paese non dovesse subire il passaggio dell'autostrada, a parte il fatto che, con notevoli spese supplementari, si poteva scegliere un tracciato alternativo.

Il telefono squillò.

«Sono riuscito a scoprire chi è il proprietario della terra» annunciò l'avvocato. «Immagino che non dovrei esserne sorpreso. Il nome *Hever Homes* le dice qualcosa?»

«No» rispose Sage. «A parte il fatto che deve trattarsi di un'impresa di costruzioni.»

«Nella City hanno fama di assicurarsi dei terreni edificabili di prima classe. Sembrano specializzati in piccoli insediamenti di case progettate su ordinazione, e come costruttori godono di un'ottima reputazione. Comunque, il punto importante è che la Hever Homes risulta essere una consociata di una società ben più grande, la *Cavenagh Construction.*»

Sage sussultò.

«Ma è la società di Daniel Cavenagh... quella che costruisce la nostra sezione della nuova autostrada.»

«Esattamente... È qualcosa di più di una coincidenza che il signor Cavenagh compri un terreno situato in modo molto conveniente rispetto alla nuova autostrada e ai suoi raccordi, non crede? E con l'attuale tendenza del governo a ridurre i terreni agricoli a beneficio dello sviluppo edilizio, non direi che il signor Cavenagh dovrebbe incontrare soverchie difficoltà a ottenere il permesso di costruzione che al momento gli manca. Certo, ha corso un bel rischio. Se fosse stato scelto un altro percorso... Ma stando così le cose, lui, o meglio la sua società, ricaveranno un bel mucchio di quattrini da questa faccenda, sempre che riescano ad annullare la disposizione di Agnes Hazelby che la casa rimanga intatta. L'autostrada incoraggerà la gente ad allontanarsi da Londra, e una casa di lusso ai margini di un villaggio come questo eserciterà una forte attrazione. Naturalmente, questo significa che il villaggio stesso verrà stravolto. So che sua madre spera di ottenere la deviazione della strada, ma ha a che fare con un avversario molto potente...»

E *molto influente,* pensò Sage, ricordando l'atteggiamento possessivo della rappresentante del Ministero nei confronti di Daniel. Che cosa era avvenuto prima?, si chiese, cinica. L'acquisto della terra o l'inizio della relazione con Helen?

Ringraziò l'avvocato, e mentre deponeva il ricevitore si chiese perché quella notizia fosse stata così traumatica. Al più, avrebbe dovuto provare del disprezzo nei confronti di quell'uomo, soprattutto ricordando l'arroganza con cui Daniel l'aveva un tempo accusata di doppiezza, di usare gli altri per i propri scopi.

Si aggirò per la stanza, riflettendo sull'importanza di quanto aveva appreso. Era certa che Helen Ordman avrebbe sostenuto qualunque punto di vista che Daniel le avesse sottoposto, ma c'era anche da considerare che un giusto tipo di pubblicità avrebbe potuto arrecare un notevole danno all'immacolata reputazione della società di Daniel.

Sage fece una smorfia, ben sapendo che sua madre avrebbe immediatamente posto il veto a un'idea del genere. D'altra parte Daniel non era stato il primo ad agire in modo subdolo, comprando la terra? A mali estremi, estremi rimedi.

Mentre formulava quei pensieri, si rese conto anche, con un certo disagio, che alcune delle vecchie cicatrici non erano del tutto rimarginate, e che provava un certo piacere nell'immaginare di smascherare Daniel, di restituirgli qualcuno degli insulti che una volta lui le aveva rivolto. E forse, dopotutto, non c'era bisogno di una battaglia pubblica. Forse poteva bastare fargli sapere che aveva scoperto il suo piano e che poteva montare una campagna contro di lui...

Rifiutò di prendere in considerazione il fatto che l'uomo che aveva conosciuto quindici anni prima non si sarebbe mai piegato sotto alcun genere di pressione. Non c'era niente di male a fare una telefonata, a tastare il terreno.

Scartabellò fra gli appunti di sua madre e trovò l'indirizzo e il numero di telefono degli uffici di Daniel a Londra. Mentre componeva il numero, scoprì di essere inaspettatamente tesa. Era nervosa all'idea di parlare con lui? Che sciocchezza!

La voce cortese della centralinista la riscosse dai suoi pensieri. Chiese di Daniel, dando il proprio nome e specificando che aveva bisogno di parlargli a proposito del progetto della nuova autostrada.

«Sage... Che cosa posso fare per te?»

Non si aspettava di essere messa direttamente in

comunicazione con lui, e la voce di Daniel la colse di sorpresa. Era strano che ricordasse così bene la sua voce, mentre, nonostante i suoi sforzi, non riusciva più a sentire nella memoria neppure un'eco di quella di Scott.

«Credo che dovremmo avere un incontro, Daniel...» L'attimo di silenzio che seguì le fece salire il sangue al viso, come se gli avesse fatto una proposta compromettente. «Un incontro d'affari» precisò, rigida.

«Ma certo.»

Il tono di Daniel era così educato, cortese... eppure Sage avrebbe giurato che, sotto sotto, rideva di lei.

Che sciocca, si disse. Certo che è un incontro d'affari. Che altro potrebbe essere?

«Di che cosa vorresti parlare, esattamente?»

«Io... noi due dobbiamo vederci. Non è qualcosa che si possa discutere al telefono.»

Sage provò quasi la tentazione di riattaccare e di lasciar perdere. Era tipico del suo carattere, riconobbe amaramente, buttarsi a capofitto in qualsivoglia impresa senza un piano preciso. Al suo posto, sua madre avrebbe preso appunti, calcolato che cosa doveva dire e quello che era meglio tacere, avrebbe gettato a Daniel un'esca, e aspettato cautamente che abboccasse, prima di scoprirsi.

Ci fu un'altra pausa significativa, poi Daniel disse: «Capisco... Be', in questo caso credo di avere una mezz'ora libera domani. Se puoi essere nel mio ufficio per...».

Il suo ufficio. No, non voleva mettere piede sul suo territorio, concedergli un vantaggio simile.

«Mi dispiace, è impossibile. Non posso muovermi, aspettiamo notizie dall'ospedale da un momento all'altro.»

«Capisco. E l'argomento che vuoi discutere con me è urgente, immagino. Qualcosa che non si può trattare seguendo i soliti canali del vostro comitato...»

«Credo che scoprirai che è meglio trattare l'affare a quattr'occhi» disse Sage, ignorando la velata minaccia che sentiva celata sotto il tono educato di Daniel.

«Senza dubbio farà risparmiare tempo a entrambi.»

Ecco, quella era la tattica giusta. Prima l'intimidazione, poi il più banale dei pretesti. Stava migliorando.

«Be', certo, in questo caso... Forse se venissi questa sera a Cottingdean... O preferisci un luogo più... appartato?»

«Non c'è ragione per non vederci a Cottingdean» ribatté Sage, secca. «Almeno, per quanto mi riguarda...» Esitò, chiedendosi se fosse il caso di insinuare che forse Daniel preferiva tenere nascosto il loro appuntamento a Helen, poi scartò l'idea. Non voleva irritarlo al punto da indurlo a rifiutare l'incontro.

Doveva controllare attentamente le proprie mosse, non era quello il momento di perdere la calma. Le era capitato tante, troppe volte in passato, con effetti spettacolari e molto soddisfacenti, al momento, ma dopo... be', in più occasioni di quanto le piacesse ricordare, era sopravvenuta l'umiliante consapevolezza che perdere il controllo le era costato caro. Troppo caro...

«Di solito finiamo di cenare attorno alle nove» disse, con calma forzata.

«Alle nove, allora» fu la risposta, imperturbabile. «Devo dire che sono impaziente di incontrarti, Sage. Non capita spesso di incrociare una seconda volta le lame con un vecchio avversario. Ti avverto, però... spero che la tua sia affilata. Mi sembra di ricordare che nell'ultima occasione tu abbia preferito la passione al freddo raziocinio. Non è mai una decisione saggia...»

Sage riattaccò bruscamente. Come poteva... come poteva alludere a *quello*? Come osava insinuare che ciò che era accaduto in passato avesse qualche influenza sul presente? Allora si era trattato di qualcosa di personale... molto personale. Ora era diverso, e stavolta... stavolta sperava di essere lei ad avere la meglio!

10

Deponendo il ricevitore, Daniel si guardò attorno nel suo ufficio. Era una bella stanza, dalle pareti rivestite di pannelli di legno, il pavimento ricoperto da una spessa moquette verde scuro, che s'intonava alla perfezione col rivestimento delle due ampie poltrone ai lati del caminetto.

I membri del consiglio d'amministrazione avevano espresso qualche dubbio quando lui aveva rifiutato di collocare gli uffici centrali della società in un prestigioso palazzo moderno, optando invece per l'acquisto di un edificio a quattro piani del diciassettesimo secolo, in quella che, al tempo, era una parte quasi dimenticata di Londra. In ogni caso Daniel era riuscito a persuaderli, ed era stato un bene, e non solo per il vantaggio di lavorare in un luogo così piacevole. Quella zona della città, ora, era ricercata, e aveva acquistato un notevole valore.

Daniel si considerava un costruttore, in tutti i sensi. Costruire ponti fra la gente era il suo forte quanto edificare case. Ma per quanto riguardava Sage Danvers, dubitava che sarebbe mai riuscito a gettare delle fondamenta abbastanza solide da colmare l'abisso che li divideva.

Perché mai Sage voleva incontrarlo? Senza dubbio, non per parlare dei vecchi tempi!

Da quando l'aveva rivista così inaspettatamente a quella maledetta riunione, non aveva fatto che lottare contro i ricordi. Ora, forse, era giunto il momento di smettere di combattere...

La scrivania era collocata fra le due finestre della stanza, di fronte al caminetto, sopra il quale era appeso il ritratto del secondo marito di sua madre, Robert Cavenagh, l'uomo che gli aveva anche dato il proprio cognome.

Era strano come, anche ora, sentisse la mancanza di Robert. Le loro vite si erano intrecciate per un tempo relativamente breve, eppure quell'incontro aveva avuto l'effetto di trasformare tutta la sua esistenza, proprio come l'incontro con Sage. In molti sensi, quelli erano i perni su cui aveva girato l'intera sua vita.

L'impresa di costruzioni che aveva ereditato da Robert Cavenagh si era ingrandita, era diventata una società per azioni. Nel suo ruolo di presidente, lui aveva in un certo senso perduto il contatto con la realtà del lavoro, e passava la maggior parte del tempo in una serie di riunioni, a cercare di risolvere problemi creati dall'impatto emotivo, piuttosto che dai dati tecnici. Quando si trattava di nuove autostrade, tutti pensavano che fossero un'ottima idea, tutti volevano servirsene, ma nessuno voleva vivere nelle vicinanze.

Quella in costruzione, in particolare, aveva avuto un iter molto travagliato. Lui stesso non era del tutto sicuro... Si rese conto che stava scarabocchiando distrattamente il foglio che aveva davanti e gettò via la matita, con un gesto irritato. Che cosa gli succedeva? Non poteva aver paura di incontrare Sage!

Respinse di scatto la sedia e si alzò, andando a mettersi davanti al caminetto. In estate, il focolare era occupato da un grande vaso sempre colmo di fiori freschi...

Lo sguardo di Daniel si fece distante, velandosi di tristezza. Sua madre aveva amato i fiori. Non che avesse avuto l'opportunità di vederne molti, almeno fino a quando...

Daniel chiuse gli occhi per un momento, poi li riaprì, tornò alla scrivania e premette il pulsante dell'interfono.

«Ho deciso che per oggi ne ho abbastanza, Heather» disse alla segretaria. «Se capita qualcosa di veramente urgente, sarò a casa. Ah, e può andare via presto anche lei, se vuole.»

Il suo appartamento occupava i due piani superiori dell'edificio, e vi si accedeva unicamente con un ascensore privato, mimetizzato nell'atrio, o con una scala nascosta dietro i pannelli di legno del suo studio.

Daniel salì la scala e si trovò in un ingresso dalle pareti beige e il pavimento lucente ricoperto di belle stuoie antiche.

Anche l'arredamento era costituito da diversi mobili antichi che lui stesso aveva scovato nelle vendite all'asta di campagna. Il salotto e la sala da pranzo guardavano sugli alberi della piazza, mentre la cucina si apriva su di un piccolo giardino pensile.

Daniel non aveva personale domestico fisso, preferendo salvaguardare la propria privacy. Quando aveva ospiti, si rivolgeva a un'organizzazione specializzata, e nessuna delle molte donne che erano passate nella sua vita aveva trascorso più di una notte sotto il suo tetto.

Le donne gli piacevano: apprezzava la loro compagnia, la loro mente quanto il loro corpo. Di tanto in tanto, quando non trovavano niente di meglio, i giornali scandalistici pubblicavano qualcosa su di lui, nominando la sua ultima donna e azzardando ipotesi su quando e se si sarebbe sposato.

Non era contrario al matrimonio, almeno in teoria. Ma in pratica, ne temeva i molti trabocchetti. Ciò a cui era contrario, in realtà, era il divorzio, specialmente quando coinvolgeva dei figli.

Aprì il mobile bar del salotto e tirò fuori una bottiglia di whisky e un bicchiere, ma poi cambiò idea, ripose la bottiglia e andò in cucina a riempire il bicchiere di acqua minerale.

Per un uomo di trentasette anni, che passava gran parte del suo tempo seduto a una scrivania, era in forma smagliante. Non era un maniaco dell'esercizio fisico, e si guardava bene dal frequentare una palestra, ma cercava di trascorrere quanto più tempo poteva in campagna, cavalcando o facendo lunghe passeggiate, e approfittava un paio di volte alla settimana della piscina del vicino Club.

Si tolse la giacca e uscì nel piccolo giardino, appoggiandosi alla balaustra e ammirando lo spettacolo dei tetti di Londra.

Era cresciuto in uno dei quartieri più poveri di Liverpool, e non aveva neppure mai immaginato il genere di lusso di cui godeva ora. D'altra parte sua madre amava le cose belle, gli parlava dell'arredamento delle case in cui lavorava come domestica a ore, della gente che vi abitava. E lui aveva intuito, con la rabbia impotente di un bambino, che sua madre non era felice... e non solo perché non vivevano in una di quelle case.

Sua madre era gallese, una ragazza bruna e graziosa con una voce dolcissima. Suo padre era irlandese, un omone grande e grosso che lavorava saltuariamente come manovale, e quando era disoccupato passava le giornate al pub, a bere. Daniel era il loro unico figlio, e sua madre gli aveva raccontato che lei e suo padre si erano conosciuti quando lui era andato a lavorare a una nuova strada, vicino al suo paese. Si erano sposati e si erano trasferiti a Liverpool, dove la famiglia di suo padre viveva da due generazioni.

I suoi nonni avevano avuto sette figli, i quali, a loro volta, si erano sposati e avevano messo al mondo una tribù di piccoli Ryan.

A volte, Daniel pensava che Liverpool fosse popolata interamente dai suoi cugini. Ma lui non era come loro, forse perché sua madre era gallese, e sentiva che gli zii, le zie e la nonna Ryan provavano nei loro confronti una certa ostilità.

Daniel aveva fatto in fretta a capire che il motivo per cui suo padre non lo gettava in aria o lo abbracciava come lo zio Liam o lo zio Joe facevano con i loro ragazzi, aveva qualcosa a che vedere col fatto che lui fosse figlio unico.

Per un Ryan, avere un solo figlio era una specie di fallimento. Anche sua madre lo sapeva... altrimenti, perché sarebbe stata tanto triste durante le visite domenicali alla nonna? Quando erano soli, il sorriso le ritornava sulle labbra, cantava, gli raccontava vecchie storie di draghi e di eroi che gli facevano spalancare gli occhi e balzare il cuore in gola per l'eccitazione. Ma la domenica sembrava passiva, svuotata...

E poi c'era il mistero dei genitori di sua madre. Daniel sapeva che vivevano nel Galles, ma loro non andavano mai a trovarli, e si scambiavano solo gli auguri di Natale. Avrebbe voluto chiedere di loro, ma non osava, perché sua madre non ne parlava mai. Era un bambino sensibile, più piccolo dei suoi cugini, che lo prendevano in giro e lo definivano *una signorina.*

Perfino suo padre sembrava preferire gli altri a lui, anzi, quasi lo ignorava. Non che Daniel lo vedesse molto. Non tornava a casa all'ora del tè, come la maggior parte degli altri uomini, ma andava dritto al pub, e spesso rientrava quando Daniel era già a letto. Lui lo sentiva imprecare e brontolare con sua madre se la cena non era pronta immediatamente.

In quelle occasioni, Daniel si faceva piccolo piccolo e si tirava le coperte sopra la testa. Era pressoché certo di non amare suo padre, o almeno, non nello stesso modo istintivo in cui amava sua madre. Al contempo avvertiva che neppure suo padre gli voleva bene, e questo gli procurava una sorta di profonda tristezza.

A undici anni, Daniel superò gli esami della scuola elementare così brillantemente da vincere una borsa di studio che gli avrebbe permesso di frequentare una prestigiosa scuola privata locale. Sua madre ne fu felice, ma non suo padre.

Quella sera, quando tornò a casa, puzzava di birra ed era di cattivo umore. Daniel lo sentì imprecare contro Dick Fogarty, il suo capoccia. Non era facile trovare lavoro, a Liverpool, e suo padre era già stato licenziato un'infinità di volte, per aver attaccato briga con gli altri uomini. Sebbene nessuno glielo avesse detto, Daniel sapeva che spesso non dava a sua madre neppure un soldo, e che dovevano vivere col denaro che lei guadagnava come donna delle pulizie.

Sua madre si affrettò a mettere in tavola la cena, ma

Daniel lo sentì protestare, benché loro due avessero mangiato unicamente un paio di fette di pane e il pasticcio di carne fosse solo per lui.

«Non è un pasto da mettere davanti a un uomo» sbottò suo padre, respingendo il piatto e alzandosi per uscire di nuovo. «Sai qual è il tuo guaio?» aggiunse, dalla soglia. «Ti dai un sacco di arie, ma non hai idea di come soddisfare un uomo. Be', pensa un po' a questo: se non fosse stato per me, tu e il tuo marmocchio...»

«John... John, ti prego, aspetta un momento...» Daniel sentì la disperazione nella voce di sua madre, e odiò suo padre per quello che le stava facendo. «Daniel ha vinto un posto alla *Drapers School.* Non è magnifico...?»

Ci fu un momento di silenzio, poi Daniel vide suo padre voltarsi a guardarlo. Aveva sempre saputo che non lo amava, ma quello sguardo era carico d'odio...

«Magnifico? Niente affatto. Mio figlio non andrà a quella scuola di snob. Nossignore. Andrà alla *Mile End,* come suo padre e i suoi cugini.»

Mile End. La più grande e la più malfamata scuola del quartiere. Daniel rabbrividì. Sapeva tutto sulle lotte, sulle bande... Il maggiore dei suoi cugini ne capeggiava una.

«John, ti prego» supplicò sua madre. «Daniel deve avere questa possibilità...»

«Ah, davvero? E perché? Per mettersi al di sopra di suo padre e dei suoi cugini? Ricordati che è mio figlio, Megan. E andrà a scuola dove dico io. Il tuo guaio è che hai solo lui di cui preoccuparti...»

«Ti prego, John ...» supplicò di nuovo sua madre, trattenendo il marito per il braccio.

Daniel vide suo padre scrollarsela di dosso, con una spinta che la scagliò dalla parte opposta della cucina, mandandola a sbattere contro il fornello.

«Non frequenterà mai quella scuola, mi hai capito? Presto sarà abbastanza grande da lavorare in un cantiere e guadagnarsi da vivere.»

John Ryan uscì e, quando tornò, Daniel era già a letto. Furono le voci dei suoi genitori che litigavano a svegliarlo. Poi sentì sua madre piangere.

L'indomani, per la prima volta sua madre non andò a svegliarlo, e quando si alzò Daniel la trovò ancora a letto, col viso nascosto nell'ombra. Non c'era traccia di suo padre.

«No, non aprire le tende» gli disse, con una strana voce soffocata. «Ho un po' di mal di testa, ma presto starò bene.»

Non appena Daniel tornò da scuola, trovò un biglietto della madre che lo avvertiva che sarebbe rientrata un po' tardi e di non preoccuparsi.

Quando rincasò, lui vide che sua madre aveva un grosso livido sullo zigomo, e che si muoveva rigidamente, come se le dolesse tutto il corpo. Le chiese se era caduta, ma lei gli voltò le spalle e si mise a pulire il lavandino.

«Sì, sono scivolata sulle scale, stamattina. Dovevo essere ancora mezzo addormentata...» Megan si voltò. «Daniel, va tutto bene. Andrai a quella scuola, ragazzo mio... ma non una parola con tuo padre, bada.»

«Ma... e il denaro per i libri e le uniformi? La borsa di studio copre a malapena la retta della scuola.»

«È tutto sistemato. La nonna ci aiuterà, e con quello che guadagno io...»

«La nonna?»

Daniel sbatté le palpebre. Sua nonna non gli aveva mai manifestato maggiore affetto di suo padre!

«Non la nonna Ryan, Danny. Parlavo della nonna Rees. La signora Silverstone mi ha permesso di telefonarle da casa sua.»

«La nonna Rees...» ripeté Daniel. «Ma...»

«Niente domande, figlio mio. E ricorda, non una parola a tuo padre.»

Daniel aveva quasi sedici anni quando John Ryan rimase ucciso in un cantiere. Non poté provarne dolore. Lo odiava troppo, ormai. Non era riuscito a impedirgli di frequentare la scuola, ma certo l'aveva fatta pagare cara a sua madre, e non solo con le periodiche battute che le infliggeva, e che lei si ostinava a negare, affermando che era caduta, che era stata maldestra.

Spesso Daniel avrebbe voluto chiederle perché non se ne andava. Sapeva che sua madre non poteva amare quell'uomo. D'altra parte aveva capito che suo padre, essendo cattolico, non le avrebbe mai concesso il divorzio. Nessun Ryan aveva mai divorziato!

Ancora non era riuscito a comprendere se suo padre sapeva da dove provenisse il denaro per mandarlo a scuola. Ma quello che sapeva era che, non appena gli fosse stato possibile, avrebbe ricompensato sua madre per tutti i sacrifici che aveva fatto per lui... e non solo sua madre, ma anche la nonna sconosciuta.

Molte volte aveva chiesto a Megan perché non andavano nel Galles a trovare la sua famiglia. Ora sapeva che entrambi i nonni erano vivi e che aveva uno zio sposato e dei cugini.

I cugini, per la verità, non lo interessavano. Quelli che aveva lo consideravano meno di niente, lo chiamavano il bastardo gallese, ma lui sopportava senza reagire, perché aveva giurato a se stesso che mai avrebbe inflitto a un suo simile ciò che suo padre faceva a sua madre. Mai, in vita sua, avrebbe alzato la mano contro qualcuno.

A scuola, la sua situazione non era migliore. I suoi compagni, ricchi e privilegiati, lo snobbavano, anche se, per la verità, col passare degli anni, alcuni di loro avevano cominciato ad accettarlo.

Per qualche tempo, dopo la morte di suo padre, la vita di Daniel e di sua madre era continuata come prima, a parte il fatto che si erano liberati dal peso della sua presenza. Erano poveri, ma Megan aveva ripreso a cantare. Rideva, anche, e il sabato e la domenica, quando lei non lavorava e Daniel era a casa da scuola, andavano in giro per i musei e le gallerie della città, o prendevano il treno per visitare qualche località di campagna, dove Daniel ammirava le case lussuose e prometteva a sua madre che un giorno ne avrebbe comprata una per lei.

Voleva darle tutto ciò che suo padre non le aveva dato. Voleva vederla indossare dei bei vestiti. Voleva che smettesse di lavorare così duramente, di essere sempre tanto stanca.

E poi, all'inizio delle vacanze estive, tre mesi dopo la scomparsa di suo padre, ci fu un'altra morte, che cambiò completamente la loro esistenza.

11

La lettera arrivò un lunedì mattina. Quando la lesse, Megan impallidì.

«È morto tuo nonno» spiegò a Daniel. «È stato sepolto la settimana scorsa, e ora tuo zio Gareth, mio fratello, vuole che noi andiamo a casa, per una visita... La mamma ha bisogno di me.»

Non gli diede altre spiegazioni, e qualcosa, nel suo tono, gli impedì di chiederne.

Andarono in treno fino ad Aberystwyth, e di là in autobus fino a un paesino sulla baia di Cardigan. La corriera li lasciò in una piazzetta deserta e polverosa.

«Da questa parte» disse Megan indicando una stradina che scendeva verso il mare, e in fondo alla quale si poteva scorgere il porto.

In quel momento, arrivò una macchina che si fermò accanto a loro. L'uomo che ne scese era di statura di poco superiore alla media, con dei vivaci occhi scuri e i corti capelli ricciuti. Sorrise, aprendo loro le braccia.

«Gareth...» mormorò Megan, con voce rotta. «È passato tanto tempo... Non mi sarei mai aspettata che ci venissi incontro.»

«Sarei arrivato prima se Becky Saunders non mi avesse trattenuto con il suo quinto figlio! Ricordi Becky, vero? Era a scuola con noi. Ha sposato Simon Carruthers... E questo dev'essere Daniel. Be', i miei ragazzi spalancheranno gli occhi quando lo vedranno. Hanno diciassette anni e sono più piccoli di tutta la testa! Comunque, salite in macchina. La mamma non vede l'ora di vedervi.»

«Come sta, Gareth?» chiese Megan.

«Abbastanza bene. Conosci la mamma, e sappiamo tutti e due che non era sempre facile vivere con papà.»

E così, quello era Gareth, il fratello di sua madre, pensava Daniel nel frattempo salendo sulla lussuosa macchina. Nessuno nella famiglia Ryan possedeva una automobile. In compenso, Daniel era abituato a vedere i suoi compagni arrivare a scuola su macchine costose come e più di quella.

«Ti avrei avvertita prima del funerale, ma la mamma non ha voluto. Ha detto che non se la sentiva di tradire le ultime volontà di papà.»

Daniel avvertì una nota di scusa nella voce dello zio e si chiese la ragione per la quale il nonno non avrebbe voluto sua madre al proprio funerale. Aveva già intuito che Megan era stata messa al bando dalla sua famiglia, e pur senza osare porle domande aveva concluso che la causa doveva avere a che fare con il matrimonio dei suoi genitori. La famiglia di Megan doveva aver disapprovato quell'unione almeno quanto i Ryan.

«Be', abbiano sentito che hai un ragazzo in gamba, Megan... Una borsa di studio, e ottimi risultati a scuola, ci ha detto la mamma. Se ne vanta con tutto il paese!»

Il tono affettuoso dello zio, il suo sorriso cordiale erano così diversi dall'atteggiamento di suo padre verso di lui che Daniel lo fissava quasi a bocca aperta, senza rendersi conto di quello che Gareth Rees stava pensando giusto in quel momento.

Povero figliolo. È una fortuna che suo padre si sia ammazzato. E anche che se ne sia andato papà... Non avrebbe mai dovuto trattare Megan in quel modo. Se io non fossi rimasto per tutti quegli anni in America...

Be', era acqua passata, ormai. E per fortuna il ragazzo sembrava aver preso ben poco dai Ryan.

«Eccoci arrivati» annunciò, svoltando per un vialetto fiancheggiato da folti cespugli di rododendri. In fondo, c'era una casa di pietra dall'aria accogliente, con grandi finestre ai lati della porta principale.

Daniel la fissò sbalordito. Era quella la casa in cui

era cresciuta sua madre? Pensò alla loro misera villetta a schiera, con la vasca da bagno macchiata, i pavimenti di linoleum consunto, la porta che si apriva direttamente sulla strada e un minuscolo cortile sul retro.

Quella casa, a quanto pareva, aveva un giardino enorme... e si vedeva perfino un campo da tennis.

La porta si aprì e una donna snella dai capelli scuri corse loro incontro. Doveva avere all'incirca l'età di Megan, forse qualche anno in più, ma era totalmente diversa. Indossava un abito elegante, prima di tutto, e poi non aveva l'aria stanca di sua madre e le mani screpolate per il duro lavoro.

«Megan... quanto tempo! Vieni, la mamma ti sta aspettando. Ho mandato i ragazzi a casa di amici, per stasera, per darvi il tempo di sistemarvi e ambientarvi.»

«Non dimenticare questo giovanotto, Sarah» disse Gareth, passando affettuosamente un braccio attorno alle spalle di Daniel.

«No, certo. Entra, Daniel. La nonna ci fa impazzire a forza di raccontarci quanto sei bravo.»

Attraversarono un grande ingresso, arredato con mobili scuri e pesanti, ed entrarono in una stanza luminosa, calda e accogliente.

Una donna piccola, dai capelli ancora scuri era seduta su una poltrona e fissava la porta. Non si alzò, quando loro si fecero avanti, e Daniel si rese conto che la poltrona in realtà era una sedia a rotelle.

«Mamma...»

Daniel sentì l'emozione nella voce di sua madre, e gli salirono le lacrime agli occhi.

«Via, via, Megan, mia cara, non c'è bisogno di piangere... Vieni a sederti qui accanto a me e dimmi perché ti ci sono voluti sedici anni per farmi conoscere mio nipote...»

«Non potevo, mamma... Con John, e papà...»

La voce le si spezzò, e ricordando i lividi che le aveva visto sul viso, la paura che le aveva letto negli occhi, Daniel provò un nuovo impeto d'odio verso suo padre e tutti gli uomini come lui. Che razza d'uomo era stato, suo nonno, per non sapere quanto sua figlia soffrisse, per non curarsi di scoprire che tipo di vita conducesse?

«Daniel, vieni a salutare la nonna.»

Lui si fece avanti, ubbidiente.

«E così, questo è Daniel.»

Due chiari occhi grigi, lo stesso colore dei suoi, studiarono il suo viso, e una mano scarna si posò sulla sua.

«È un bel ragazzo, Megan. Ed è pure bravo.»

Daniel arrossì per l'imbarazzo. Non poteva dimenticare che erano stati il duro lavoro di sua madre e l'aiuto generoso della nonna che gli avevano permesso di frequentare la scuola, eppure ora che avrebbe potuto ringraziarla, non trovava le parole.

«Vi fermate per un po', vero?» chiese Gareth a Megan.

«Be', ci farebbe piacere...»

«Questa è casa tua, Megan, lo sai. Lo è sempre stata.»

Lei scosse la testa.

«Non quando papà era vivo. L'ho ferito così profondamente quando ho sposato John...»

«Be', riponeva tante speranze in te. Voleva che seguissi le orme di Gareth, che diventassi medico anche tu.»

Sua madre... medico! Daniel la fissò, sbalordito. Non lo aveva mai sospettato, quando aveva passato tante ore ad aiutarlo a fare i compiti, a incoraggiarlo...

Avrebbe potuto avere tanto... e invece aveva sposato suo padre.

Daniel non era stupido. Aveva sedici anni e sapeva contare. Era nato cinque mesi dopo il matrimonio dei suoi genitori. Il cuore gli sanguinava per sua madre. Come si era sentita quando aveva scoperto di essere incinta e saputo quindi che doveva sposare suo padre? Doveva averlo amato a quei tempi, nonostante tutto.

La nonna stava dicendo che era l'ora del tè e la zia Sarah parlava della cena, ma Daniel non ascoltava più i loro discorsi. Andò alla finestra e guardò fuori.

«Tutto bene, figliolo?»

La voce gentile dello zio lo riscosse.

«Sì... sì. Mi chiedevo se da qui si vede il mare. È tutto così diverso da casa...»

«Si vede dalle finestre della soffitta. Ti ci porterò, più tardi. Daniel, mi dispiace per tuo padre...»

«A me no.»

La risposta dura gli salì alle labbra automaticamente, e Daniel arrossì, imbarazzato. Si aspettava che lo zio gli ponesse delle domande, e le temeva, ben sapendo che sua madre non avrebbe voluto esporre alla compassione della famiglia i penosi risvolti del suo matrimonio. Il suo orgoglio non le avrebbe mai permesso di dire ai suoi che genere di marito fosse stato John Ryan.

Erano arrivati da una settimana, e già Daniel aveva fatto amicizia con i figli dello zio Gareth, due gemelli di diciassette anni. Cominciava a credere che finalmente aveva trovato un posto in cui era accettato.

Una mattina, stava leggendo, seduto al tavolo di cucina, quando sentì la nonna esclamare gioiosamente: «C'è Robert Cavenagh... dev'essere venuto a trovare i genitori di Nora. Daniel va ad aprirgli, per favore».

Alzandosi, Daniel vide di sfuggita il viso di sua madre. Era diventato bianco come la cera, perdendo tutto il colore che aveva acquistato in quei pochi giorni di serenità. Megan era cambiata, in quella settimana. Rideva, cantava e aveva gli occhi brillanti. Ora, all'improvviso, sembrava di nuovo spaventata, come a Liverpool. Perché?

Daniel aprì la porta prima che il nuovo venuto potesse bussare. Alto e bruno, aveva gli occhi azzurri più penetranti che Daniel avesse mai visto. Era abbronzato come se fosse abituato a lavorare all'aperto, eppure indossava un elegante completo scuro e un'impeccabile camicia bianca come se fossero il suo abbigliamento abituale, con la stessa naturalezza con cui suo padre aveva portato gli abiti da lavoro.

Quell'uomo possedeva ricchezza e potere, intuì Daniel. E intuì anche che, per qualche ragione, era il suo arrivo a sconvolgere sua madre.

Megan aveva voltato le spalle alla porta e si affaccendava a sbucciare le patate per il pranzo. L'uomo si irrigidì per un momento, vedendola, ma poi sorrise alla nonna e andò ad abbracciarla, dicendo nello stesso tempo: «Megan. Che bella sorpresa. Non avevo idea che fossi tornata».

«È qui solo da una settimana, Robert. E questo è suo figlio, Daniel.»

«Daniel...»

La stretta di mano decisa, da uomo a uomo, il breve incontro dei loro sguardi disse molto a Daniel, ma non tutto. Quell'uomo era acuto e cauto nello stesso tempo. Era evidente che la nonna provava per lui una grande simpatia, eppure Daniel poteva quasi percepire la paura che emanava da sua madre, mentre gli teneva le spalle ostinatamente voltate.

Robert Cavenagh non si fermò a lungo, solo quel tanto che bastava per porgere le sue condoglianze alla nonna per la morte del marito e rifiutare una tazza di tè. Ma in tutto quel tempo, benché avesse finito di sbucciare le patate, Megan continuò ad affaccendarsi al lavello, ignorando i tentativi di sua madre e di Robert di includerla nella conversazione.

Solo quando se ne fu andato, chiese con una voce insolitamente dura: «Dov'è sua moglie? Non la porta a trovare i genitori?».

«Santo cielo, Megan, non lo sai? La povera Nora è morta. I suoi attacchi erano molto peggiorati, ultimamente. Fu ricoverata di nuovo in un ospedale psichiatrico, e mentre si trovava là... uscì improvvisamente dalla porta e finì sotto un camion. Morta sul colpo, ha detto il medico. Robert si è sentito responsabile, ma non c'era niente che avrebbe potuto fare, pover'uomo. È stato un buon marito. Non so quanti altri ce l'avrebbero fatta a rimanere con lei, in quelle condizioni. Fu la perdita della bambina, si capisce. Non è mai più stata la stessa, dopo.»

Quando furono soli, Daniel chiese a sua madre:

«Che cosa aveva la moglie del signor Cavenagh?».

Quello che voleva sapere, in realtà, era il motivo per cui Megan aveva paura di quell'uomo, e perché nessuno, tranne lui, sembrava notarlo. La nonna aveva riferito la sua visita agli zii, e Sarah e Gareth ne avevano detto un gran bene. A quanto pareva, Robert aveva ereditato dal padre una piccola impresa di costruzioni. e l'aveva considerevolmente ingrandita, tanto che aveva finito per trasferirsi a Cardiff, dove i suoi affari prosperavano.

«Aveva una bambina» spiegò Megan quietamente. «Io avrò avuto circa quindici anni, a quel tempo, e lei e Robert vivevano ancora qui. Era una bella ragazza, Nora. Le piaceva ridere e scherzare con i ragazzi... un po' leggera, la definiva qualcuno. Comunque, sembra che fosse andata a fare una passeggiata lungo la scogliera, portando la bambina con sé nella carrozzina. Lassù incontrò un vecchio amico, e i due si misero a chiacchierare. Nora deve aver dimenticato di mettere il freno, perché a un certo punto la carrozzina cominciò a scivolare verso il bordo della scogliera. Non riuscirono a fermarla. La scogliera è alta più di sessanta metri, in quel punto, e c'era l'alta marea... La disgrazia sconvolse Nora. Cominciò a vagare sulla scogliera, anche di notte... Alla fine fu ricoverata in un ospedale...» Megan scosse la testa. «È una cosa terribile per una donna. Povera Nora! Almeno, ora è in pace.»

«E Robert... il signor Cavenagh?»

«Be', anche lui soffrì molto, d'altra parte la morte della bambina non era stata colpa sua, e poi per un uomo è diverso...»

«E non ebbero altri figli?»

«Nora non poteva averne altri. Anche per questo era così disperata.»

Fu solo più tardi che Daniel si rese conto che quella conversazione con sua madre aveva rappresentato una svolta nella sua vita, che ora Megan lo trattava come un adulto, non più come un bambino, e che con la scomparsa di suo padre era lui, ora, l'uomo della famiglia.

Quell'estate fu uno dei periodi più felici della sua vita. I cugini, Andrew e Anthony, avevano quasi due anni più di lui, ma apprezzarono la sua compagnia e lo inserirono nella cerchia dei loro amici. Forse a causa della sua statura e delle sue spalle larghe gli altri ragazzi sembravano credere che avesse più dei suoi sedici anni. E anche le ragazze...

Sempre quell'estate, Daniel sperimentò i primi baci all'ombra del pontile, e l'emozione di annaspare goffamente con i vestiti di una ragazza che rideva fra le sue braccia esortandolo: «No, non così... si slaccia in questo modo, vedi?».

Quando lui e sua madre tornarono a Liverpool, alla fine dell'estate, era più alto di cinque centimetri, aveva sviluppato una muscolatura invidiabile remando sulla barca dei gemelli, era abbronzato e doveva farsi la barba... anche se solo di tanto in tanto.

A scuola, scoprì di sentirsi più sicuro. Si era sempre tenuto un po' in disparte, sapendo di essere povero, ma l'estate trascorsa nel Galles gli aveva dato fiducia in se stesso, la consapevolezza che c'era una parte di lui che non apparteneva al mondo dei Ryan. Aveva uno zio medico e una madre che sarebbe potuta diventarlo. Non si vergognava più delle proprie origini.

La nonna si era fatta promettere che sarebbero tornati nel Galles per Natale. Ma prima ancora, ricevettero una visita inaspettata.

Tornando da scuola, un giorno, Daniel trovò Robert Cavenagh che chiacchierava con sua madre in cucina. Il suo primo impulso fu di proteggerla ma, inaspettatamente, scoprì che non c'era più paura nei suoi occhi, bensì gioia. Ultimamente sembrava ringiovanita, e ciò era dovuto al fatto che non lavorava più così duramente, perché ora godevano di una piccola rendita proveniente dall'eredità del nonno. Anche lui si era trovato un lavoretto al vicino supermercato, nei fine settimana, e finalmente poteva contribuire alle necessità della famiglia.

Robert sorrise, tendendogli la mano, e spiegò che si trovava a Liverpool per affari.

«Stavo giusto dicendo a tua madre che mi farebbe piacere portarvi fuori a cena.»

Robert rimase a Liverpool per più di una settimana, e li portò fuori tutte le sere. A sua madre piaceva, ora era evidente.

Il giorno prima di lasciare la città, Robert andò a prendere Daniel a scuola. La vista della sua lucente Jaguar amaranto fu così inaspettata che Daniel esitò, prima di salire.

«Volevo parlarti in privato, Daniel... da uomo a uomo, tanto per intenderci. Amo tua madre e vorrei sposarla, ma non gliel'ho ancora detto. Volevo parlarne prima con te. Sei un bravo ragazzo, Danny, e voglio che tu sappia che se tua madre e io ci sposeremo, sarai come un figlio per me. So che non hai avuto una vita facile con tuo padre, e che forse non vuoi un altro uomo nella vita di tua madre... Io torno a casa domani, ma vi rivedrò a Natale. Non dirò nulla a Megan, prima di allora.»

«E se io non volessi il vostro matrimonio?» chiese Daniel, rigido.

«È un tuo diritto, Daniel» rispose Robert, serio. «Ma non è il tuo permesso che ti sto chiedendo... Sarà tua madre a decidere in proposito. Quello che vorrei da te è che noi due diventassimo amici, e questo dipende unicamente da te.»

Megan e Robert si sposarono in primavera e si stabilirono a Cardiff, dove Daniel fu iscritto alla migliore scuola superiore.

Robert gli piaceva, ma nello stesso tempo provava un certo risentimento nei suoi confronti, per l'intimità che condivideva con sua madre, per il modo in cui il viso di Megan si illuminava quando lo guardava. Riconosceva che la propria gelosia era irrazionale, d'altra parte non riusciva a dominarla del tutto.

Passò l'estate dalla nonna, in compagnia dei cugini, che ormai frequentavano l'università. In autunno, anche lui doveva prendere una decisione circa i suoi studi. Robert gli aveva offerto di prenderlo con sé nella sua impresa, ma lui preferiva fare da solo.

Arrivò a Cardiff con due giorni di anticipo sul previsto, perché i gemelli avevano deciso di tornare anzitempo all'università per partecipare alla festa d'inizio dell'anno accademico.

Posò la valigia nell'ingresso e salì al primo piano, con l'intenzione di fare una doccia e cambiarsi, ma, passando davanti alla porta della camera di sua madre, un suono di voci lo costrinse a fermarsi.

Erano quelle di Megan e Robert. Daniel non capì le parole, ma ebbe l'impressione che stessero discutendo. Poi, sentì sua madre piangere. Non poteva sbagliarsi, l'aveva sentita troppe volte!

Non si fermò un solo istante a riflettere. Spalancò la porta ed entrò, con una sola idea in mente: Robert stava facendo soffrire sua madre... proprio come aveva fatto suo padre.

La scena che si trovò di fronte fu del tutto inaspettata. Robert e Megan non stavano affatto litigando. Erano a letto, e lui la stringeva teneramente fra le braccia. Ma allora, perché lei piangeva?

Al colmo dell'imbarazzo, Daniel si rifugiò in camera sua. Era evidente che i due non avevano affatto litigato, anzi, se erano a letto a quell'ora poteva essere solo per fare l'amore! Ma era anche evidente che Robert stava confortando sua madre per qualcosa...

Non se la sentì di affrontarli. Uscì di casa e vagabondò per la città fino a notte inoltrata. Era tardi quando rientrò, ma la luce in soggiorno era ancora accesa.

Appena Daniel aprì la porta di casa, Robert uscì dal soggiorno e disse quietamente: «Danny, prima che tu vada a letto vorrei parlarti».

«Se è a proposito di oggi pomeriggio...» cominciò Daniel, aggressivo.

«Che cosa hai pensato, Danny? Che stessi facendo del male a tua madre, come John?» Lui arrossì fino alla radice dei capelli, e Robert continuò: «So quello che ha sofferto tua madre, Danny».

«Non potevo fermarlo... avrei voluto, ma... ma avevo paura» balbettò Daniel.

«Certo che non potevi.» Robert gli passò un braccio attorno alle spalle, poi proseguì: «E forse è stato un bene che tu non lo abbia fatto, Danny. Avresti solo peggiorato la situazione. Non era tutta colpa di John. Anzi, la colpa è più mia che di chiunque altro. Vieni a sederti, Danny. C'è una cosa che voglio dirti. Tua madre e io ne abbiamo parlato anche oggi, ed è per questo che l'hai sentita piangere. Lei non era certa che fosse il momento giusto per dirtelo, ma...».

Daniel lo fissò, non sapendo di che cosa stesse parlando, e tantomeno perché avesse quell'aria così seria.

«Tu sai, vero, che sono stato sposato, prima di incontrare tua madre?»

«Sì...»

«Be', dopo la morte della nostra bambina, Nora cominciò ad accusare dei disturbi mentali. Dopo qualche tempo, i medici le consigliarono di tornare per un po' a vivere con la sua famiglia, perciò tornò dai suoi genitori, e io rimasi solo. Conoscevo vagamente tua madre. Ero stato a scuola con Gareth e lui me l'aveva presentata. Un giorno, passò con lei da casa mia per chiedermi non so che cosa, e la rividi. Aveva circa diciassette anni, allora, ed era la ragazza più carina che avessi mai incontrato. E anche la più timida. Ma quando sorrideva... Gareth doveva andare in città, perciò mi offrii di riaccompagnarla a casa. Lungo la strada, mi disse che intendeva studiare medicina. A quel tempo, frequentava la scuola superiore di Aberystwyth. Aveva appena conosciuto tuo padre, che stava lavorando alla nuova strada. L'aveva vista, si era incapricciato di lei e tanto aveva fatto che l'aveva convinta a prendere un caffè con lui, uscendo da scuola. Le faceva un po' paura, credo... Quando ci lasciammo, scoprii che pensavo sempre più spesso a lei. Arrivavo a inventarmi delle scuse per passare da casa sua, solo per vederla. Scoprii che le piaceva fare delle lunghe passeggiate, e persuasi tua nonna a permettermi di portarla fuori per tutta una giornata. Era un giorno d'estate, con l'aria così immobile e il cielo così azzurro... Non ho parole per spiegarti perché feci quello che non avrei mai dovuto fare. Lei era poco più di una bambina, e io ero già un uomo... e un uomo sposato, per giunta. Ma quando la baciai, e lei rispose al mio bacio con tanta dolcezza, persi completamente la testa. Non era mia intenzione fare l'amore con lei, lo giuro... Tutto quello che volevo era vedere il suo sorriso... E dopo, ero così sbalordito da quello che avevo fatto, da quello che avevo provato... Avrei voluto dirle quanto l'amavo, quanto la desideravo, ma come potevo? La riportai a casa. Contavo di chiamarla il giorno dopo, di spiegarle... ma quella notte la madre di Nora mi telefonò. Aveva tentato di suicidarsi ed era di nuovo ricoverata in ospedale. Fui costretto ad andare da lei. Era in condizioni molto gravi, fisicamente e psichicamente, e i medici mi dissero che le avrebbe giovato se, una volta ristabilita, l'avessi portata per un po' lontano dai luoghi che le ricordavano la bambina. Andammo nel sud della Francia per un mese. Quando tornai, tua madre aveva già sposato John Ryan, e aspettava un bambino, o almeno così dicevano le malelingue. Solo allora mi resi conto di quanto l'amassi, di quanto fossi geloso. Quasi la odiavo per essersi data a un altro! Non chiesi i particolari. Solo più tardi seppi che tuo nonno si era opposto al matrimonio, e che aveva dato il suo consenso solo quando Megan aveva confessato di essere incinta. Passarono gli anni. Il tempo attenua ogni genere di sofferenze, ma non può cancellarle del tutto. Poi, Nora morì, e anche tuo padre. E quando entrai nella cucina di tua nonna e vidi Megan, capii che non avevo mai smesso di amarla.»

«Ma aveva paura di te...»

«Non di me, Danny» disse Robert gentilmente. «Aveva paura che ti guardassi e capissi che non eri figlio di John Ryan, bensì mio.»

Daniel vide la stanza ondeggiargli intorno. Sentì Robert che lo afferrava per le spalle e la sua voce preoccupata.

«Mi dispiace, figliolo... è un vero trauma per te, lo

so. Lo è stato anche per me sapere che tua madre aveva sofferto tanto per proteggermi, che aveva sposato Ryan perché aspettava un figlio mio, perché ben sapeva che lo scandalo mi avrebbe distrutto. Se solo fossi riuscito a intuirlo, credo che avrei divorziato da Nora e l'avrei sposata, d'altra parte Megan mi ha fatto capire che così facendo avrei distrutto la povera Nora. Eppure, quando penso a quello che ha sofferto... a quello che *tu* hai sofferto... Ma tu sei mio figlio, Daniel. Non c'è niente di John Ryan in te. Tu sei mio figlio.»

Il figlio di Robert. Era davvero un trauma ma, stranamente, Daniel non provava alcun impulso a negarlo. Era, piuttosto, come se gli fosse scivolato un peso dalle spalle. Eppure, provava anche un vago rancore nei confronti di Robert, perché era stato per causa sua che sua madre aveva sofferto. E lui stesso, ora, aveva come smarrito la sua identità. Non era un Ryan, era un Cavenagh... un estraneo per se stesso.

«Non pensare troppo male di me, figliolo. Tutti noi abbiamo dei momenti nella nostra vita che siamo poi costretti a rimpiangere, in cui agiamo senza badare alle conseguenze. Il mio rimpianto più grande è la sofferenza che ho causato a tua madre. Il fatto di essere il padre di suo figlio, invece, lo considero quanto di più bello abbia avuto dalla vita. E che quel figlio sia tu, Danny, è un vero dono del cielo. Non ti chiedo di amarmi come un padre... Perché dovresti? D'altra parte per me è facile amarti come un figlio, perché sei mio figlio. E ti giuro che non c'è nulla che non farei per risparmiare a tua madre anche il più piccolo dolore, nulla...»

Quella notte, Daniel rimase a lungo sveglio a riflettere. Era figlio di Robert. Un Cavenagh, non un Ryan, un gallese purosangue. Sarebbe mai riuscito ad abituarsi all'idea?

12

Era stato all'università, mentre seguiva un corso postlaurea in ingegneria civile, che Daniel aveva conosciuto Scott McLaren e, tramite lui, Sage.

Si era già brillantemente laureato in economia, ma parecchie lunghe estati passate a lavorare con Robert lo avevano portato a rendersi conto che, tutto sommato, c'era qualcosa che lo attirava, nel campo edilizio.

«Dobbiamo averlo nel sangue» aveva commentato Robert, quando Daniel gli aveva detto che, dopotutto, intendeva entrare nella ditta. Erano più vicini, ora, anche se forse non come padre e figlio, ma certo come due uomini che andavano d'accordo e si rispettavano a vicenda.

Daniel aveva discusso con Robert la propria decisione di seguire quei corsi. L'impresa si era ancora ingrandita, ultimamente, espandendosi, oltre che nel campo dell'edilizia abitativa, in quello dell'ingegneria civile, e il progetto di Robert era che Daniel, un giorno, assumesse la direzione di quel settore.

Daniel era di qualche anno più anziano dei suoi compagni, e quella maturità gli consentiva di nascondere la sua segreta insicurezza.

Benché non potesse certo rimpiangere di essere figlio di Robert Cavenagh, c'era ancora, dentro di lui, una ferita che rifiutava di rimarginarsi, un senso di rabbia e di rancore che non riusciva a razionalizzare e che, quindi, preferiva ignorare.

Durante il primo anno di università, aveva vissuto un'intensa e appassionata relazione con una compagna di corso, ma quando lei gli aveva fatto pressioni per un impegno a lunga scadenza, Daniel non se l'era sentita di offrirglielo. Per quanto la desiderasse, non era riuscito a superare un irragionevole timore che impegnarsi lo rendesse vulnerabile, che in realtà la ragazza non volesse lui, bensì qualcun altro.

Daniel sapeva che quella paura nasceva dalla consapevolezza che sua madre aveva sposato John Ryan senza amarlo. E benché capisse perfettamente i suoi motivi, e perfino l'ammirasse per ciò che aveva fatto, non poteva fare a meno di provare un vago senso di sfiducia nei confronti del sesso femminile.

Quando si conobbero, Scott era appena arrivato all'università. Era la prima volta che si allontanava da casa, e ne aveva una grande nostalgia. Ben presto, Daniel seppe tutto dell'allevamento di pecore di suo padre e dell'inaspettata occasione di studiare in Inghilterra dovuta a un programma di scambi fra istituti universitari.

«Mio padre non era contento, sulle prime, ma poi ha ceduto. Mi manca molto, però. Siamo solo noi due. La mamma morì poco dopo la mia nascita. Era inglese. Papà la sposò mentre si trovava per un anno in Inghilterra.»

Daniel non seppe mai esattamente come Scott avesse conosciuto Sage. Quello che scoprì ben presto era che ogni frase che Scott pronunciava sembrava contenere il suo nome.

Lui aveva tre anni più dell'amico, ed era abbastanza cinico ed esperto da essere un po' divertito dalla situazione. Non aveva mai visto Sage, ma sospettava che quello specchio di tutte le virtù non fosse altro che una delle tante ragazzette immature che circolavano per il campus. Scott parlava di lei in termini che suggerivano un'idea di fragilità, di vulnerabilità. Probabilmente era magra e slavata e studiava qualcosa di molto artistico e potenzialmente inutile.

Quando la conobbe, fu un autentico trauma scoprire quanto si fosse sbagliato.

Tanto per cominciare, c'era quella massa selvaggia

di capelli rosso scuro, che fluttuava nella brezza che spirava nella strada principale di Alcester, quando Scott vide Daniel e trascinò la sua compagna, evidentemente riluttante, a conoscerlo.

La stretta di mano di Sage era più forte di quanto si aspettasse. Era anche più alta di come la immaginava, solo una decina di centimetri meno di Scott, che era sul metro e ottantacinque.

Daniel si rese conto, piuttosto divertito, di non piacerle, e non poté fare a meno di meravigliarsi che Scott si fosse innamorato di quella ragazza la cui natura, sospettava, fosse indomabile quanto i suoi capelli. Non era la donna adatta a Scott, eppure era evidente che lo adorava.

Poiché le si leggeva negli occhi che lo voleva per sé, e che non gradiva un terzo incomodo, Daniel propose con naturalezza: «Sto giusto andando al Crown. Perché non venite con me?». Poté avvertire la collera della ragazza anche senza guardarla.

Scott, invece, del tutto ignaro, approvò con entusiasmo.

«Magnifico... Sage mi stava proprio dicendo che aveva voglia di un drink.»

«Per la verità, pensavo a un caffè» precisò lei, aggrappandosi al braccio di Scott e guardando Daniel con aria di sfida.

Possessiva quanto appassionata, rifletté lui pigramente.

«Al Crown servono anche caffè» le assicurò, tutto miele, fingendo di non notare la sua ostilità.

Gli parve propensa a mettersi a discutere, e fu cinicamente divertito che conoscesse così poco il temperamento del suo compagno. Non si rendeva conto di quanto Scott amasse la pace e l'armonia? Era l'uomo meno adatto ad apprezzare i capricci e i fuochi d'artificio di cui sospettava che quella ragazza fosse più che capace.

Era così arrogante, selvaggia, immatura, mentre lo guardava con collera e sfida, perché voleva Scott tutto per sé! Non capiva che alla fine Scott si sarebbe allontanato da lei, che si sarebbe stancato della sua irrequietudine, dei suoi alti e bassi emotivi?

Quando fosse diventata una donna, avrebbe avuto bisogno di un uomo che la sfidasse, che le tenesse testa, che scatenasse tutta la sua passione. In Scott non avrebbe trovato niente di tutto ciò, e sarebbe stata lei a soffrirne di più. Il temperamento tranquillo di Scott lo metteva al riparo dai grossi traumi emotivi.

Mentre si dirigevano verso il pub, pur chiacchierando con Scott, Daniel guardava Sage. Non era bella, in senso stretto, ma c'era qualcosa in lei, un chiaro messaggio composto di sensualità, vulnerabilità, e quell'aria selvaggia che lo aveva colpito fin dal primo momento. Sarebbe stata una tentazione per qualunque uomo. Risvegliava l'istinto di inseguire e cacciare, di catturare e domare... Daniel non aveva mai incontrato una donna che suscitasse i suoi più primitivi istinti maschili come sapeva fare quella. Era una scoperta divertente e illuminante al tempo stesso.

Si chiese come fosse a letto... Eppure, la sensualità di Sage non era deliberata, anzi, era qualcosa che sembrava imbarazzarla. Era per quello che aveva scelto Scott, perché, in segreto, aveva paura di ciò che sarebbe potuto succederle con un uomo che fosse riuscito a scatenare tutta la passione che c'era in lei?

Scott non avrebbe mai conosciuto le altezze e le profondità delle passioni, e neppure, per sua fortuna, gli abissi di degradazione in cui potevano trascinare le loro vittime.

Ma Sage le avrebbe conosciute. Forse le aveva già provate, benché apparisse così pulita, così fresca, e in qualche modo quasi innocente... fino a quando non si guardavano i suoi occhi brucianti e quella bocca sensuale.

La voleva, riconobbe Daniel. La conosceva da pochi minuti, eppure erano stati più che sufficienti per fargli ammettere qual era la causa di quello spasimo che gli bruciava il corpo.

Quel desiderio lo sconcertava. Sage non era il suo tipo: troppo turbolenta, troppo dura. A lui piacevano le donne quiete e gentili. Quando fosse giunto il momento di sposarsi, non sarebbe stata la passione a motivare la sua scelta. Era qualcosa che aveva già deciso. Aveva visto i risultati della passione. John Ryan doveva aver amato sua madre, un tempo. E la passione lo aveva reso violento, crudele...

Lui poteva anche non essere suo figlio, d'altra parte era profondamente conscio degli effetti del suo comportamento, dei semi di distruzione che poteva aver gettato in lui. Nelle stesse circostanze, messo in una situazione in cui avesse amato troppo e non fosse stato ricambiato, non era possibile che ricorresse alla violenza? Era un rischio che non voleva correre. Quando si fosse sposato, avrebbe scelto una donna che potesse rispettare, e che lo rispettasse a sua volta. Forse, ci sarebbe sempre stata fra loro una certa distanza, ma avrebbero avuto una buona vita insieme: una casa, dei figli, la sicurezza. E, nel frattempo, soddisfaceva le proprie esigenze sessuali con relazioni destinate a dare a lui e alle sue partner occasionali soltanto piacere, senza alcun coinvolgimento emotivo.

Neppure in un milione di anni Sage avrebbe concepito un rapporto simile. Avrebbe chiesto tutto ciò che un uomo aveva da darle, e anche di più. Avrebbe preteso la sua attenzione esclusiva, la sua concentrazione totale, e probabilmente l'avrebbe fatto impazzire.

Eppure, mentre le apriva la porta del pub, aspirando il profumo della sua pelle e dei suoi capelli, sapeva che avrebbe corso qualunque rischio per portarsela a letto e fare l'amore con lei fino a quando quei selvaggi occhi verdi non l'avessero più guardato con ostilità, bensì fossero diventati enormi e vacui di sazietà, finché il corpo di lei si fosse teso nell'estasi del piacere sotto il suo, fino a farle gridare il suo nome nella rabbia e nella passione, fino a che lo avesse desiderato con la stessa intensità con cui lui la desiderava.

Per fortuna, era abbastanza smaliziato da nascondere quello che provava. Lo turbava un po' scoprire di poter dimenticare così facilmente la lealtà verso Scott. Non era mai stato il tipo da soffiare la donna di un altro, specie di un amico, e del resto non ne aveva mai avuto bisogno. Daniel era il tipo d'uomo verso cui le donne si sentivano attratte, e il suo problema era stato piuttosto quello di evitarle senza ferirle.

Le donne gli piacevano... ma non quella. E senza dubbio lui non piaceva a lei. Cinicamente, si chiese quanto avrebbe impiegato a riconoscere che dietro la reciproca ostilità era celata l'attrazione sessuale, e se sarebbe stata disposta ad ammetterlo, anche solo con se stessa.

Doveva avere poco più di diciotto anni, ma Daniel dubitava che Scott fosse il suo primo amante. Una donna come quella maturava presto...

Daniel li trattenne nel locale più a lungo di quanto avesse pensato, insistendo per offrire loro il pranzo, divertendosi nel vedere che Sage lo guardava come se pensasse che gli avrebbe volentieri graffiato la faccia. Scott, all'opposto, era ingenuamente felice della sua compagnia, e Daniel provò una sorta d'irritazione nei confronti dell'amico. Se non stava attento, avrebbe perso in fretta la sua ragazza. Altri uomini potevano essere molto meno corretti di lui!

Ma sarebbe stato poi così facile?, si chiese all'improvviso, guardando con più attenzione come Sage si stringeva a Scott, gli si rannicchiava contro come se fosse la sua unica protezione, la sua sola sicurezza in un mondo che la terrorizzava.

Sage terrorizzata... impossibile. Non era il tipo. Eppure, per un momento, Daniel aveva visto in lei la vulnerabilità, la paura mentre guardava il suo amante. Osservandoli, notò che sembrava che non volesse mai perderlo di vista, che si illuminava quando tornava accanto a lei dopo essere stato al bar, che faceva uno sforzo per non tendere la mano a toccarlo, che tutta la sua arroganza svaniva nell'attimo stesso in cui guardava il suo compagno.

Era come se Scott soddisfacesse qualche suo profondo bisogno psicologico, come se lui solo potesse completarla, come se fosse il perno attorno al quale ruotava la sua vita. Quella profonda insicurezza lo turbò. Si chiese come fosse la sua vita, la sua famiglia, che cosa l'avesse resa tanto vulnerabile.

Aveva bisogno di sapere di più sul suo conto. Molto di più.

Aspettò di vedere Scott da solo. Il giovane australiano viveva nell'ostello dell'università, e una sera Daniel, che aveva un appartamentino tutto per sé, lo invitò a casa sua, col pretesto che, visto che c'era una camera da letto libera, Scott poteva prendere in considerazione l'idea di trasferirsi da lui.

Scott l'aveva ringraziato con entusiasmo, ma poi aveva aggiunto, un po' a disagio: «Non posso fermarmi molto, però. Ho promesso a Sage di vederci più tardi».

«È possessiva, eh?» chiese Daniel. «Attento, Scott, le donne possessive possono essere un inferno, perfino quelle attraenti come Sage. Se vuoi un consiglio, vacci piano con lei... è una ragazza che può procurarti dei guai.»

«Sage... non ha un rapporto familiare molto felice» si affrettò a contraddirlo Scott. «Questo la rende scontrosa, ma sotto la corazza è una ragazza dolcissima.»

Dolcissima? Daniel si chiese come Scott potesse illudersi fino a quel punto.

Nonostante l'accenno di Scott a un'infanzia difficile, era certo che fosse stata una bambina viziata e protetta, che l'aveva sempre avuta vinta in tutto.

Quando Scott si trasferì da lui, Daniel aspettò la reazione di Sage. Si erano incontrati diverse volte, ormai, e lui sapeva che a Sage dava fastidio la sua influenza su Scott.

Un fine settimana, all'inizio del terzo trimestre, Sage portò Scott a casa con sé. Al ritorno lui parlò con entusiasmo di Cottingdean e della madre di Sage.

«Una donna meravigliosa, benché lei e Sage non vadano d'accordo. Peccato... è una donna così speciale!»

Daniel si chiese se Scott non si stesse innamorando della madre di Sage. Qualunque donna che avesse partorito Sage doveva essere bella e forte, e Scott, che non aveva mai avuto una madre, poteva sentirsi fatalmente attratto da quel tipo di donna.

«Ha i capelli rossi?» gli chiese, ironico.

«No, è bionda. Siamo stati fortunati a trovarla a casa. Doveva essere a Hong Kong per affari, ma è tornata in anticipo. È incredibile quello che è riuscita a realizzare, e tutto da sola. Sono venuto a sapere che il padre di Sage è stato invalido per tutto il tempo del loro matrimonio.»

«Non tanto invalido, se è riuscito a mettere al mondo Sage» puntualizzò Daniel.

Scott scosse la testa.

«Non è proprio così. Sage aveva un fratello, maggiore di lei di dieci anni, ma è morto l'anno scorso in un incidente. Lei stessa mi ha detto di essere stata concepita grazie all'inseminazione artificiale. Non ne parla molto... È comprensibile che sia un po' suscettibile sull'argomento. Dice che suo padre non l'ha mai realmente accettata, che non l'hai mai considerata sua figlia.»

Daniel corrugò la fronte, chiedendosi se Scott si rendeva conto che Sage poteva non gradire che passasse a lui le proprie confidenze. Era un po' piccato che la ragazza non fosse mai andata da loro. Lei e Scott si vedevano sempre fuori. Quello che sapeva, comunque, era che l'amico non passava mai la notte con lei. Cercò di immaginare di lasciarla nel suo letto e andarsene a dormire solo, se fosse stato il suo amante, e non ci riuscì.

Se fosse stato il suo amante... ma non lo era. Lei amava Scott, o almeno, così credeva.

Quattro giorni dopo il ritorno da Cottingdean, Scott ricevette un telegramma dall'Australia, che gli annunciava che all'allevamento si era verificata una situazione d'emergenza e che doveva tornare a casa immediatamente.

Mentre Daniel aspettava che Scott ottenesse la comunicazione telefonica con l'Australia, si chiese se aveva pensato a come Sage avrebbe reagito alla sua partenza.

Purtroppo, la telefonata non servì a illuminare Scott

più di tanto sulla situazione. La governante di suo padre gli disse che il responsabile dell'allevamento aveva avuto un infarto e che si trovava all'ospedale, perciò c'era bisogno che lui prendesse il suo posto, compito per il quale era stato preparato fin dall'infanzia.

«E Sage?» chiese Daniel.

«Sage...» Per un attimo parve che Scott ne avesse dimenticato l'esistenza. Poi assunse un'espressione preoccupata. «Devo dirglielo. Vado da lei. Capirà... Vorrei poterla portare con me, ma...»

Sage che viveva in mezzo al deserto australiano... Daniel si chiese se quei due avessero mai realmente pensato al futuro. Sage era troppo viva, troppo delicata per sopportare quel genere di vita. Se avesse sposato Scott e fosse andata in Australia con lui, lo avrebbe piantato nel giro di un anno.

E quanto a Scott... Sage credeva veramente che potesse vivere in Inghilterra, mentre per tutta la vita aveva pensato di prendere il posto di suo padre, e desiderava farlo? Ma l'amore è cieco... Cieco e autodistruttivo, nel caso di Sage, perché Daniel era sicuro che Scott non l'amasse con la stessa intensità con cui lei amava lui.

«Vado da lei» annunciò Scott.

Daniel lo guardò partire con la sua piccola autovettura. L'amico aveva un padre generoso, ma forse anche possessivo, e certo deciso. Il genere di padre che doveva aver chiaro in mente il tipo di donna che il figlio doveva sposare... e senza dubbio non somigliava neppure lontanamente a Sage.

A mezzanotte, Scott non era ancora rientrato e Daniel cominciò a preoccuparsi. Possibile che gli addii si prolungassero tanto? All'una, squillò il telefono.

All'altro capo del filo, c'era Sage che piangeva e ripeteva istericamente il suo nome. Gli ci vollero parecchi minuti per capire che cosa fosse successo.

«In che ospedale è?» chiese, brusco, e quando lei glielo ebbe detto, ordinò: «Resta lì, vengo subito».

Salendo in macchina pregò che la situazione non fosse grave come sembrava. Da quello che gli aveva detto Sage, erano andati a fare un giro in macchina. Forse Scott aveva pensato di parlarle con maggiore tranquillità, se fossero stati soli. Invece, avevano litigato, e Scott era furioso... così furioso che non aveva visto la macchina che puntava sulla loro a tutta velocità, guidata da un ubriaco. Ora, era un ubriaco morto. Sage aveva riportato solo qualche abrasione, ma Scott... Scott era in coma e i medici dell'ospedale volevano sapere il nome del parente più prossimo.

Daniel impiegò meno di mezz'ora a farsi un'idea della situazione. Per prima cosa, diede alla caposala il numero di telefono del padre di Scott. Poi, quando il medico disse a Sage che non c'era bisogno che restasse, lei fu colta da una crisi isterica, e a Daniel toccò il compito di trascinarla via, a forza. La sua decisione di portarla a casa propria, piuttosto che lasciarla all'ostello, fu dettata unicamente dalla preoccupazione.

Costringerla a prendere il tranquillante che gli aveva dato il medico fu un'impresa. Daniel glielo spinse praticamente in gola come aveva fatto da ragazzo quando doveva somministrare una pillola al suo cagnolino, poi la portò di peso in camera di Scott e la lasciò cadere sul letto, chiudendo la porta a chiave.

L'indomani mattina, tuttavia, Sage era sparita, scappando dalla finestra.

Nei giorni seguenti, Daniel non la vide, benché passasse regolarmente dall'ospedale a chiedere notizie di Scott, che era ancora in coma.

Suo padre era accorso immediatamente dopo aver saputo dell'incidente, e quando Daniel gli chiese di Sage si limitò a rispondere: «Ho detto ai medici che non posso vederla».

Daniel si chiese perché avesse detto: «Non posso» anziché: «Non voglio», d'altra parte non poteva di certo domandarglielo direttamente.

Il padre di Scott era alto e snello, con gli occhi verdi e un viso scavato che lasciava intendere che avesse sofferto molto nella vita. Sembrava un uomo capace di essere comprensivo, ma stranamente non nutriva nemmeno una briciola di comprensione nei confronti di Sage.

«Se la vede, per favore le dica di non venire a trovare Scott. I medici dicono che non servirebbe a nulla.»

Non era probabile che la vedesse, pensò Daniel. Invece, quella stessa sera, qualcuno suonò alla sua porta e quando andò ad aprire vide che era proprio Sage. Era pallida e magra e i suoi occhi erano vuoti e tormentati.

«Non mi lasciano vedere Scott» disse, torcendosi le mani. «Ma devo vederlo, Daniel, devo... Lo amo, e lui mi ama...» La voce era salita di tono.

Daniel la prese gentilmente per il braccio e l'accompagnò in soggiorno, facendola sedere su una poltrona.

«Scott sta molto male, Sage» cercò di spiegarle. «Ora, la cosa più importante è che si riprenda, no? Suo padre è convinto che possa farlo meglio a casa sua. I medici gli hanno dato il permesso di partire.»

«No!» La negazione parve il grido di terrore di un animale preso in trappola.

«Sì, Sage» continuò lui con fermezza. «E temo che non ci sia nulla che tu possa fare.»

«È colpa tua...» gridò lei all'improvviso, balzando in piedi e battendogli i pugni sul petto. «Volevi che accadesse... volevi separarci.»

Per un momento, Daniel temette che lo avrebbe accusato di desiderarla, e si preparò a respingere quel rimprovero, benché sapesse che era vero. L'aveva desiderata. La desiderava... ma non al prezzo dell'incidente di Scott e di quella terribile disperazione che la dominava.

Invece, Sage seguitò, furiosa: «Non ti sono mai piaciuta... l'ho capito fin dall'inizio... non hai mai creduto che fossi la donna giusta per Scott».

«È vero» ammise Daniel. «Ma questo non vuol dire che abbia cercato di separarvi. Scott non è un bambino. Può prendere da solo le sue decisioni.»

«No, ora non può... E suo padre che lo riporta in Australia. Se solo potessi vederlo...»

«Ma non puoi» ribatté Daniel. «E comunque è in

coma, e le sue condizioni sono tutt'altro che buone. La vita continua, sai» cercò di confortarla. «Vedrai che...»

«No» scattò Sage. «Senza Scott non c'è vita. Senza di lui non sono niente... niente.»

Quelle parole lo colpirono, ma Daniel nascose la compassione dietro una domanda cinica.

«Credi che sia la tua anima gemella, eh?»

«Scott è la mia *anima*, l'altra metà di me, senza cui non posso esistere. Non capisci?»

Daniel la fissò, inaspettatamente commosso dalla sua sofferenza e dalla sua ingenuità. Era strano, ma mentre l'aveva ritenuta capace di un'intensa passionalità fisica, non aveva mai pensato che potesse provare dei sentimenti altrettanto sconvolgenti.

«È tutto finito, Sage» le disse sottovoce. «Più presto lo accetterai, più facile sarà la tua vita.»

«No, non è finito» gridò lei. «Non finirà mai, finché saremo vivi... Scott mi ama... Io lo amo.»

«No, Sage» la corresse lui. «Tu ami te stessa. Vuoi Scott come un bambino capriccioso vuole un giocattolo nuovo, e intanto lo hai quasi distrutto. È stata la vostra lite a provocare l'incidente, il tuo rifiuto ad accettare la sua partenza.» Sage lo fissò, sbalordita. «Ho ragione, vero? È così che è successo. Litigavate, e lui si è distratto... e quella distrazione gli è quasi costata la vita. Lascialo andare, Sage, prima di distruggerlo del tutto.»

Lei lo aggredì, colpendolo e graffiandolo come un animale infuriato, ma Daniel la tenne a distanza e alla fine, temendo che potesse farsi davvero male, la prese fra le braccia e la strinse a sé fino a impedirle di muoversi. Era così magra, così fragile... eppure i seni premuti contro il suo petto erano sorprendentemente voluttuosi che il suo corpo subito reagì a quella vicinanza.

Combattendo contro i propri sentimenti contrastanti, Daniel la staccò da sé. Ma era già troppo tardi...

«Traditore.»

Gli aveva veramente lanciato quell'accusa, o era solo la sua immaginazione?, si chiese, tenendola a distanza di sicurezza dal proprio corpo ribelle e sforzandosi di parlarle con calma.

«Sage...»

«Non lo lascerò andare. Lo amo.»

«Sì» ammise Daniel, quasi involontariamente. «Ma non sei sicura che lui ti ami con la stessa intensità, vero, Sage?»

Non sapeva che cosa lo avesse spinto a fare quell'affermazione. Era vero, Scott aveva un carattere diverso, più calmo, meno passionale, d'altra parte Daniel non aveva mai dubitato della forza del suo sentimento per Sage. Eppure, quando lei gli si afflosciò fra le braccia, bianca come un cencio, si rese conto che le sue parole avevano colpito nel segno.

«Scott mi ama. Mi ama...» Lo disse come una bambina smarrita, senza più rabbia né passione, tanto che Daniel si sentì stringere il cuore per lei. E, nello stesso tempo, provava una strana collera per coloro che, nella vita di Sage, l'avevano resa così vulnerabile, avevano minato il suo magnifico orgoglio, costringendola a sentirsi angosciata e insicura.

«Avverte chiaramente che i suoi genitori, e suo padre in particolare, l'hanno sempre considerata un tentativo mal riuscito» gli aveva confidato Scott una volta.

Lui non gli aveva creduto, aveva insistito a pensare che fosse una bambina viziata, ma ora non ne era più tanto certo. Tutto quello che sapeva era che provava il desiderio di stringerla a sé, di rassicurarla, di portarla nel suo letto e tenercela fino a quando...

Perduto dietro ai propri pensieri, allentò la sua stretta quel tanto che bastò a Sage per liberarsi e correre alla porta. Non la fermò. Il buonsenso gli diceva che non poteva tenerla là con la forza, eppure, per certi versi, sentiva di aver mancato verso di lei. Verso di *lei*? Scott era suo amico, non Sage. E Scott aveva già deciso di tornare a casa prima dell'incidente.

Mentre Daniel stava rivivendo il passato, anche Sage ricordava, rabbrividendo al pensiero che forse era condannata a perdere tutti coloro che amava. Prima

David, poi Scott, e ora sua madre...

Si interruppe bruscamente e chiuse gli occhi. Lei non amava sua madre. Come poteva, quando sapeva che il suo amore non era ricambiato?

Per un momento, riprovò tutta l'angoscia impotente della bambina che era stata, il senso di estraneità che l'aveva spinta a starsene lontana dagli altri al funerale di David, sapendo che *era* un'estranea, un'intrusa, sapendo che nessuno la voleva. Aveva visto sua madre chinarsi su suo padre, tenera e preoccupata. Aveva visto Faye stringersi a Liz... e aveva visto la bara di suo fratello scendere nella fossa, cosciente del fatto che se lei se ne fosse andata in quel momento nessuno dei tre se ne sarebbe accorto.

David era morto mentre lei frequentava l'ultimo anno della scuola superiore. Solo quella mattina aveva parlato con lei, consolandola dopo l'ultima lite con la madre. Era stata una morte così inutile, così crudele. Sage si chiedeva come sua madre fosse riuscita a sopportarla. Se si fosse trattato di un figlio suo... Rabbrividì, riconoscendo che forse era a causa della morte di David che lei rifiutava di avere figli. Temeva che non sarebbe mai stata capace di essere forte come lo era stata sua madre. Eppure, Liz aveva amato David moltissimo...

Per caso, erano tutti insieme quando la notizia era arrivata. Sage era tornata da scuola, e Faye si trovava in visita a Cottingdean con Camilla, che allora aveva pochi mesi. David aveva una riunione del consiglio parrocchiale, e li avrebbe raggiunti più tardi. Invece, giunse la polizia ad avvertirli che lui aveva avuto un incidente. Aveva sterzato bruscamente per evitare un bambino in bicicletta ed era uscito di strada, restando ucciso sul colpo.

Sage ricordava di aver guardato prima sua madre, poi suo padre. Liz era stata calma, controllata. Ma Edward...

Sage era balzata dalla sedia ed era corsa verso di lui, per confortarlo, per condividere il suo dolore. Ma E-

dward l'aveva respinta con tanta forza da farla cadere.
«Va' via!» le aveva gridato. «Oh, mio Dio, perché David? Dovevi essere tu... dovevi essere tu» le aveva detto, con una voce carica di rabbia e di odio.

Ricordava che sua madre si era chinata su di lei, prendendole il braccio, e l'aveva portata via dalla stanza.

«Va' in camera tua. Penso io a tuo padre» le aveva detto.

Per un momento, era parsa sul punto di aggiungere qualcosa, ma Sage non glielo aveva permesso, esplodendo: «Oh, sì, mandami in camera mia, liberati di me... dopotutto, nessuno mi vuole, vero? Io non sono il vostro prezioso David... Be', neppure io vi voglio. Tutti voi preferireste che fossi morta io e non David, ma non mi importa... non mi importa...».

Le importava, invece, e ne soffriva terribilmente.

Più tardi, Chivers le aveva portato il tè.

«Sua madre dice che deve restare qui ancora per un po', signorina Sage. Ha chiamato il medico. Suo padre...»

Sage non aveva ascoltato. Non voleva sapere di suo padre... proprio come a lui non importava nulla di lei. Sola in camera sua, aveva pianto per suo fratello e per se stessa, e aveva giurato che un giorno ci sarebbe stato qualcuno, nella sua vita, che l'avrebbe amata veramente.

Dopo il funerale, quando Faye si era addormentata sotto l'effetto dei sedativi e suo padre si era chiuso nello studio, Sage ricordava di aver gridato a sua madre: «David apparteneva anche a me, sai. Era mio fratello, mio fratello. Ed era l'unico a cui importasse qualcosa di me».

Poco più di un mese dopo, Edward si ammalò gravemente, e in pratica non si alzò più dal letto. Ancora una volta, Liz fu calma e composta. Era Sage a piangere davanti alla porta, chiedendosi perché suo padre non le avesse mai permesso di amarlo, perché l'avesse sempre respinta, d'altra parte sapeva che non avrebbe mai avuto risposta a quelle domande. Edward morì dopo qualche mese, spegnendosi nel sonno.

Faye e Camilla si erano stabilite a Cottingdean e Sage si sentiva più estranea e indesiderata che mai. Fu contenta di andare all'università. Non le sarebbe importato di non tornare più a Cottingdean.

Malgrado ciò, portò Scott a Cottingdean... ma solo perché lui si era rivelato curioso, perché le aveva chiesto di mostrarle la casa.

Sage scelse deliberatamente un fine settimana in cui sapeva che la madre era in viaggio per affari, e solo dopo il loro arrivo aveva scoperto che, invece, Liz era tornata in anticipo.

Scott cadde subito vittima del fascino di sua madre, e lei fu gelosa del modo in cui i due erano andati subito d'accordo. Raccontò a Liz il meno possibile su di lui, lasciando che fosse Scott a parlare di suo padre e della loro vita in Australia.

«McLaren...» ripeté Liz, quando sentì il cognome di Scott.

«Sì, credo che i miei antenati fossero scozzesi.»

«Oh, sì, senza dubbio.»

Dopodiché, Liz virtualmente monopolizzò Scott, tanto che Sage non poté restare sola con lui neppure un momento. Era evidente che Liz aveva preso in simpatia Scott, anche troppo!

Eppure, fu proprio lei a telefonare a suo padre, e a mettere in moto gli avvenimenti che dovevano condurre alla loro separazione. Sage aveva odiato sua madre, quando lo aveva saputo.

Pensava che Liz avesse indotto il padre di Scott a separarli perché voleva per lei un matrimonio diverso, e giurò che mai, in nessun caso, avrebbe sposato un uomo scelto da sua madre. Quando l'accusò di aver messo fine deliberatamente alla sua storia con Scott, Liz non negò, disse solo che credeva di aver agito nel suo interesse.

«Sono una donna, non una bambina. E lo amo» protestò Sage.

«Ora lo ami, o almeno credi di amarlo» rispose sua madre, pallida e insolitamente tesa. «Ma non è l'uomo per te, Sage. Il matrimonio con te lo distruggerebbe» aggiunse crudelmente. «È questo che realmente vuoi? Scott ha bisogno di una donna più dolce, più tranquilla...»

«Come puoi sapere di che cosa ha bisogno? Non sai niente di lui!» gridò Sage.

«E tu sì? Sage, come sempre tu vedi solo quello che vuoi vedere. Hai bisogno di un uomo più forte per essere felice.»

«Per controllarmi, vorrai dire! Non ti perdonerò mai per quello che mi hai fatto, mai!»

Liz era di nuovo all'estero per affari al momento dell'incidente di Scott, ma fu subito evidente che gli si era affezionata. Benché sconvolta, Sage poté rendersene conto quando Liz le chiese che cosa era successo, e come stava Scott.

«Perché non chiami suo padre e glielo chiedi?» la sfidò lei, con amarezza. «Proprio come hai fatto per raccomandargli di trascinare Scott a casa. Come ci sei riuscita? Hai esercitato il tuo famoso fascino, o gli hai detto semplicemente che il figlio di un pecoraio non era abbastanza per una Danvers?»

«Non essere ridicola» rispose Liz, fredda, rifiutandosi di discutere l'argomento.

Eppure, dopo la partenza di Scott, quando Sage si rinchiuse nella sua camera all'ostello, senza mangiare, senza dormire, senza fare nient'altro che desiderare la sua presenza, fu Liz, avvertita da Daniel, che la portò a casa, a Cottingdean, e la tenne là fino a quando il suo orgoglio, offeso dalla consapevolezza che sua madre era testimone della sua debolezza, la costrinse a riprendere il controllo della propria vita, a costruirsi una maschera dietro cui celare la sofferenza.

Tornò all'università, decisa a riprendere gli studi, e ancora più decisa a fare in modo che nessuno, mai più, venisse a conoscenza della sua vulnerabilità e potesse in tal modo ferirla.

A quel tempo, Daniel aveva già lasciato l'università,

e Sage fu sollevata di non doverlo rivedere. Aveva respinto nell'angolo più oscuro della mente la scena del suo ultimo confronto con Daniel. Le ferite lasciatele da quell'episodio erano ancora troppo fresche per rischiare di riaprirle.

13

Daniel non vide Sage per diversi giorni dopo il loro ultimo, disastroso incontro, e fu una telefonata dall'ospedale a dargli sue notizie. Ascoltò il messaggio, afferrò la giacca e le chiavi e andò a prendere la macchina.

Provava compassione per lei e si chiese che genere di uomo fosse il padre di Scott per impedirle di passare quelle poche, ultime ore accanto a suo figlio. A quanto sapeva, lui era il solo che avesse intuito che era stata la lite provocata da Sage a causare l'incidente. Capiva che Lewis McLaren volesse portare il figlio a casa e che non gradisse che si fosse innamorato di una qualsiasi ragazza inglese, ma bandirla dal suo capezzale, specialmente quando stava per frapporre fra loro molte migliaia di chilometri, gli sembrava una crudeltà eccessiva.

La caposala che gli aveva telefonato gli aveva spiegato che Sage rifiutava di allontanarsi dall'ospedale e che continuava a pregare e supplicare perché le permettessero di vedere Scott, benché sapesse che era ancora in coma e che non l'avrebbe riconosciuta. Sapendo che lui era il migliore amico di Scott, speravano che riuscisse a farla ragionare.

A causa di un ingorgo stradale, Daniel arrivò all'ospedale più tardi del previsto, e si aspettava di scoprire che Sage se n'era andata, ma la capoinfermiera gli disse che era ancora in sala d'attesa.

«E Scott?»

La ragazza scosse la testa.

«È sempre in coma, anche se ha dato qualche segno di ripresa. Suo padre è impaziente di portarlo a casa. Ha perfino noleggiato un aereo attrezzato appositamente, e conta di partire domani.»

D'impulso, Daniel chiese: «Non c'è proprio alcuna possibilità che Sage possa vedere Scott, solo per pochi minuti? Dopotutto, se parte domani...».

«Be', sembra che il signor McLaren si sia ammorbidito» ammise la caposala. «Ha detto che può entrare per cinque minuti, ma alla presenza di un'infermiera. Potrebbe essere un'idea se l'accompagnasse anche lei.»

Daniel la ringraziò e andò in cerca di Sage nella minuscola, soffocante sala d'attesa arredata solo con qualche sedia e un tavolo carico di vecchie riviste. Quando entrò, Sage fissava la parete di fronte, con uno sguardo assente. Daniel sussultò. Non aveva mai visto un cambiamento così totale. Tutta la vita, tutto il colore sembravano scomparsi in lei. La sua sofferenza era tanto più sconvolgente in quanto non faceva alcuno sforzo per nasconderla.

Non stava piangendo, ma aveva gli occhi rossi, forse per la mancanza di sonno, e quando li fissò su di lui, Daniel vide che erano privi di combattività, privi di speranza... privi di tutto.

«Sage...»

«Daniel... che cosa ci fai qui?» La sua voce era lenta, pesante, apatica, priva di inflessioni, come se fosse sotto l'effetto di una droga.

«La caposala mi ha telefonato. Sono molto preoccupati per te.» Non ricevendo risposta, Daniel continuò: «Devi smetterla di comportarti così».

Dov'erano i suoi amici, la sua famiglia?, si stava chiedendo rabbiosamente. Sapevano che cosa le stava accadendo? Perché non facevano qualcosa per aiutarla? O non importava nulla a nessuno?

Si aspettava di vederla esplodere, aggredirlo, fisicamente o verbalmente, come aveva già fatto una volta, ma Sage si limitò a fissarlo con lo stesso sguardo vacuo, fino a quando lui disse quietamente: «Sembra che il padre di Scott abbia acconsentito a farti entrare per cinque minuti a salutarlo. Io devo venire con te. Ma Sage ...».

Lei non lo ascoltava più. Era balzata in piedi, con il viso trasformato da una felicità così grande, così luminosa che quasi lo spaventò. L'afferrò mentre raggiungeva la porta, trasalendo nel sentire la fragilità del suo braccio.

«Niente scene, Sage» l'avvertì. «Scott è molto grave. È ancora in coma, non ti riconoscerà. Sai che parte per l'Australia domani?»

Sage annuì.

«Non farà alcuna differenza. Io lo amo e lui mi ama. Quando starà meglio, tornerà da me, vedrai...»

Scott era in una camera privata. Un'infermiera era già nella stanza quando Daniel aprì la porta e fece entrare Sage. La sentì rabbrividire, mentre guardava il letto. Scott, ancora privo di conoscenza, era collegato a una serie di macchinari e di monitor.

«Il padre di Scott ha detto che puoi restare per cinque minuti, Sage» le ricordò Daniel, ma lei non diede alcun segno di averlo sentito.

Tutta la sua attenzione era concentrata su Scott, la sua espressione era un misto di angoscia e di tenerezza quasi materna.

«Come sta?» chiese all'infermiera, senza distogliere lo sguardo da lui.

«È ancora molto grave.»

«Ma... migliorerà?»

«È troppo presto per dirlo. Ma è giovane e forte. Abbiamo avuto pazienti in condizioni anche peggiori, e che si sono ripresi in modo sorprendente.»

Accanto al letto c'era una sedia. Daniel vi accompagnò Sage e lei sedette, tremando visibilmente. Tese una mano e lisciò la coperta immacolata, e quel gesto così timido e semplice, gli fece salire un nodo alla gola.

Avrebbe voluto prenderla fra le braccia e tenerla stretta, darle tutto l'amore, tutta la sicurezza di cui lei aveva bisogno, perché riconosceva in Sage la stessa vulnerabilità, la stessa solitudine che lo avevano perseguitato così a lungo.

Ma perché provava quei sentimenti? Appartenevano a due mondi del tutto diversi. L'infanzia di Sage era stata completamente differente dalla sua. Non c'era stato un John Ryan nella sua vita, né cugini prepotenti, né minacce, e tantomeno la sensazione di essere un estraneo, di essere diverso.

Sage teneva la testa china. La vivacità radiosa che aveva costituito il suo fascino era svanita, eppure lui la trovava quasi desiderabile quanto prima, anche se ora il desiderio era temperato dalla compassione.

Si rese conto che stava piangendo quando vide le lacrime che le cadevano silenziosamente sulle mani.

L'infermiera tossì con discrezione e guardò l'orologio. Daniel toccò leggermente la spalla di Sage, ma prima che potesse parlare lei scivolò in ginocchio accanto al letto e sussurrò in tono di supplica: «Scott, ti prego... ti prego, guarisci... ho tanto bisogno di te. Non devi lasciarmi. Non posso vivere senza di te. Scott... Scott».

L'infermiera si avvicinò al letto e Daniel, prevedendo la sua prossima mossa, sollevò Sage, dicendole quietamente: «Basta così... È ora di andare...».

Sage uscì a testa bassa, cercando di nascondere le lacrime. C'era una figura in piedi fra le ombre del corridoio e Daniel strinse le labbra, riconoscendo il padre di Scott. Che cosa voleva? Controllare che Sage non si fermasse più dei cinque minuti consentiti? Poteva capire la sofferenza di Lewis McLaren, ma non gli avrebbe permesso di sfogarla su Sage, pensò, benché non avesse idea del perché provasse quell'improvviso bisogno di proteggerla.

Sage sembrava così disfatta che Daniel quasi si aspettava che svenisse prima di raggiungere la macchina. Dovette allacciarle la cintura di sicurezza.

La portò a casa sua, come la sera dell'incidente, non sapendo che altro fare per lei.

Sage si lasciò condurre nella camera di Scott, ma la sua apatia preoccupò tanto Daniel che finì per telefonare al proprio medico per chiedergli di andare a vederla.

Il medico ascoltò la storia dell'incidente, espresse l'opinione che Sage fosse ancora traumatizzata e le somministrò un forte sedativo.

Il farmaco sortì l'effetto voluto. Quando il jet privato che Lewis McLaren aveva noleggiato decollò con i suoi passeggeri, Sage dormiva profondamente.

Fu solo verso la mezzanotte del giorno seguente che Daniel, che era andato a vederla ogni paio d'ore, la trovò sveglia.

«Che giorno è?» gli chiese.

Lui si era aspettato che gli chiedesse piuttosto che cosa ci facesse in casa sua, d'altra parte capì la ragione della domanda.

«È troppo tardi, Sage. È partito alle nove di stasera.»

Forse era crudele dirglielo in quel modo, ma prima o poi doveva accettare il fatto che Scott se n'era andato.

«Stavo giusto per mangiare qualcosa» mentì in tono casuale. «Mi fai compagnia?» Vide Sage scuotere la testa, ma continuò, come se non l'avesse notato: «È solo un'omelette, ma te ne porterò un po'».

Sage aveva voltato il viso dall'altra parte e Daniel era certo che stesse piangendo. Soffocando un sospiro, andò in cucina a preparare un'omelette che nessuno dei due avrebbe mangiato. Ne mise metà su un vassoio, vi aggiunse un bicchiere di latte e si accinse a tornare in camera. In soggiorno, si fermò bruscamente.

Sage era in piedi nell'ombra, e benché la stanza fosse illuminata solo dalla lampada che usava per leggere, la luce era sufficiente per vedere che aveva indossato il suo accappatoio senza allacciarlo, e che sotto era nuda. I capelli bagnati cominciavano ad arricciarsi. Piccole gocce d'acqua stillavano dalle estremità delle ciocche, raccogliendosi alla base della gola, scivolandole fra i seni e sull'addome, per perdersi fra la peluria dell'inguine...

Fu sommerso da un'ondata di desiderio che cancellò ogni cosa, tranne il bisogno di scoprire se l'areola che le circondava i capezzoli fosse rosea come aveva immaginato, se i capezzoli stessi fossero così turgidi da trapelare sotto l'accappatoio, o se lo stesse solo sognando. Voleva prenderla fra le braccia e dimostrarle l'effetto che aveva su di lui, esplorare i più intimi segreti del suo corpo, sentirla tremare di un desiderio esplosivo quanto il suo.

Tutte pure fantasie, naturalmente. Non sapeva la ragione per la quale Sage fosse là, ma certo non era perché volesse fare l'amore con lui... Eppure, quando Daniel depose il vassoio e fece per parlare, lei si fece scivolare l'accappatoio dalle spalle e si avvicinò lentamente, con gli occhi fissi sul suo viso.

«Sage...»

Lei premette il corpo contro il suo, allacciandogli le braccia al collo, e poi gli sussurrò all'orecchio: «Facciamo l'amore, Daniel. Ti prego. Ne ho tanto bisogno...».

Lui dimenticò tutti i buoni propositi per ricordare solo quante notti se ne era rimasto disteso nel letto, solo, sognando che andasse da lui così, desiderandola con tanta intensità da non volerlo ammettere neppure con se stesso.

La strinse a sé, scoprendo che stava tremando come un ragazzino alla sua prima esperienza... La accarezzò dapprima leggermente, come per accertarsi che non fosse un frutto della sua immaginazione, poi con crescente intensità, ma lei rimase immobile, passiva sotto le sue mani, come se aspettasse che fosse lui a darle vita.

Fu con la gola stretta in un nodo d'emozione che Daniel si chinò a baciarla sulla bocca. Per quella che gli sembrava un'eternità si era chiesto che cosa avrebbe provato baciandola, che sensazione gli avrebbero dato quelle labbra piene, sensuali... Ma, bruscamente, Sage voltò la testa, irrigidendosi.

Daniel rimase sconcertato. Di solito, le donne desideravano essere baciate, accarezzate, amavano tutti i piccoli preliminari, e anche lui ne godeva quasi quanto dell'atto fisico del possesso. E non aveva mai desiderato una donna come desiderava Sage in quel momento.

Tentò ancora di baciarla, ma stavolta le prese il viso fra le mani, per impedirle di voltare la testa mentre esplorava la curva morbida delle sue labbra. Le sentì tremare sotto le sue, e dominò a stento il selvaggio istinto di trascinarla sul tappeto e imprimere su di lei il marchio del suo possesso in modo così assoluto che nessun altro uomo sarebbe mai stato capace di cancellare il suo ricordo. Ma quell'istinto primordiale si scontrò con il suo bisogno di dimostrarle non soltanto la sua passione, ma anche la sua tenerezza.

Tracciò la linea della bocca di lei con la lingua, e tentò di farla scivolare fra le labbra chiuse, ma lei glielo impedì. Tremava contro di lui come se avesse paura.

Ma era lui, piuttosto, ad avere paura. Paura di non essere all'altezza dei suoi amanti passati, che Sage cambiasse idea, che lo usasse come un sostituto di Scott...

Respinse con decisione quei pensieri, sussurrandole parole piene di desiderio, accarezzandola con intensità crescente. Cominciò a spogliarsi, febbrilmente, quasi strappandosi di dosso gli indumenti, nell'ansia di non perderla, di non lasciarsela scivolare fra le dita. Ignorò il messaggio del proprio cervello che c'era qualcosa di sbagliato, che Sage era troppo passiva, troppo tesa, che non condivideva il suo desiderio. Non voleva ascoltare quegli avvertimenti razionali. Voleva...

D'impulso, la sollevò fra le braccia e fece per dirigersi alla porta.

«No...»

La voce di Sage, sorprendentemente forte, dura, lo fermò.

«Voglio solo portarti in camera» le sussurrò. «Staremo più comodi nel mio letto.»

«No» ripeté lei. «No, non in camera tua. Qui... ora...»

Daniel la fissò perplesso, mentre la deponeva lentamente a terra. Che strana ragazza. L'avrebbe accontentata, certo. Ma più tardi, quando fosse stata meno tesa, più a suo agio con lui, l'avrebbe portata di sopra...

Sorrise fra sé, anticipando il piacere che avrebbero condiviso. Le scostò i capelli dal viso e fece scorrere le labbra dischiuse sulla pelle, assaporandone ogni lembo. Quando le mordicchiò il lobo dell'orecchio, lei sussultò, come se nessuno l'avesse mai toccata in quel modo.

«No, basta» gridò quasi. «Ora... voglio che tu lo faccia ora.»

Daniel la guardò, sempre più perplesso. Non si era reso conto che fosse già così eccitata.

«Tu mi vuoi, vero?» chiese Sage, fissandolo intensamente. «Perché se non mi vuoi...»

Lui sorrise fra sé. Sarebbe stato difficile negare che la desiderava, quando era così evidente...

Fu allora che commise l'errore più grave. Invece di ascoltare la voce interna che lo avvertiva che tutto non era come appariva... come lui voleva che fosse... accettò le parole di lei per quello che sembravano.

Cercò di dirsi che non era deluso che Sage non volesse i lunghi, lenti preliminari che aveva sognato di darle, che, apparentemente, domandasse solo di essere posseduta da lui. Si sforzò perfino di dirsi che non era deluso neppure dal fatto che lei si rifiutasse di baciarlo, di toccarlo, che l'atteggiamento di Sage lo riducesse, ai suoi stessi occhi, al livello di uno stallone. Tentò di illudersi, mentre la stendeva sul tappeto e copriva il suo corpo con il proprio, che Sage voleva la loro unione quanto la desiderava lui stesso.

Rimase perplesso di fronte alla tensione del suo corpo, di fronte al suo rifiuto di fare qualsiasi cosa per agevolarlo, d'altra parte era così accecato dal proprio desiderio, così convinto che lei lo condividesse, che dovesse condividerlo, se era andata da lui così, chiedendogli di fare l'amore, che l'evidenza della verità non lo sfiorò fino a quando non cercò di penetrare in lei. Solo allora, quando la sentì ritrarsi istintivamente, comprese quello che avrebbe dovuto capire fin dal momento in cui gli aveva detto: «Basta... Voglio che tu lo faccia ora...».

Non aveva pronunciato quelle parole perché era pronta per lui, riconobbe rabbiosamente. Le aveva dette come una bambina che si preparava a inghiottire una medicina amara. E la ragione per cui non aveva fatto nulla per aiutarlo non era per acuire il suo desiderio fino alla frenesia, ma semplicemente perché non sapeva che cosa fare.

«Sei vergine...»

Non si rese conto di aver parlato ad alta voce fino a quando Sage non si allontanò da lui, stringendosi le ginocchia sotto il mento e, guardandolo con ostilità chiese, aggressiva: «E allora?».

Lui la fissava sbalordito. Era vergine... la donna su cui aveva fantasticato per mesi, la donna che nella sua stupidità aveva immaginato possedesse tutta l'esperienza sessuale possibile... era, invece, così totalmente inesperta.

Si sentì ribollire di rabbia. Rabbia contro se stesso, contro Scott, e più di tutto verso di lei. A che gioco stava giocando? Perché...?

«Tu non fai l'amore con le vergini? È questo che stai cercando di dirmi?»

Daniel reagì d'istinto al suo tono di sfida.

«Proprio così» rispose, acido. «Per prima cosa, quando faccio l'amore con una donna, è una *donna* che voglio, non una bambina spaventata. Una donna che possa darmi tanto piacere quanto io ne do a lei, non una bambina che si irrigidisce e dice: "No". E in secondo luogo...» Daniel si interruppe, sapendo di essere eccessivamente brutale, d'altra parte trascinato da qualcosa che non poteva controllare, e che rifiutava di riconoscere come pura e semplice frustrazione. «In secondo luogo, non credo che tu usi dei contraccettivi, e io non voglio correre rischi. Non hai un po' di buonsenso?» L'afferrò, tirandola in ginocchio e scuotendola furiosamente. «O è proprio questo che volevi?» chiese, sempre più infuriato. «Speravi di rimanere incinta? Era questo che volevi da me, Sage? Un figlio... un sostituto di Scott? Perché sono maledettamente sicuro che non vuoi me, come uomo. Mio Dio, non sapresti neppure che cosa fare con un vero uomo. Tutte quelle scene per Scott... Perché non hai fatto l'amore con lui?»

«Be', di certo non è stato perché ha scoperto che ero vergine...»

Le parole erano sarcastiche, ma la voce tremava e gli

occhi erano pieni di lacrime. Ora, quando era ormai troppo tardi, Daniel capì che cosa aveva fatto, e desiderò disperatamente di poter ritirare le proprie parole crudeli.

Mentre Sage si rimetteva faticosamente in piedi, cercò di aiutarla, ma lei si divincolò, afferrando l'accappatoio e stringendoselo addosso.

«Scott mi amava. Mi rispettava. Voleva... voleva che aspettassimo... finché le nostre famiglie... Lui *mi amava...*»

La voce di Sage era quasi un sussurro, e Daniel, notando l'uso del tempo passato e riconoscendo i dubbi che la tormentavano, si sentì stringere il cuore per lei.

Buon Dio, se solo fosse stato capace di vedere al di là dei propri bisogni... e non avesse permesso che il desiderio fisico sopraffacesse la sua razionalità... Se solo avesse ascoltato, aspettato, indagato...

«Perché sei venuta da me?» le domandò, in tono grave.

«Perché?» La faccia di Sage era una maschera di odio e di amarezza. «Perché? C'è bisogno di chiederlo? Ho perduto Scott. È il solo che potrò mai amare, e tu hai ragione su una cosa... l'incidente l'ho provocato io. Potevo ucciderlo... Dopo, ho pregato per la sua salvezza. Ho promesso che avrei fatto qualunque cosa, pagato qualunque prezzo perché vivesse. Non sapevo che il prezzo sarebbe stato tanto alto, vale a dire rinunciare a lui. Non capisci?» gridò disperatamente. «Volevo punirmi, ed è per questo che sono venuta da te, perché sapevo che non poteva esserci maggiore degradazione, maggiore umiliazione e sofferenza che dare a te quello che volevo donare a Scott. Ecco perché...»

Cominciò a ridere. Una risata che giunse aspra, dolorosa alle orecchie di Daniel, mentre cercava di assimilare il significato delle sue parole. Al di là dell'offesa, dell'orgoglio maschile ferito, percepiva l'odio che Sage riversava su di lui. In quel momento, sentì che se l'avesse toccata l'avrebbe distrutta, e perciò si allontanò da lei, per non vedere l'espressione selvaggia del suo viso, per non riconoscere in quell'espressione la falsa promessa della passione che si era illuso di vedervi poco prima.

«Daniel!»

La sentì chiamare il suo nome, e sussultò dolorosamente. C'era tanta incertezza nella sua voce, tanto bisogno di affetto... era la voce di una bambina confusa dall'intensità delle proprie emozioni, che cercava piangendo conforto e rassicurazione. Ma Daniel si rifiutò di lasciarsi intenerire.

Tenendole le spalle voltate, disse, gelido: «Qualunque cosa tu intenda dirmi, non voglio sentirla. Ti compiango, Sage. Immagino che tu pensi che dovrei esserti grato per il dono... no, per il sacrificio del tuo corpo. Ma non voglio accettarlo. Puoi fermarti qui per il resto della notte, ma domattina voglio che tu te ne vada».

«Daniel, ti prego...»

«No, Sage. Qualunque cosa tu voglia, non posso dartela, né sessualmente, né in alcun altro modo. Tu sei un guaio con la G maiuscola, e se vuoi la mia opinione, Scott ha avuto fortuna a sfuggirti. Distruggerai qualunque uomo ti capiterà tra le grinfie. Sei giusto il tipo.»

«Ma tu mi volevi...»

«No. Volevo usare il tuo corpo» mentì lui brutalmente. «Non volevo te, Sage. Ora torna a letto.»

Inaspettatamente, lei ubbidì. Ma il mattino dopo era scomparsa, e non solo da casa di Daniel, ma anche dal campus. Gli ci vollero parecchi giorni per scoprire che si era semplicemente chiusa in camera sua. Dopo una lunga notte insonne, Daniel telefonò a Cottingdean, e poco dopo apprese che sua madre era andata a prenderla e l'aveva portata a casa con sé.

Lui cercò di sopprimere il senso di colpa immergendosi nel lavoro, ma il rimorso rimase a tormentarlo.

E lo tormentava ancora oggi, riconobbe Daniel, amaramente.

14

Daniel aveva tutto il tempo per prepararsi al suo incontro con Sage e per arrivare a Cottingdean, eppure scoprì che stava deliberatamente indugiando, come se cercasse di tardare... Di tardare al punto che Sage si stancasse di aspettarlo e annullasse l'appuntamento?

Se avesse saputo, se avesse avuto la più pallida idea che lei sarebbe entrata in quella storia, avrebbe trovato qualcun altro per rappresentare la società. Dale Hughes, il direttore delle pubbliche relazioni, per esempio. O Matthew Petrie, il suo vice. Non c'era alcuna ragione perché lui fosse coinvolto personalmente. Eppure, quando aveva letto il nome di Cottingdean nel progetto, si era detto che la sua ragione per andare a dare un'occhiata al villaggio, molto prima che la notizia della nuova strada giungesse al pubblico, era puramente professionale.

Era stato sorpreso di scoprire che il villaggio conservava molte delle sue caratteristiche originarie, benché fosse evidentemente prospero, poiché le lane prodotte nella sua fabbrica trovavano mercati in tutto il mondo, o almeno in quelle parti dove c'erano persone abbastanza ricche e sofisticate da apprezzarne la qualità.

Per la donna che era stata l'artefice di tutto quello, non aveva sentito altro che lodi. Per la figlia... Era rimasto sorpreso di come gli abitanti locali sapessero ben poco di Sage, in molti casi assai meno di lui. Ma già, per certi versi Londra era una città pettegola, in cui si sapeva tutto di tutti, e specialmente di coloro che vivevano una vita movimentata come Sage.

D'altra parte era pure vero che i racconti della sua vita disordinata, dei suoi amanti, della sua imprevedibilità, erano andati diminuendo con gli anni, di pari passo con la crescita della sua reputazione come pittrice. Daniel aveva visto uno dei suoi murales l'estate precedente, in casa di amici che avevano una villa a Ibiza. Era rimasto sbalordito dalla sua creatività. Giudicandola unicamente dal suo lavoro, l'avrebbe definita una persona che aveva intuito, comprensione e profondità di sentimenti. E non aveva potuto fare a meno di pensare quanto gli sarebbe piaciuto commissionarle un lavoro per sé...

Le più recenti notizie di stampa dicevano che l'ultimo corteggiatore di Sage era un greco-australiano che l'aveva seguita fino a Londra. Chiunque fosse, non sembrava presente nella sua vita, al momento.

Spesso Daniel si chiedeva come sarebbe stata diversa la vita di entrambi se *quella* sera lui avesse ceduto al proprio desiderio... se fosse andato avanti e avesse fatto l'amore con lei, se fosse stato il suo primo uomo... se l'avesse forse resa madre di un figlio suo.

Sorrise ironicamente di se stesso mentre raccoglieva le sue carte e usciva dall'appartamento. A quel tempo, l'ultima cosa che voleva era un figlio, da qualunque donna. Quindi, perché ora doveva immaginare con tanta precisione il figlio che avrebbe potuto avere con Sage?

Salendo in macchina, si disse che doveva sbrigarsi, se non voleva arrivare davvero in ritardo. Se avesse saputo prima che quella storia lo avrebbe portato ad affrontare Sage faccia a faccia, avrebbe mosso cielo e terra per evitarlo.

Il guaio era che la voleva ancora...

Fu quasi sul punto di tornare indietro, prendere il telefono e dirle che l'incontro era annullato, ma sapeva che non l'avrebbe mai fatto. Ciò che lo spingeva era più forte della logica.

Imprecò fra i denti. Aveva trentasette anni, e solo pensare a Sage lo faceva sentire come un ragazzino inesperto di diciassette. Lui, che era così difficile nella scelta delle sue donne, che aveva bisogno di stabilire con loro un rapporto che andasse al di là della reciproca attrazione fisica, che non aveva mai apprezzato il sesso unicamente fine a se stesso... che non aveva mai invitato una delle sue amanti ad andare a vivere con lui...

Una delle sue amanti... Negli ultimi tempi, non ce n'era stata nessuna. Era uscito con diverse donne e aveva goduto della loro compagnia, ma senza mai andare oltre. Helen Ordman gli aveva fatto intendere con discrezione che le sarebbe piaciuto portare il loro rapporto d'affari su un altro piano, ma per quanto ammirasse il suo acume, non provava per lei alcun vero desiderio. Era dunque vero che il prezzo del successo, nella stressante vita della metropoli londinese, era la perdita d'interesse per il sesso?

Non doveva fare altro che pensare a Sage per sapere che non era così... e stava scoprendo che pensava a lei sempre più spesso.

Era rimasto sorpreso che si interessasse al problema della strada. Era, per natura, un'individualista, e niente di quello che sapeva di lei gli avrebbe mai fatto pensare che sarebbe stata così disponibile a prendere il posto di sua madre. Era qualcosa che lo turbava. Eppure, perché non poteva essere cambiata, maturata? A lui era successo, no?

Non aveva mai realmente superato il rimorso per il modo in cui l'aveva trattata quella notte, non si era mai perdonato di non aver gestito la situazione con maggiore sensibilità, non aveva mai smesso di rimpiangere che le cose non fossero andate diversamente. Se fosse stato più maturo, avrebbe trovato un modo per aiutare Sage, per farle superare il trauma della perdita di Scott, per stabilire con lei un rapporto di amicizia e di fiducia. Quella notte, quando gli aveva così chiaramente manifestato il suo odio e il suo disprezzo, lui era stato troppo sconcertato per reagire razionalmente, per chiedersi perché nutrisse nei suoi confronti dei sentimenti così violenti e intensi, per chiedersi se forse aveva avuto ragione fin dall'inizio pensando che Sage lo desiderasse... un desiderio riluttante e in parte inconscio, un desiderio che la spaventava e la infuriava, forse, ma che *era* pur sempre desiderio.

Le otto e mezzo. Sage era sul punto di cadere in preda al panico. Non esteriormente. Da molto tempo aveva imparato a controllare ogni segno visibile dei suoi sentimenti, ma, dentro, aveva lo stomaco contratto e i muscoli tesi.

E se Daniel avesse rifiutato di cedere alle sue minacce? E se anche avesse ceduto, che beneficio ne sarebbe derivato? Il governo avrebbe dovuto contattare un'altra ditta di costruzioni, ma la strada sarebbe stata completata in ogni caso. Ma se il suo piano fosse riuscito e Daniel avesse rinunciato al contratto, almeno avrebbero guadagnato tempo. Forse il tempo sufficiente perché sua madre guarisse...

Se mai sarebbe guarita, si corresse Sage con un brivido. Il medico era stato brutalmente esplicito nel descriverle le sue condizioni. Era necessario un intervento chirurgico per rimuovere l'ematoma cerebrale, ma bisognava aspettare fino a quando l'organismo di Liz avesse superato il trauma dell'incidente. Era una scelta di tempo estremamente delicata, che poteva significare la vita o la morte per sua madre. Rabbrividì di nuovo, chiedendosi se Liz sapesse quanto fosse importante per lei la sua guarigione. Non si trattava solo di senso di colpa, di rimorso, e neppure d'amore. Era l'esigenza di sapere di più della donna che aveva cominciato a conoscere attraverso i diari, di parlare con lei, di rivelarle quanto l'ammirasse, quanto desiderasse la sua amicizia.

Aveva chiesto a Jenny di aprire la porta, all'arrivo di Daniel, augurandosi che quello sfoggio di formalità riuscisse ad assicurarle un vantaggio in più. Era precisamente la ragione per cui aveva invitato Daniel a Cottingdean invece di incontrarlo su un terreno neutrale, pensò, sentendo fermarsi la macchina.

Daniel aveva una reputazione solidissima nella City, e non solo come uomo d'affari intelligente e acuto, ma anche per la sua moralità ineccepibile. Ebbene, perché doveva esserne sorpresa? Quella notte, quando l'aveva respinta, quando l'aveva umiliata così profondamente, aveva intravisto la sua forza di volontà e la sua dirittura morale. Era pressoché sicura che Daniel l'aveva desiderata per tutto il tempo in cui lei e Scott lo avevano frequentato, certa che l'avrebbe presa... certa che, se lo avesse fatto, sarebbe riuscita in qualche modo a smarrire se stessa e la propria angoscia nella reciproca passione. Che cosa aveva voluto? Bruciare il suo amore senza speranza per Scott nel fuoco del desiderio di Daniel?

Il rumore di una portiera che si chiudeva la riportò bruscamente alla realtà. Si affrettò verso la porta dello studio, ma non poté fare a meno di fermarsi un momento davanti allo specchio antico dalla cornice dorata, che era stato uno dei più fortunati acquisti di sua madre.

Si chiese che cosa avrebbe visto Daniel, guardandola. Avrebbe ricordato, ammirando la sua bocca perfettamente disegnata dal rossetto di un rosa discreto, le labbra gonfie e tremanti della ragazza che aveva chiamato il suo nome in un momento di angoscia mortale? Avrebbe scrutato nei suoi occhi verdi, truccati alla perfezione, alla ricerca della sofferenza di quella notte? Avrebbe visto i capelli lisci, accuratamente stirati, o la massa di riccioli arruffati attorno al suo viso rigato di lacrime?

Era già stato duro sapere che Scott non era dominato dal suo stesso, prepotente desiderio di averla, convincersi che aveva ragione, quando affermava che, aspettando, le dimostrava il suo amore e il suo rispetto. Ma quando Daniel l'aveva respinta... quando le aveva detto esplicitamente e brutalmente che non la voleva, allora aveva sofferto come non aveva mai sofferto prima. Aveva dubitato di se stessa e della propria femminilità, della propria capacità di suscitare desiderio.

Il suo visitatore bussò alla porta d'ingresso. Sage si

allontanò in fretta dallo specchio e corse nello studio, lanciando un'occhiata attorno per assicurarsi che tutto fosse pronto. Jenny aveva acceso il fuoco, dando alla stanza un alone di intimità che avrebbe dovuto indurre Daniel ad abbassare la guardia.

Sage sentì dei passi nell'ingresso... delle voci... quella di Jenny acuta e allegra, e poi quella di Daniel profonda e sommessa.

Si irrigidì quando Jenny bussò alla porta dello studio. Si sentiva come una bambina terrorizzata, e non era certo quella l'impressione che voleva dare. Daniel doveva vedere in lei una donna sicura, sofisticata. Aveva indossato un abito che detestava, un completo dal taglio maschile che di solito usava per gli incontri con i clienti che non gradiva, perché le dava un'immagine strettamente professionale.

Aveva cercato di convincersi che era più che pronta a confrontarsi con Daniel, che superato il trauma di averlo rincontrato all'improvviso la sera della riunione sarebbe stata finalmente libera dal passato... ma quando lo vide entrare nello studio seppe che si era fatta delle false illusioni.

Appena lui si avvicinò, cercò qualche traccia di grigio nei suoi capelli, ma non ne trovò. Era maturato, ma non era cambiato poi di molto. Ed era abbronzato come se passasse ancora molto tempo all'aperto, accanto ai suoi operai. Sage ricordò quanto Scott lo avesse ammirato per quello, come le avesse elencato le virtù del suo amico.

Scott... Che cosa faceva, ora? Pensava mai a lei? Sage sapeva che si era sposato. Qualcuno si era preso il disturbo di mandarle, anonimamente, la copia di una rivista australiana che descriveva il suo matrimonio con la figlia di un industriale.

Era accaduto sei anni prima, e certo nelle foto Scott sembrava felice. Le lettere che lei gli aveva scritto nei primi momenti di disperazione le erano state rispedite, ancora chiuse, alle sue telefonate era stato risposto semplicemente che il signor Scott McLaren non voleva parlarle. Solo una volta aveva ricevuto un biglietto dal padre di Scott, che le diceva che il figlio si stava riprendendo e che non voleva avere più niente a che fare con lei.

Gli anni fra l'incidente di Scott e il suo matrimonio erano un periodo che Sage preferiva non ricordare. Anni in cui si era gettata a capofitto nella vita, rimanendo scottata più volte. Il sesso era stato la panacea che aveva usato, o cercato di usare, per cancellare il passato... fino al mattino in cui si era svegliata e si era resa conto che avrebbe di gran lunga preferito dormire sola, anziché con l'uomo che aveva accanto. Che il sesso, come ogni altro falso rimedio, funzionava solo finché ci si credeva. Di per sé, per quanto fosse fisicamente piacevole, non dava più di tanto, e in ultima analisi era un modo per punirsi, per farsi del male.

Ormai, era qualcosa che apparteneva al passato. I giornali scandalistici continuavano ad attribuirle amanti a destra e a manca, ma in realtà negli ultimi due anni non c'era stato nessuno, e anche prima erano stati molto meno di quanto il mondo credesse.

Però quegli uomini l'avevano desiderata, alcuni fino alla follia... diversamente da quello che aveva di fronte, si disse Sage, guardando Daniel avvicinarsi.

«Daniel... Sei stato gentile a venire con un preavviso così breve» gli disse col sorriso distante, professionale, che usava con i clienti che osavano presumere di potersi prendere delle libertà con lei.

«Se ben ricordo, non ho avuto molta scelta.»

Daniel era rimasto piuttosto sconcertato quando era entrato nella stanza e l'aveva vista con quel completo dal taglio mascolino. D'altra parte, doveva ammettere che, anche ai vecchi tempi, non avrebbe mai potuto accusarla di essere deliberatamente provocante nel suo modo di vestire. Non ne aveva mai avuto bisogno.

Si chiese se fosse vero quello che si diceva in giro, che si fosse virtualmente data al nubilato. Un bel giro di boa, dopo gli anni in cui aveva cambiato gli amanti dalla sera al mattino. Ma del resto Sage aveva sempre avuto un inaspettato fondo di purezza.

Daniel ricordò la lavata di capo che lei aveva dato a

Scott quando lui aveva proposto di provare qualcuna delle droghe tanto di moda fra gli studenti. In quell'occasione, lui aveva pensato che sarebbe potuta diventare una donna dal carattere forte e deciso. E se era passata al nubilato... be', non c'era dubbio che si fosse data abbastanza da fare in precedenza.

«Hai detto che c'era qualcosa che volevi discutere con me» le ricordò, mentre Sage gli accennava di sedersi in poltrona. «Qualcosa di troppo urgente per aspettare.»

«Sì. Ho chiesto a Jenny di preparare il tè, ma se preferisci il caffè...»

Ai vecchi tempi, Daniel beveva solo caffè.

«Il tè va benissimo. Come tutti, probabilmente sono diventato troppo attento alla dieta, negli ultimi tempi. La minaccia di avvelenarmi con la caffeina mi ha indotto a passare al tè.»

Sage sorrise, ironica.

«Cielo, come siamo caduti in basso. Il duro uomo del Galles ha paura di bere una tazza di caffè di troppo?»

Daniel rifiutò di cogliere la provocazione e si limitò a osservare, con falsa bonomia: «Oh, penso che ci preoccupiamo tutti anche troppo per la salute, ai nostri giorni, non credi?».

Lei rimase impassibile. Con gli anni, era riuscita a controllare il rossore che un tempo le saliva al viso tanto facilmente, e ora la collera o il divertimento si manifestavano solo con un breve scintillio degli occhi verdi.

«Immagino che tu sappia che sono stata costretta a prendere il posto di mia madre nel comitato da un momento all'altro» gli disse, cambiando argomento. «Sulle prime, non ho avuto modo di fare molte ricerche...»

«A proposito, come sta tua madre?» la interruppe lui.

«Tiene duro» rispose Sage, come rispondeva a tutti quelli che le ponevano quella domanda.

«Spero che migliori presto. È una donna straordinaria.»

Sage gli lanciò un'occhiata sorpresa.

«Non sapevo che conoscessi mia madre.»

Rimpianse subito quell'osservazione. Non doveva abbassare la guardia per nessun motivo, doveva continuare a comportarsi come la donna sicura e sofisticata che voleva fargli credere di essere.

«Be', non posso dire di conoscerla. Ho il sospetto che pochi possano affermarlo. Nell'unica occasione in cui ci siamo incontrati, mi ha dato l'impressione di una personalità molto complessa.» Nonostante i suoi buoni propositi, Sage lo guardò quasi a bocca aperta per la meraviglia, e lui continuò: «Ho conosciuto tua madre quando è stato reso pubblico il progetto della strada. È intervenuta alla presentazione iniziale, e c'ero anch'io».

Quello che non le disse, fu che Liz lo aveva deliberatamente preso da parte, non perché fosse il presidente della società costruttrice, ma perché aveva riconosciuto il suo nome come quello del giovanotto gentile che aveva telefonato per avvertirla delle condizioni di Sage e, in seguito, per informarsi su come stava, nei lunghi, oscuri mesi dopo la partenza di Scott.

Sage era irritata con se stessa. Ma certo! Come aveva fatto a non pensare che Daniel avesse conosciuto sua madre nella sua qualità di presidente del comitato di protesta?

«Sì... temo di aver dimenticato per un attimo che personaggio importante tu sia diventato» rispose, dura. «Presidente di una società per azioni e direttore di una più piccola...»

«Mmm...» convenne Daniel.

Non sapeva bene dove volesse andare a parare, ma aveva la sensazione che stesse per rivelargli la ragione di quell'incontro.

«Allora, non neghi di essere direttore della *Hever Homes*?»

Daniel la guardò, poi si strinse nelle spalle.

«C'è qualche ragione per cui dovrei negarlo?»

«Non lo so» rispose Sage con aria ingannevolmente innocente.

Daniel era affascinato dal modo in cui i suoi stati d'animo si riflettevano nelle profondità degli occhi verdi. Per quanto ci provasse, non sarebbe mai stata capace di nascondere del tutto i propri sentimenti... almeno con quelli che la conoscevano bene.

Lo colpì il pensiero che *lui* la conosceva anche troppo intimamente, per essere uno che l'aveva esclusa del tutto dalla propria vita quindici anni prima. Si chiese anche come fosse possibile che, dopo aver avuto innumerevoli amanti, potesse avere ancora un'aria così fragile, così vulnerabile. Non gli era sfuggito il modo in cui aveva sussultato, quasi indietreggiato, al suo entrare nella stanza, come se si fosse sentita minacciata, indifesa. Era un miscuglio di contraddizioni, una bambina nascosta dietro la maschera della donna sofisticata. Una donna avida che amava il sesso per il sesso, a quanto si diceva, eppure, nello stesso tempo, una donna che si sottraeva al tocco di un uomo con l'istintiva ritrosia di una vergine.

Furono interrotti brevemente quando Jenny entrò con il vassoio del tè, ritirandosi subito dopo.

Sage versò il tè per Daniel con la consueta grazia di movimenti. Eppure ci fu un momento in cui ebbe un'esitazione, un'incertezza che lo spinse a tendere istintivamente la mano per aiutarla a reggere la teiera.

«Non toccarmi...» sussurrò lei.

Per un momento, i loro occhi si incontrarono, e Daniel seppe che ricordava perfettamente, come lui, il tempo in cui gli aveva chiesto proprio il contrario.

«Che cosa volevi dirmi, Sage?»

«Questo» cominciò lei, deponendo la teiera.

Non osò prendere la tazza e porgergliela, perciò si limitò a indicargliela, sforzandosi di conservare, almeno in apparenza, il controllo della situazione. «Si dà il caso che abbia scoperto che tu, tramite la tua società, la *Hever Homes*, hai acquistato la *Old Hall* e il relativo terreno, senza dubbio con l'intenzione di trasformarla in un quartiere residenziale. Hai comprato la terra prima che la costruzione della nuova strada fosse resa pubblica. Perciò, l'hai fatto sulla base di informazioni privilegiate, non è così? Mi chiedo che impressione farebbe sull'opinione pubblica se i giornali pubblicassero la notizia che uno stimato uomo d'affari ha usato quelle informazioni per il proprio profitto, e per di più truffando una vecchia signora inferma, dopo averle garantito che avrebbe conservato intatta la casa.»

Daniel bevve il tè e depose la tazza, mentre Sage tratteneva il respiro, in attesa che reagisse, che perdesse la calma e le rigettasse in faccia la sua accusa.

Invece, lui disse semplicemente: «Ti sei data molto da fare, vero? E se io non accettassi di... Che cosa vuoi che faccia, esattamente?».

Lei si era aspettata una reazione diversa: rabbia, sarcasmo, disprezzo. Tutto, tranne quella calma freddezza. Quando rispose, sentì la propria voce roca, incerta.

«Voglio che tu... o meglio, la *Cavenagh Construction*, rinunci al contratto per la costruzione della strada.»

Lui rimase imperturbabile.

«E a che scopo? Voglio dire, è una vendetta personale, per gli errori passati...» Daniel si interruppe, fissandola «... o ha qualche altro risvolto più altruistico?»

Per la prima volta, quella sera, Sage arrossì. Daniel provò quasi pena per lei, vedendola trasformarsi da donna d'affari sicura di sé in bambina smarrita. Aveva trentaquattro anni, e la sua pelle era chiara e liscia come a diciannove. Provava uno struggente desiderio di toccarla, di sentire se aveva il sapore che immaginava. Chiuse gli occhi e se ne pentì immediatamente, perché ebbe la visione del suo corpo nudo come lo aveva avuto fra le braccia quindici anni prima.

«Come puoi pensare che ci sia qualcosa di personale? Credi davvero che sia così sciocca da serbare del rancore, o che quello che è accaduto fra noi sia ancora così importante per me? È della strada che mi preoccupo, Daniel. Può darsi che non abbia le capacità di mia madre, ma farò tutto il possibile per continuare il suo lavoro. Sulle prime, mi dicevo che era assurdo fare tanto chiasso per questa strada. Che cosa importava se qualcuno veniva danneggiato? Doveva pur passare da qualche parte, no? Ma poi ho capito ciò che provava la gente del villaggio. Questo non è un dormitorio pieno di pendolari che vogliono la casa in campagna per il fine settimana. È un villaggio di gente che lavora, che desidera semplicemente essere lasciata in pace. Un paesino di campagna che non vuole essere tagliato in due da una strada che può benissimo girare intorno all'abitato, invece di passarci in mezzo. Mia madre doveva avere un piano d'azione. Era a Londra, quando è successo l'incidente. Forse doveva incontrare qualcuno. Ha molti contatti importanti... Io devo guadagnare tempo, tempo perché lei guarisca e riprenda il suo posto. Ora tocca a te. Rescindi il contratto, e io terrò la bocca chiusa a proposito della terra.» Fece una smorfia. «Questo non significa che approvi il tuo modo di agire... Anzi, lo giudico spregevole.»

Si interruppe, disgustata di accorgersi che il suo corpo tremava quanto la sua voce. Daniel la guardava, ma il suo viso era imperscrutabile. Non riuscì a leggergli negli occhi che una fredda indifferenza.

«Intendi ricattarmi affinché io rescinda il contratto, è così?» chiese, gelido.

«Io lo chiamo usare intelligentemente tutti i mezzi che ho a disposizione. Dopotutto, non sono stata io a promettere a una vecchia signora di prendermi cura della sua casa, di restaurarla e di andarci a vivere.»

«No, non sei stata tu» convenne Daniel, alzandosi di scatto. Si mosse verso di lei, e Sage indietreggiò, fino a quando lo vide sorridere della sua reazione impaurita.

«Ebbene?» chiese, aggressiva.

«Ho bisogno di tempo per riflettere.»

Sage corrugò la fronte. Non era quello che si era aspettata. Voleva un sì o un no, aveva previsto uno scoppio di collera, qualche accusa brutale... insomma tutto, fuorché quella fredda richiesta di tempo.

«Quanto tempo?»

«Due giorni. Ti darò una risposta fra due giorni.»

Lei annuì, in silenzio, sentendo che in qualche modo Daniel le aveva tolto il controllo della situazione.

Avrebbe voluto chiamare Jenny per accompagnarlo

alla porta, ma non poté. Per prima cosa, temeva che Daniel se ne sarebbe semplicemente andato senza aspettare la domestica, e poi... e poi non riaccompagnare un ospite andava contro l'educazione ricevuta da sua madre, e anche in quelle circostanze era un condizionamento che non poteva ignorare.

Sentendosi sciocca e vulnerabile, gli fece strada fino alla porta d'ingresso e l'aprì, dicendo, secca: «Due giorni, niente di più. Dopodiché, mi rivolgerò alla stampa».

«Due giorni...» Daniel si fermò sul primo gradino, con gli occhi fissi nei suoi. Dopo un momento chiese, in tono discorsivo: «A proposito, hai notizie di Scott? Io dovrò andare in Australia per affari, fra qualche tempo, e pensavo di passare a trovarlo. Ci scriviamo ancora, ogni tanto. Ha dato il mio nome al suo primo figlio...».

Sage trattenne il respiro, raggelata. Mentre Daniel si allontanava nell'oscurità, pregò che non si voltasse per vedere le lacrime che le bruciavano gli occhi.

Scott... Anche ora una parte di lei piangeva per lui, lo voleva ancora accanto, rifiutava di accettare che era perduto per sempre. Aveva smesso di desiderarlo già da molti anni... da quella notte in casa di Daniel... ma non aveva cessato di aver bisogno di lui, di sentire che perderlo era stato come perdere una parte di se stessa, che senza di lui era in qualche modo incompleta.

La perdita di Scott era una ferita che non si sarebbe mai cicatrizzata... e quello era un segreto per tutti, ma non per Daniel, l'uomo che leggeva in lei così intimamente da essere capace di renderla vulnerabile con una parola.

Rientrando in casa, Sage tremava, chiedendosi che cos'altro potesse avergli rivelato di se stessa, quali altri segreti Daniel potesse avere scoperto.

15

L'indomani mattina Sage e Faye erano ancora sedute al tavolo della colazione quando squillò il telefono. Sage, che era più vicina all'apparecchio, sollevò il ricevitore, e si irrigidì quando una voce femminile la informò che il dottor Ferguson desiderava parlarle. Dovette aspettare parecchi secondi prima che le passassero la linea. Di solito, quell'attesa l'avrebbe irritata, ma in quel momento non poté fare altro che trattenere il respiro, pregando mentalmente...

«Signorina Danvers, volevo parlare con lei a proposito di sua madre» esordì il medico. «Le sue condizioni sono soddisfacenti, ora, e riteniamo che si siano stabilizzate a sufficienza per poterla operare. »

Sage cercò di parlare, ma scoprì che non poteva. Aveva la bocca arida.

«Quando?» fu tutto quello che riuscì a dire.

Desiderava disperatamente vedere il medico in faccia. Allora, avrebbe capito se pensava davvero che sua madre potesse sopravvivere, se c'era realmente una probabilità di successo.

«Dopodomani.»

Due giorni... Due giorni, e poi...

«Posso... possiamo vederla, prima? Oggi?»

«Non oggi... siamo appena riusciti a rendere stabili le sue condizioni. È cosciente, e l'eccitazione di ricevere visite potrebbe nuocerle. Potrete vederla prima dell'intervento. La mia segretaria si metterà in contatto per dirvi l'ora precisa.»

Sage guardò Faye, mentre deponeva il ricevitore, e

si rese conto che aveva sentito tutto.

«E così, intendono operarla. Oh, mio Dio. Spero che sappiano che cosa stanno facendo.»

«Anch'io» convenne Sage.

Nel cassetto della scrivania c'erano ancora parecchi diari da leggere, e all'improvviso provò l'irresistibile desiderio di farlo subito, prima dell'operazione di sua madre. Ma c'era tutto il tempo, si disse. Poteva leggerli quella sera, mentre aspettava che Daniel le comunicasse la propria decisione. Forse poteva chiamare quel giorno, anziché l'indomani.

Daniel... Strano che non avesse pensato che conoscesse sua madre. Ma, in fondo, perché avrebbe dovuto? Lei e Liz non erano certo state in rapporti confidenziali, in quegli anni. L'inimicizia, piuttosto che l'affetto, era stato il più forte sentimento reciproco. Da parte sua, almeno... La freddezza che sua madre le aveva sempre dimostrato era stata per lei fonte di sofferenza fin da bambina, eppure la Liz che aveva cominciato a conoscere attraverso i diari era l'esatto contrario della donna che aveva sempre immaginato. Non c'era freddezza in quella donna, non c'era mancanza di comprensione, anzi, tutto l'opposto. E allora, perché si comportava diversamente con lei? Aveva sentito dire che alcune madri rifiutavano un particolare figlio. Era stato il suo caso?

Diventata adulta, aveva cercato di analizzare la ragione per cui sua madre l'avesse sempre tenuta a distanza, e aveva finito per persuadersi che si era trattato semplicemente di due personalità incompatibili. Non poteva essere che sua madre non l'avesse desiderata. Il solo fatto che per concepirla si fosse sottoposta a una procedura a dir poco imbarazzante, era la dimostrazione che l'aveva fortemente voluta.

Si chiese di chi fosse stata la decisione di metterla al mondo. C'era una differenza d'età troppo grande fra lei e David per pensare che i suoi genitori avessero desiderato una compagnia per il loro unico figlio. Per sua madre, aver preso in considerazione l'idea dell'inseminazione artificiale poteva soltanto indicare un profondo bisogno di avere un secondo figlio. Ma forse avrebbe preferito un altro maschio?

Forse i diari le avrebbero dato le risposte. Per ora, tutto quello che poteva sapere era che i suoi genitori dovevano aver desiderato un secondo figlio. Aveva accettato molto tempo prima il fatto che probabilmente suo padre l'aveva respinta perché non era stato il suo seme a darle la vita. Un altro uomo, per quanto del tutto anonimamente, aveva fornito quella scintilla vitale.

Sembrava un'ironia che proprio lei, con il suo temperamento focoso, incontrollabile, dovesse essere il prodotto di un concepimento tanto freddo e clinico.

Faye aveva lasciato la sala da pranzo e quando Jenny entrò per sparecchiare Sage era sola, assorta nei propri pensieri.

«Abbiamo notizie della mamma» disse alla domestica. «La opereranno dopodomani. Fino ad allora, non sarà fuori pericolo.»

Rimase sorpresa quando Jenny la strinse a sé. Le donne la toccavano raramente. Si era creata una certa aura di distacco che, unita alla sua eleganza e sensualità, intimidiva le persone del suo stesso sesso. Ma ora, stretta fra le braccia grassocce di Jenny, provò un inaspettato bisogno di scoppiare in lacrime alla ricerca di conforto.

«Andrà tutto bene, Sage, vedrà. Sua madre è troppo forte per arrendersi proprio adesso...»

«Lo spero, Jenny, lo spero... Senta, io vado fuori per una mezz'ora. Se telefonasse qualcuno...» Sage si interruppe, chiedendosi se Daniel avrebbe chiamato. Aveva il sospetto che intendesse sfruttare tutte le sue quarantott'ore prima di mettersi in contatto con lei. «Oh, be'... dica soltanto che sono uscita.»

Prese la Porsche e andò in paese, dove si fermò all'emporio che fungeva anche da edicola e da ufficio postale a comprare un giornale. Il negozio era affollato. Sembrava che tutti sapessero dell'incidente di sua madre e volessero confortarla. Avevano anche delle idee molto precise a proposito della strada, e intendevano comunicarle anche quelle, perciò ci volle quasi un'ora prima che Sage fosse libera di andarsene.

Una strana irrequietudine, che le ricordava gli anni dell'adolescenza, si era impadronita di lei. Non voleva andare a casa ma, nello stesso tempo, non voleva neppure allontanarsi troppo. Perché? Nel caso che arrivasse inaspettatamente Daniel? E se anche fosse arrivato? Avrebbe significato soltanto che era giunto a una decisione. Non poteva pretendere di ricattare un uomo come Daniel Cavenagh, e all'improvviso trasformare miracolosamente la sua avversione e il suo disprezzo per lei in rispetto e... E in che cosa? Che cosa voleva da lui?

Niente, si disse cocciuta, salendo in macchina e accendendo il motore. Non voleva niente da lui.

Neppure la soddisfazione di cancellare il ricordo di come l'aveva respinta... la soddisfazione di sostituire quella reazione con un'altra molto più gratificante. Si irrigidì. Perché mai il pensiero che Daniel la trovasse desiderabile, che la volesse, doveva avere sui suoi sensi un effetto erotico così sconvolgente?

Se non conosci la risposta, ragazza mia, non hai imparato nulla in tutti questi anni, si disse, cinica. In realtà, conosceva la risposta, d'altra parte non voleva confrontarsi con le ragioni che stavano dietro di essa.

Dimentica Daniel Cavenagh, si ammonì. Eppure, si diresse a nord del villaggio, anziché a sud, imboccò la stradina che conduceva alla casa che Daniel aveva comprato e posteggiò davanti al cancello la Porsche, il mostro di metallo scarlatto che all'improvviso aveva perso ogni attrazione per lei.

Che cosa aveva cercato di dimostrare, comprandola? Che poteva permettersela, che sapeva guidare bene quanto un uomo, che le piaceva il pericolo e l'emozione? Era davvero così immatura? Guardò la macchina con ostilità, e si ripromise di cambiarla. Forse con una Aston Martin... Ridacchiò fra sé a quell'idea. Era improbabile che potesse mai permettersi un simile lusso.

Sorrideva ancora quando superò il cancello e imboccò il sentiero che conduceva alla *Old Hall.*

La casa era in rovina, d'altra parte la sua ultima occupante, Agnes Hazelby, si era sempre ostinatamente rifiutata di ammettere che le stava crollando addosso. Dalla cima del rilievo su cui si trovava, Sage poteva vedere tutta la casa. Era più grande di Cottingdean, e la parte più antica risaliva alla stessa epoca. Un'ala era stata aggiunta da un proprietario dell'epoca georgiana, e un'altra dal suo successore vittoriano. Quest'ultima era stata gravemente danneggiata da un incendio. La parte centrale, più antica, era ancora in piedi per miracolo, mentre l'ala georgiana, figlia di un'epoca in cui la solidità delle costruzioni veniva sacrificata allo sfarzo esteriore, aveva grandi crepe nei muri che non promettevano nulla di buono.

Eppure, la casa aveva uno strano fascino, un qualcosa di indefinibile che imponeva rispetto.

Sage non era sorpresa che Agnes avesse stipulato un contratto che vietava all'acquirente della proprietà di abbattere la casa. Eppure, a che cosa sarebbe servito il terreno a Daniel, se non avesse fatto demolire quella costruzione cadente? Il tipo di gente che comprava le sue moderne e lussuose ville non avrebbe gradito quello sfacelo davanti alle finestre!

Fu stupita di provare una sofferenza così acuta al pensiero che Daniel avesse ingannato e mentito. Al contrario, avrebbe dovuto esserne contenta!

Percorse lentamente il sentiero. Non sapeva bene che cosa ci facesse in quel posto, che cosa sperasse di trovare. Più si avvicinava alla casa, più il suo degrado diventava evidente. Fu quasi contenta quando raggiunse il muro di cinta, dove gli alti alberi e i cespugli incolti nascondevano tutto alla vista, a parte i camini.

Da bambina, Sage era stata affascinata da quella casa. Un che di indefinito, nel mistero della sua decadenza e del giardino incolto l'attirava assai più della sua, perfetta e immacolata. Forse, assomigliava a sua madre più di quanto credesse. Aveva appreso dai diari quanta importanza avesse avuto per Liz la sfida di riportare al primitivo splendore Cottingdean, di trasformarla in qualcosa che era quasi esclusivamente suo. Sua madre era una creatrice che godeva della sfida di prendere i materiali più umili della vita e costruire con essi qualcosa per il futuro. Bastava pensare al modo in cui aveva intuito le potenzialità insite in un allevamento di pecore di razza pregiata.

Solo una persona che avesse posseduto una vasta apertura mentale avrebbe potuto farlo. Anche lei, ora lo sapeva, aveva i suoi particolari talenti... E allora perché, mentre era riuscita a conoscersi così bene, mentre aveva capito che doveva amare e rispettare se stessa, prima di aspettarsi che gli altri facessero altrettanto, c'era ancora una piccola parte di lei che era la bambina che piangeva davanti alla porta di suo padre, domandando di essere ammessa alla sua presenza... implorando il suo amore?

C'era qualcosa in lei che le rendeva impossibile essere amata nel modo che aveva un tempo desiderato fino allo spasimo? O, semplicemente, aveva preteso troppo, con un'intensità di sentimenti che aveva finito per suscitare repulsione in coloro verso cui era stata diretta?

Comunque fosse, aveva da molto tempo imparato a frenare quella marea di sentimenti. Dopo aver perduto Scott, aveva accantonato il lato emotivo della propria natura e si era concentrata su quello fisico. Ma l'efficacia di quel rimedio era svanita anche troppo presto, costringendola ad ammettere che per lei non poteva esserci una via di mezzo, che doveva optare per la solitudine, fisica ed emotiva, o abbandonarsi totalmente all'intensità del proprio bisogno di amare nel modo più assoluto. Aveva imparato abbastanza, dal suo rapporto con Scott, per capire quanto quell'abbandono sarebbe potuto essere pericoloso.

Trovò un cancello nel muro e lo spinse. Il legno era fradicio e scheggiato, e il giardino era un intrico di cespugli incolti e di erbacce alte fino al ginocchio.

L'erba umida le inzuppava i jeans, ma ormai si era spinta troppo avanti per tornare indietro. Aveva le mani graffiate dagli sterpi e i capelli le si erano impigliati tante di quelle volte nelle spine che finì per raccoglierli in una coda di cavallo e legarli con un pezzo di spago che aveva trovato in tasca. Si era avvicinata alla casa dal lato dell'ala gravemente danneggiata dall'incendio. Si affrettò a superarla, ed entrò nel cortile sul retro. Le erbacce spuntavano fra i ciottoli, i vetri delle finestre erano infranti. Qualcuno aveva messo un grosso lucchetto alla pesante porta di legno. Sage lo studiò per un momento, poi scrollò le spalle. Non sapeva bene perché volesse entrare in casa, quale istinto la guidasse, in ogni caso non intendeva lasciarsi fermare dai lucchetti di Daniel Cavenagh.

Fu abbastanza semplice arrampicarsi fino a una delle finestre e scivolare dentro. La casa era permeata di un odore di umidità e di decadenza. Una vecchia poltrona sfondata, con il rivestimento lacerato in più punti, dai quali fuoriusciva l'imbottitura, completava l'aria di desolazione. Sage cercò di non sentire i fruscii e gli squittii attorno a lei.

Da bambina era stata spesso in quella casa poiché sua madre aveva l'abitudine di andare a trovare Agnes, già anziana allora. A quei tempi, la donna utilizzava quasi esclusivamente la sua camera da letto, la cucina e un piccolo soggiorno. Il resto della casa era già stato abbandonato a se stesso, con i pochi mobili rimasti coperti di teli bianchi.

Ora, notò che i mobili erano quasi tutti scomparsi. Era probabile che Daniel volesse la casa vuota prima di demolirla.

L'ingresso principale della casa era nell'ala georgiana. Era una stanza ovale, con una scala di marmo e ferro battuto che sembrava volare su per i quattro piani dell'edificio. Sage ricordava quanto fosse stata affascinata, da bambina, dall'affresco sul soffitto, racchiuso da una delicata cornice di stucco. Sua madre le aveva spiegato che rappresentava il dio greco Zeus che guardava la terra attraverso le nuvole temporalesche.

Mentre si aggirava per le stanze piene di polvere e di ragnatele, cercando di non notare i pannelli rotti e gli stucchi scrostati, Sage si chiese se l'affresco esistesse ancora.

Sì, c'era, anche se le nuvole erano diventate di un grigio uniforme, la pittura si era scrostata in diversi punti e i lineamenti fieri di Zeus erano sbiaditi. Certo, da quando aveva visto quell'affresco aveva visitato l'Italia e ammirato le meraviglie della Cappella Sistina, d'altra parte il primo contatto con qualcosa destinato a motivare tutta la vita era come il primo amante... qualcosa che non si dimenticava mai, che si ricordava con affetto e tenerezza, la cui memoria si sarebbe custodita per sempre in fondo al cuore.

Sage custodiva in fondo al cuore il ricordo del momento in cui si era resa conto per la prima volta che qualcuno doveva aver dipinto Zeus e le nuvole sul soffitto, ma di sicuro non provava nulla di simile per il suo primo amante. Non come sarebbe accaduto se Daniel...

Si tese all'istante, come una persona che si preparasse a sopportare un intenso dolore fisico, e cominciò a salire le scale, come se muovendosi potesse cancellare l'enormità di quel pensiero.

All'altezza del primo piano, una stretta galleria circondava l'ingresso. Un corridoio conduceva alle camere da letto. Sage si fermò, notando che in diversi punti la balaustra mancava e che il pavimento, ricoperto di polvere e frammenti di stucco, era tutt'altro che solido. Visto più da vicino, l'affresco appariva gravemente danneggiato. Daniel non avrebbe dovuto fare nulla per distruggere Zeus. Il tempo e l'abbandono gli avevano risparmiato la fatica.

Sentì le lacrime pungerle gli occhi. All'improvviso, tutto quello che desiderava era fuggire da quella casa e dal suo squallore.

Cominciò a scendere le scale, ma si fermò di colpo dopo aver fatto pochi gradini. Daniel Cavenagh era in piedi in mezzo all'ingresso e la guardava.

«Che cosa ci fai qui?» chiese, aggressiva, per mascherare il proprio imbarazzo.

Lui la squadrò da capo a piedi e rispose, con ingannevole calma: «Be', perlomeno io non ho invaso una proprietà privata».

Sage lo fissò, rendendosi conto di essere arrossita come una scolaretta. Lo vide fare un passo verso di lei e istintivamente indietreggiò, ma perse l'equilibrio, scivolando su un frammento di stucco. Sentì Daniel gridare un avvertimento e tese la mano per aggrapparsi alla balaustra, ma la mancò... e precipitò nel vuoto, verso il pavimento di marmo.

Si accorse di gridare e si preparò al peggio. Per sua fortuna, fu afferrata da due solide braccia e subito dopo sentì l'esclamazione soffocata che sfuggì a Daniel, mentre si piegava sotto il suo peso.

«Piccola pazza, non hai visto che la scala non era sicura?» sbottò lui, non appena ebbe ripreso fiato.

«È questa la scusa che accamperai per abbattere la casa?»

Daniel la scrollò con violenza, furioso.

«Stupida donna, non capisci? Potevi rimanere uccisa!»

Sage lo sapeva. Aveva ancora lo stomaco contratto per l'attimo di terrore che aveva provato, eppure riuscì a dire, ironica: «E allora? Sarebbe stato meglio per te, no? Peccato che tu non ci abbia pensato, prima di correre a recitare la parte del cavaliere errante».

«Santo cielo...»

Lei sentì le dita di Daniel affondarle nelle braccia e trasalì per il dolore. Si sentiva debole, stordita, e vulnerabile. Lei avvertì qualcosa di caldo e appiccicoso sul viso, e quando se lo toccò ritirò le dita sporche di sangue.

«Non è niente, è solo un graffio» disse Daniel rudemente, lasciandole un braccio per trattenerle la mano e impedirle di toccarsi di nuovo.

Sage si sottrasse di scatto al contatto delle sue dita, fissandolo con uno sguardo furioso. Era tutta impolverata, e con i capelli raccolti in quell'improvvisata coda di cavallo sembrava giovane come la prima volta che l'aveva vista. Emozioni che credeva di aver imparato a controllare esplosero dentro di lui.

Sage non gradiva quella vicinanza. Suscitava in lei troppi ricordi. Doveva sostenere una dura lotta con se stessa per impedirsi di appoggiarsi semplicemente a lui, di...

«Devi sempre combattere, vero, Sage?» la sfidò Daniel. «Devi dimostrare in continuazione al mondo quanto sei dura, indipendente, invulnerabile. Sai come ti chiamano gli uomini, dietro le tue spalle, quando finalmente riescono a svignarsela dal tuo letto? Dicono che a dispetto di tutta la tua abilità sessuale e inventiva, in fondo sei una gran rompiscatole! »

Sage impallidì, poi arrossì, senza sapere perché provasse quella sofferenza rabbiosa, perché dovesse importarle di quello che Daniel pensava di lei. Sapeva solo che doveva colpirlo a sua volta, fargli del male, ferirlo con la stessa crudeltà.

Cercò di liberarsi dalla sua stretta, e quando non ci riuscì disse, aspra: «Allora, è meglio che tu mi abbia respinta, tanti anni fa, no? C'è da credere che un uomo come te voglia proteggere il suo prezioso ego di *macho*...».

«Un uomo come me...» Daniel era furioso, e non si curava di nasconderlo. «Tu non sai nulla di me.»

«Così come tu non sai nulla di me» ribatté lei.

«Ah, no? So che vuoi questo.»

Era stata baciata altre volte con rabbia, anzi, talvolta aveva deliberatamente suscitato quel genere di rabbia, godendo del potere che le dava, ma quel bacio fu diverso, come se le avesse cancellato dalla mente i ricordi delle esperienze che le avrebbero permesso di controllare ciò che le stava accadendo. Non poteva muovere le braccia e si sentiva paurosamente impotente sotto le sue labbra, incapace di respingere la sua bruciante pressione. Fu un bacio che annullò di colpo gli anni trascorsi e la trasportò in un altro tempo, in un altro luogo, in un'altra situazione...

Era una stupida debolezza... d'altra parte un'ondata di calore la sommerse all'improvviso, cogliendola così totalmente impreparata che non poté fare nulla per difendersi, per celare il lampo di desiderio che le incupì gli occhi, il piccolo gemito soffocato che le sfuggì dalla gola.

Seppe all'improvviso che, se solo Daniel lo avesse voluto, avrebbe lasciato che portasse l'esplosiva passione che era divampata fra loro alla sua naturale conclusione, in un atto di possesso immediato e violento come il desiderio che aveva suscitato in lei.

Quella constatazione la riempì d'orrore e di disgusto. Non aveva mai desiderato un uomo in quel modo così totale e selvaggio...

Guardandolo in faccia, intuì all'istante che Daniel conosceva esattamente ciò che provava. Cercò di liberarsi dalla sua stretta.

«No, Sage, non farlo» lo sentì dire, roco.

Si trovava fra lei e la porta, e non aveva alcuna possibilità di sfuggirgli, nessun modo di salvare l'amor proprio ignorando ciò che era accaduto, di mentire o di fingere... Non poteva fare altro che affrontarlo.

A testa alta, chiese a voce bassa, sarcastica: «Che cosa non devo fare, Daniel? Strusciarmi addosso a te come una cagna in calore?». Vide il suo viso indurirsi e rise, aspra. «Hai perfettamente ragione. È davvero disgustoso, non credi? L'ultima cosa che vuoi... e che voglio anch'io. Ma non devi preoccuparti. Dopo tanti anni, ho imparato a controllarmi.» Gli lanciò un sorriso ambiguo che lo fece trasalire. «Non chiedermi perché ti voglio. Non conosco la risposta.»

Sage aveva riacquistato il dominio di sé, ormai, e il suo tono di voce era fermo. Si avviò alla porta, decisa, ma Daniel le sbarrò la strada.

«Sage, noi...»

«Non c'è nessun *noi*» lo interruppe lei, secca. «Non c'è mai stato e non ci sarà mai.»

«Tu mi vuoi.»

Lei lo guardò con un misto di rabbia e impotenza.

«Sì» ammise. «Ma voglio ancora di più il rispetto di me stessa. Conquistarlo non è stato facile, Daniel. Non ho bisogno che un uomo faccia l'amore con me per compassione o per curiosità... e se tu pensavi di usarmi... di usare la mia vulnerabilità verso di te per farmi dimenticare che sei coinvolto nell'acquisto di questa casa...»

Si era spinta troppo oltre. Lo vide negli occhi di Daniel, avvertì il ribollire improvviso della sua collera, e fu colta dal panico. Cercò di raggiungere la porta d'ingresso, ma lui l'agguantò e la inchiodò contro il muro, imprigionandola col peso del proprio corpo e afferrandole i polsi in modo da immobilizzarle le braccia.

Prima che la bocca di lui si posasse sulla sua, Sage lo sentì mormorare: «Avrei dovuto fare questo tanti anni fa. Dio sa se avrei dovuto farlo...».

Quando la baciò, Sage si sforzò di persuadersi che non aveva aspettato, agognato quel bacio per gran parte della sua vita. Ricordi che aveva creduto cancellati da anni si agitarono nella sua mente, dando origine a un desiderio doloroso. E con il desiderio, venne l'antica convinzione che quell'uomo, solo fra tutti, possedesse qualcosa di così pericoloso che perfino ammetterlo con se stessa avrebbe fatalmente distrutto le sue difese.

S'impose di lottare con tutte le proprie forze, ma ormai Daniel conosceva la sua vulnerabilità e la usava contro di lei, rifiutando di accettare la linea serrata delle sue labbra, i muscoli tesi del suo corpo, premendola contro il muro con tutto il proprio peso, e muovendosi contro di lei con così deliberata sensualità che il desiderio di lui divenne una sofferenza fisica.

Quando avvertì la reazione di Sage, e la propria, incontrollabile risposta, Daniel sollevò la bocca dalla sua, allentando per un attimo la morsa che la teneva imprigionata. Voleva trovare le parole per mitigare l'ostilità dei suoi occhi, per dirle che non era sola nella sua angoscia, ma quel breve momento fu tutto quello di cui Sage aveva bisogno per sottrarsi alla sua stretta e spingerlo da parte, correndo verso la porta.

Daniel avrebbe potuto raggiungerla, fermarla, riprenderla fra le braccia, ma non aveva mai forzato una donna a fare l'amore con lui, e non intendeva cominciare proprio ora...

16

Sage non smise di correre fino a quando non ebbe raggiunto la sua Porsche. Salì, girò la chiavetta e bloccò le portiere, d'altra parte tremava troppo per guidare. Era sbalordita dal modo in cui il suo autocontrollo l'aveva tradita. Non aveva più diciannove anni!, si rimproverò aspramente, mettendo alla fine in moto la macchina. Come aveva potuto perdere la testa in quel modo? Faticava a credere di non essere riuscita a evitare la disastrosa conclusione del suo incontro con Daniel.

Era inutile dirsi che era stato lo shock di vederlo così all'improvviso... era inutile dirsi altro che la pura verità. Ma poiché la verità era qualcosa che non aveva la forza di guardare in faccia, il meglio che potesse fare era cancellarla dalla mente. Dopotutto, aveva tante altre cose a cui pensare...

Sorrise cinicamente fra sé, chiedendosi come avrebbe reagito sua madre al posto suo. Avrebbe conservato la sua compostezza da gran signora, la sua abituale sicurezza?

Sage premette sull'acceleratore, cercando di usare la pronta, potente reazione della macchina per sfuggire ai propri pensieri. Appena tornata a casa, decise, avrebbe passato il resto della giornata estirpando le erbacce dal giardino di Liz. Aveva bisogno di fare qualcosa di manuale per tenere la mente lontana da Daniel.

Fu solo alla sera che Sage si chiuse nello studio di sua madre, sedette alla scrivania, aprì il cassetto contenente i diari e li esaminò per trovare quello giusto.

Mentre sfogliava le pagine quasi febbrilmente, ammise con se stessa che ora il bisogno di sapere di più su quella sconosciuta che era sua madre era quasi sopraffatto dal desiderio di immergersi in qualcosa che le permettesse di sfuggire ai propri pensieri, al ricordo della sua disfatta con Daniel.

Daniel. Rabbrividì involontariamente: al di sotto della rabbia e dell'umiliazione, c'era la sottile consapevolezza della propria vulnerabilità di fronte a una trappola preparata molto tempo prima. Una parte di lei accettava quello che era accaduto con un senso di ineluttabilità che la lasciava impotente di fronte alle proprie emozioni.

Per anni aveva cercato di non pensare a Daniel, e se qualcuno le avesse chiesto di lui avrebbe risposto che lo ricordava a malapena. Le faceva male pensare che, mentre aveva sempre chiesto a se stessa molta più onestà di quanta ne avesse preteso dagli altri, ora era costretta ad ammettere che aveva perpetrato su se stessa il più pericoloso degli inganni.

Si sforzò di concentrarsi sulle pagine aperte davanti a lei, come se potessero offrirle una via di scampo dal presente... e, insieme, un po' di pace.

Oggi, Vic ci ha lasciati per iniziare il suo lungo viaggio verso l'Australia. L'ho accompagnato a Southampton con la macchina. Edward non è voluto venire con noi. In questo periodo trova eccessivamente faticoso viaggiare, anche per brevi distanze. Chivers è riuscito, non so bene come, a procurarsi abbastanza benzina. Non so proprio come faremmo senza di lui. È meraviglioso con Edward, per il quale questa estate fredda e umida è stata un vero tormento. Ian Holmes fa del suo meglio, ma mi ha spiegato che se iniziasse a prescrivergli della morfina, che è l'unica cosa che potrebbe alleviare i suoi dolori, Edward finirebbe per diventarne completamente dipendente, e non potrebbe più viverne senza. Chivers mi ha detto che l'olio di fegato di merluzzo è un ottimo rimedio contro ogni forma di reumatismo, e così ha persuaso Edward a in-

ghiottirne due cucchiai ogni mattina.

Ian Holmes ha detto che il riscaldamento centrale gli gioverebbe, e che forse il Ministero ci concederebbe il permesso di acquistare i materiali necessari, considerato che Edward è invalido di guerra, ma anche se potessimo aggirare il razionamento, dubito che potremmo permetterci la spesa.

Chivers è riuscito a trovare due uomini che ora lavorano qui da noi a tempo pieno. Uno, Dan Holcombe, è un abile carpentiere, e sta dimostrando quanto vale nel restaurare la casa. L'altro, Sam Oldfield, è un po' tardo di mente, ma abbastanza forte da sobbarcarsi tutti i lavori pesanti. È molto gentile e adora David. Vive al villaggio con la madre, vedova, mentre Dan, che ha perso tutta la famiglia a Londra, in un bombardamento, ha sistemato per sé un piccolo appartamento sopra la stalla.

Liz depose la penna, incerta. Per la prima volta da quando aveva cominciato a scrivere i diari, trovava difficile affidare i suoi pensieri alla carta. Rilesse ciò che aveva scritto, sfiorando con le dita le prime parole, *Oggi Vic ci ha lasciati...*

Era davvero solo quella mattina che erano saliti in macchina, Liz al posto di guida, Vic accanto a lei un po' nervoso nel suo completo nuovo. Nessuno dei due aveva parlato molto, durante il viaggio, ma era stato un silenzio amichevole, fra due persone che stavano bene insieme. Di tanto in tanto, Vic le aveva dato ancora qualche consiglio, per lo più a proposito del gregge... qualche malattia o parassita di cui forse non le aveva ancora parlato.

Era stato Ian Holmes a insegnarle a guidare, dietro le insistenze di Edward. Sulle prime, Liz aveva pensato che la macchina era un lusso che non potevano permettersi, e per giunta, con la benzina razionata, era difficile usarla. Anche se era di seconda mano, c'era voluto tutto il denaro rimasto dall'eredità della zia Vi, dopo aver tolto la parte destinata all'acquisto del montone. Ma Edward aveva detto che il razionamento non sarebbe durato per sempre e che ormai saper guidare era più una necessità che un capriccio. Con sua grande sorpresa, Liz aveva scoperto che le piaceva.

Erano partiti prima dell'alba, poiché la nave salpava da Southampton alle quattro del pomeriggio e i passeggeri dovevano trovarsi a bordo a mezzogiorno. Liz sapeva che Edward avrebbe preferito che Vic si arrangiasse ad arrivare al porto da solo. Era geloso di lui, come era geloso di qualunque altro uomo che Liz frequentasse, tranne Ian. Stava diventando sempre più cupo e possessivo, eppure Liz si sforzava di essere paziente, ricordando quanto gli doveva, e quanto soffriva, fisicamente e psicologicamente, per le sue ferite.

Per fortuna, dopo una brutta estate, gli ultimi giorni di settembre erano tiepidi e soleggiati. Raggiunsero Southampton con buon anticipo e per prima cosa andarono al porto a informarsi sulla nave di Vic. Ce n'erano tante, in partenza, e tanta gente che cercava di sfuggire alle difficoltà del dopoguerra emigrando in Canada, in Australia o in Nuova Zelanda. Vedere tutte quelle persone, intere famiglie, che stavano lasciando per sempre il loro paese, rattristò Liz, la fece sentire improvvisamente insicura.

Cercò di immaginare come si sarebbe sentita se avesse dovuto andare via dall'Inghilterra, lasciare Cottingdean, e rabbrividì.

Liz e Vic pranzarono insieme in un piccolo locale, dove lui insistette per pagare il conto e lei, con molto tatto, glielo permise. C'era sempre stato un legame profondo fra loro, dopo la nascita di David, e benché Vic fosse più anziano di lei di qualche anno, Liz lo considerava un po' come il fratello minore che non aveva mai avuto. Sapeva di poter riporre in lui la più assoluta fiducia circa il compito che gli aveva affidato, eppure si sentiva un po' in colpa nel mandarlo così lontano. E provava anche, in fondo al cuore, una punta di invidia per la sua libertà.

Per quanto adorasse David, per quanto amasse Cottingdean e fosse grata a Edward, c'erano momenti in cui desiderava con tutta se stessa di sfuggire alle proprie responsabilità. E poi, si rammentava che erano quelle responsabilità, e in particolare Edward, che le permettevano di vivere come viveva... che senza Edward la sua vita, e quella di David, sarebbe stata molto diversa, e si sentiva in colpa per i suoi pensieri ribelli e così si dedicava con rinnovata passione al suo compito di riportare Cottingdean allo splendore primitivo.

Tra lei e Chivers avevano già fatto molto, o meglio, come diceva Ian Holmes, avevano *fatto miracoli*. Certo quando David era nato nessuno poteva prevedere che ben presto avrebbero avuto non solo un orto e un frutteto produttivi, ma che pure il giardino sarebbe stato rimesso in ordine e avrebbe riacquistato gran parte della sua originaria bellezza. Contemporaneamente, Dan lavorava a restaurare la casa. Il tetto non era più rotto, la stufa produceva tutta l'acqua calda necessaria, le macchie di umidità cominciavano a scomparire dalle pareti e perfino i soffitti a stucchi stavano riacquistando il loro primitivo aspetto.

Liz sentì che Vic era nervoso quando posteggiarono la macchina vicino al molo. Mise il braccio sotto il suo, con un gesto fraterno, ma in un angolo nascosto della sua mente passò in un attimo la consapevolezza di quanto il corpo di Vic fosse ben diverso da quello devastato di Edward. Per un momento, ricordò Kit. Le accadeva di rado, ormai. Non c'era nulla di lui che volesse rammentare. Ma per un secondo, toccando il corpo maschio, muscoloso di Vic, fu percorsa da un brivido di piacere...

Si staccò subito da lui, fissando lo sguardo sul mare. Erano pensieri assurdi per una donna della sua età e nella sua situazione. Davvero assurdi... specialmente quando non aveva affatto goduto del possesso fisico di Kit.

Liz salì a bordo con Vic e attese che avesse sistemato le sue poche cose nella cabina che condivideva con un altro passeggero. Poi, risalirono insieme sul ponte.

«Tom Hudson è un buon pastore, ma non è proprio come se le bestie fossero sue...» cominciò lui.

«Lo so, Vic. Ma non preoccuparti. Lo terrò d'occhio

io» lo rassicurò Liz gentilmente.

L'altoparlante invitò coloro che non partivano a lasciare la nave, e Vic accompagnò Liz alla passerella.

Là, giusto mentre lei stava per augurargli il buon viaggio, Vic l'afferrò e le diede un bacio maldestro, ma tutt'altro che fraterno.

La lasciò quasi subito, rosso in viso, farfugliando qualche parola di scusa, ma in Liz lo shock di quel bacio inaspettato aveva suscitato tanti ricordi che per un momento non poté parlare. Lottò per riprendere il controllo, irritata con se stessa, e riuscì a sorridere.

«Dev'essere una grande emozione per te, lasciare l'Inghilterra per la prima volta» disse, in tono pratico.

«Sì...»

Vic era evidentemente imbarazzato, a disagio. Non poteva lasciarlo andar via in quel modo, mentre gli doveva la vita di David, e forse anche la propria. Gli mise la mano sul braccio, in un gesto di comprensione e di conforto.

«Mi mancherai, Vic» disse, piano. «Ma sarebbe egoista da parte mia trattenerti a Cottingdean, specialmente quando abbiamo tanto bisogno di quel montone. Chissà?» aggiunse, con falsa allegria. «Potresti perfino riportare con te una graziosa sposa australiana, assieme al più bel montone di Woolonga!»

Ora Vic sorrideva, cercando di adeguarsi al tono leggero che Liz aveva imposto alla conversazione.

«Un montone mi sarà più utile di una moglie...»

Esitò, e la guardò in un modo che costrinse Liz a distogliere lo sguardo dal suo. Aveva già visto quello sguardo negli occhi di un uomo, e l'aveva scambiato per amore. Vic non poteva amarla, non doveva amarla. In quel caso, avrebbe dovuto mandarlo via da Cottingdean, e invece Cottingdean aveva bisogno di lui. E inoltre...

Chiuse gli occhi, cercando di non immaginare quanto sarebbe stato dolce rifugiarsi tra le sue braccia e lasciare che le sussurrasse che non c'era ragione perché non andassero insieme alla ricerca del vello d'oro, che...

Che cosa? Che potevano essere amanti? Dunque non aveva imparato proprio niente dal passato?

Era una donna sposata, con un marito invalido e un bambino piccolo. Una donna, per di più, che aveva deliberatamente scelto la castità.

E inoltre, in fondo al cuore, sapeva che, per quanto affetto provasse per Vic, non lo amava. E che lasciargli credere altrimenti sarebbe stato ingannare non solo Edward, ma anche Vic stesso.

Gli tese la mano, sforzandosi di sorridere.

«Ora è meglio che vada. Buon viaggio, Vic, e ricorda che contiamo su di te. Ho grandi progetti per il nostro nuovo gregge...»

A quel punto lui rise, anche se la risata suonò un po' forzata. Avevano parlato, o meglio, lei aveva parlato, e lui aveva ascoltato, del progetto segreto di Liz di produrre sul posto filati con la lana del gregge di Cottingdean, di riportare alla vita la vecchia fabbrica, che ora era abbandonata.

«Arrivederci, Vic.»

Liz si sollevò sulla punta dei piedi e lo baciò sulla guancia, poi si affrettò a unirsi alle altre persone che lasciavano la nave, senza voltarsi indietro. Non aspettò di veder levare l'ancora. Risalì in macchina e ripartì per Cottingdean, sforzandosi di pensare non a quello che si era lasciata alle spalle, bensì a ciò che l'aspettava. Là era la sua vita: a Cottingdean, con suo figlio, con suo marito, con le sue responsabilità.

Attraversando un villaggio, dovette fermarsi per lasciar passare degli uomini che stavano trasportando un enorme cassettone di quercia. Tutto a un tratto, le venne in mente che quel cassettone sarebbe stato ideale nell'ingresso vuoto di Cottingdean. Spinta da un impulso improvviso, scese dalla macchina e chiese dove lo stessero portando.

«Lo buttiamo via» le disse uno degli uomini. «Era di mia madre, e ora non serve più.»

«Lo compro io» disse Liz senza esitare. «Le darò cinque sterline» aggiunse in fretta. «Sei, se potete assicurarmelo sul tetto della macchina.»

Era chiaro che quella gente la riteneva pazza, ma l'uomo accettò le sei sterline e un'ora dopo Liz ripartì con il suo cassettone solidamente legato sul tetto. Un senso di soddisfazione aveva preso il posto della malinconia di poco prima. Benché non lo sapesse, quel giorno era iniziata la sua lunga storia d'amore con i mobili antichi. In altre occasioni avrebbe scovato pezzi di gran lunga superiori a quel vecchio cassettone, ma non avrebbe mai provato un piacere più grande.

I sei mesi dell'assenza di Vic furono densi di lavoro. David cresceva in fretta. Era un bambino placido, affettuoso, incredibilmente dolce. Non c'era nulla di suo padre in lui, niente della superficialità di Kit.

L'inverno fu duro, ma in un modo o nell'altro riuscirono a contenere al minimo le perdite del gregge. Liz perse il conto delle notti in cui era stata sveglia ad assistere una pecora ammalata o un agnellino orfano, decisa a onorare la fiducia che Vic aveva riposto in lei.

Poi, proprio quando cominciava a temere che l'inverno non sarebbe mai finito, la neve cominciò a sciogliersi, il croco fiorì nei punti riparati del giardino... e meglio ancora, arrivò una lettera di Vic che annunciava il suo ritorno col tanto sospirato montone, che finalmente il proprietario di Woolonga aveva acconsentito a cedergli.

Vic arrivò qualche settimana dopo la lettera. Abbronzato, irrobustito, ben diverso dal Vic di sei mesi prima. Quietamente, prese Liz da parte e le disse che non aveva portato con sé solo un nuovo montone.

«Sei stata tu a mettermi in testa l'idea» le disse.

«Hai trovato una moglie» intuì Liz.

«Sì. È la figlia del fattore di Woolonga. Il fatto è... il fatto è che ha sempre vissuto là, nel deserto, ed è un luogo insolito... quasi magico. Ha affascinato anche me. È voluta venire qui, a vedere l'Inghilterra.» Vic sorrise. «Ma quando avrò sistemato il nuovo montone e avremo trovato un pastore per sostituirmi, credo che tornerò a Woolonga...»

Woolonga... Woolonga... Quel nome aveva un sapore amaro sulle labbra di Liz. Alzò gli occhi su Vic e vi lesse tutto ciò che non le diceva... tutto ciò che non poteva dirle.

Chissà che non porti con te una graziosa sposa australiana, gli aveva augurato. Ma non parlava sul serio. Non aveva mai inteso allontanarlo da sé e da Cottingdean. Avevano troppo bisogno di lui per perderlo.

Eppure, sarebbe stato meschino da parte sua pretendere che restasse. Non aveva alcun diritto di chiederglielo, poiché non aveva niente da offrirgli... o, almeno, niente di quanto avrebbe trovato in sua moglie. Non aveva neppure il diritto di soffrire come stava soffrendo.

Conobbe la moglie di Vic un paio di giorni più tardi. Beth era una ragazza bruna e minuta, con la pelle abbronzata e due vivaci occhi azzurri. Con Liz, si comportò con un misto di timidezza e aggressività, forse avvertendo oscuramente che poteva costituire una minaccia al suo rapporto con Vic. Non riuscirono mai a diventare amiche, e Liz finì per persuadersi che la decisione di Vic di trasferirsi in Australia fosse la più saggia che potesse prendere.

Fedele alla sua parola, tuttavia, lui rifiutò di partire fino a quando non ebbe trovato un nuovo pastore che corrispondesse alle sue esigenze.

«Spero che tu non rimanga delusa, dopo tutto il denaro che hai investito in questo nuovo montone» diceva Edward a Liz. «Apprezzo la tua determinazione nel rinnovare il gregge, ma è di carne, non di lana che il paese ha bisogno.»

«Al momento, sì» ammetteva Liz. «Ma io guardo al futuro, al tempo in cui le merci non saranno più razionate, quando la gente apprezzerà di nuovo le cose di qualità. Un giorno, i buoni filati saranno richiestissimi.»

«E sarai *tu* a fornirli? Mia cara, non voglio rovinare i tuoi sogni, ma... È vero che parecchio tempo fa Cottingdean produceva delle ottime lane, che venivano filate nella nostra fabbrica, ma quei giorni sono passati. La fabbrica è cadente, non ci sono macchinari, né operai, niente... e certo noi non abbiamo denaro per procurarcene. Riusciamo appena a mantenerci un tetto sulla testa.»

«Tutto verrà, col tempo» ribatteva Liz, ostinata. «Vedrai: il paese ha bisogno di nuove industrie, così come la gente ha bisogno di ciò che possiamo produrre. Troveremo un modo.»

Edward non sembrava per niente convinto, e spesso Liz si sentiva frustrata. Aveva tanti progetti, tante speranze... e ben poco d'altro. Possibile che Edward non si rendesse conto di quanto aveva *bisogno* di credere in quello che faceva? Dopotutto, che altro aveva per tenere occupata la mente? David cresceva e aveva sempre meno bisogno di lei. Edward si rivolgeva sempre più a Chivers per l'assistenza fisica e a Ian Holmes e al vicario per gli stimoli intellettuali. A lei serviva qualcosa che le riempisse la vita, per cui lavorare, una sfida da raccogliere, qualcosa in cui riversare le energie che a volte la tormentavano, la rendevano irrequieta.

Era giovane, aveva davanti a sé tutta la vita. Quello che le era accaduto con Vic le aveva aperto gli occhi sui pericoli che poteva incontrare se non fosse stata attenta, se non avesse avuto qualcosa per occupare il suo tempo. Erano passati i giorni in cui lavorava così duramente da cadere esausta sul letto ogni sera. Ormai, lei e Chivers avevano fatto tutto ciò che potevano per rimettere in ordine la casa, e c'era bisogno di mani più esperte per proseguire l'opera.

Lei aveva bisogno di quel sogno di ricostruire dalle ceneri del passato un nuovo, solido futuro. Le pecore avevano costituito la ricchezza di Cottingdean per molto tempo, e potevano tornare a esserlo. Sapeva che era possibile, che un giorno ci sarebbe stato un mercato per tutto ciò che la fabbrica poteva produrre, e quel giorno lei sarebbe stata pronta.

Vic e Beth partirono tre mesi dopo e Liz organizzò per loro una piccola festa d'addio a cui parteciparono quasi tutti i vicini.

Cercò di non pensare a come sarebbero potute essere diverse le cose se... Se, che cosa? Se lei non fosse stata sposata con Edward? Ma era sposata con Edward, e doveva ringraziare il cielo per quello. Perfino al villaggio c'erano delle ragazze senza un padre per i loro figli. Alcune erano vedove, altre erano, come lei, vittime di un'illusione, o dello stravolgimento dei valori causato dalla guerra...

Quando finalmente venne il momento dei saluti, Vic evitò di guardarla, e lei non poté fare a meno di soffrire per la sua partenza, anche se sapeva che era la cosa migliore. Gli augurò ogni fortuna con profonda sincerità, pur essendo consapevole che la sua vita sarebbe stata impoverita dalla sua assenza.

Come se intuisse che cosa provava, David le andò accanto e fece scivolare la manina nella sua. Era morbida e calda... mentre quello che lei desiderava in realtà era una stretta più forte, più salda... la stretta della mano di un uomo, non di un bambino.

Sbatté le palpebre per ricacciare le lacrime. Era stupido autocommiserarsi. Doveva guardare al futuro, non al passato. E, dopotutto, perché avrebbe dovuto desiderare un uomo come Vic, un uomo che avrebbe preteso da lei l'intimità di cui l'esperienza con Kit le aveva dimostrato di essere incapace?

Eppure c'erano notti, lunghe notti in cui giaceva sveglia, tormentata da un bisogno oscuro, che non poteva spiegare e tantomeno capire. Un bisogno di fronte al quale si sentiva piena di incertezza e di vergogna.

17

Il mattino dopo, mentre prendeva il diario successivo, Sage rifletté che stava scoprendo in sua madre un insospettato e senza dubbio involontario senso del drammatico. In ogni pagina che aveva letto la sera precedente, aveva notato un crescente senso di angoscia, la sensazione che la vita di sua madre stesse per giungere a una svolta. O era solo la sua impazienza, la sua tensione a influenzarla?

Il fatto che mentre stava leggendo la storia del passato di sua madre, Liz stesse lottando per il proprio futuro, il fatto che anche la sua vita sembrasse arrivata a un punto cruciale... O era lei a caricare i diari di un significato recondito che in realtà non possedevano? Era guardare finalmente sua madre con gli occhi di una persona adulta, anziché di una bambina, che le aveva fatto capire che Liz era una donna, con sentimenti e necessità che non potevano essere soddisfatti dal suo rapporto con Edward?

Consultò le date scritte all'interno della copertina del diario successivo e notò che il contenuto copriva praticamente un intero decennio. Il decennio che avrebbe incluso l'anno del suo concepimento, riconobbe, con improvvisa emozione. Non aveva mai avuto con sua madre il genere di rapporto che potesse permetterle di chiederle che cosa avesse spinto una donna con un figlio di dieci anni, un marito dalla salute cagionevole, una proprietà come Cottingdean da gestire e un'attività industriale appena avviata, a smuovere cielo e terra per concepire una figlia, per poi passare la maggior parte del tempo a tenerla a distanza.

Ebbe, per un momento, il ricordo vivissimo del giorno in cui, da bambina, era corsa in casa per gettarsi fra le braccia di sua madre... o, almeno, ci aveva provato. Liz era nello studio con Edward, e Sage rivedeva chiaramente l'espressione dispiaciuta, risentita di suo padre quando era entrata nella stanza e il modo rapido, quasi irritato con cui sua madre l'aveva afferrata e messa fuori... la sensazione di essere un'estranea, di essere indesiderata.

Se non fosse stato per David, per il suo affetto... Sage ricordava quanto aveva desiderato emulare suo fratello, possedere il suo temperamento calmo e gentile, il suo modo di sconfiggere la collera con la dolcezza. Solo da adulta aveva scoperto quanto fossero rare le persone come David. Nei terribili giorni dopo la perdita di Scott, David sarebbe stata la persona a cui avrebbe potuto rivolgersi per conforto e consiglio. Ma David non c'era più. Lei non aveva avuto nessuno con cui sfogare il proprio dolore, e anziché rivolgere il rancore verso Scott e suo padre, lo aveva, per qualche oscura ragione, riversato su Daniel Cavenagh. Forse perché aveva percepito, inconsciamente, che solo Daniel era abbastanza forte, abbastanza sicuro di sé da accettare la sua collera.

Certo, sapeva che non era colpa di Daniel se il padre di Scott lo aveva riportato a casa, e se Scott stesso non aveva mai cercato di mettersi in contatto con lei. Quello che non aveva mai potuto confessare a nessuno, però, era la confusione e il disgusto di se stessa provocati dall'attrazione sessuale che provava per Daniel. E neppure aveva mai confidato a nessuno il modo in cui lui l'aveva respinta.

Perché? Perché si vergognava di quei sentimenti... o perché sentiva che neppure David, anche se fosse stato vivo, avrebbe capito? Per quanto amasse suo fratello, Sage aveva intuito che David non condivideva la sua profonda, silenziosa vena di sensualità, che per David il sesso era unicamente un dono elargito da Dio e santificato dalla procreazione. David non possedeva la sua stessa, acuta curiosità verso gli altri, verso le loro motivazioni, suo fratello preferiva non guardare troppo da vicino le zone oscure dell'anima umana, mentre lei era sempre stata avida di sapere che cosa motivava le azioni altrui, non solo dal punto di vista sessuale, ma anche da quello emotivo.

Da bambina, era vissuta sotto l'ombra costante dell'ostilità di suo padre e della freddezza di sua madre. Ma diversamente da altri, che si erano venuti a trovare nella sua stessa condizione, non aveva passato la sua vita adulta cercando l'approvazione altrui, e specialmente quella maschile. Anzi, all'opposto, aveva respinto gli uomini, li aveva puniti per ciò che suo padre le aveva fatto. E c'era riuscita con la maggior parte di loro. Ma non con Daniel...

Daniel... i suoi pensieri sembravano agitarsi in un circolo vizioso che portava sempre allo stesso punto. Le avrebbe telefonato, o avrebbe semplicemente ignorato il suo ultimatum? In quel caso...

Sage scoprì che stava tremando. Respirò a fondo, diverse volte, e sfogliò rapidamente le pagine del nuovo diario. Non voleva pensarci quella mattina... non voleva permettere al suo istinto di prendere il sopravvento sulla razionalità.

Lesse in fretta, assimilando i brevi, nudi fatti annotati nelle prime pagine: il montone si era rivelato un grande successo e la sua progenie aveva prodotto la lana pregiata che Liz aveva sperato. Le annotazioni erano brevi, e ancora più brevi nell'inverno in cui Edward era stato gravemente ammalato e aveva dovuto essere ricoverato in ospedale per i postumi di un'influenza. La primavera era stata produttiva per il gregge, e Liz scriveva che stava pensando di comprare un altro montone.

Al momento, vendeva la lana a una piccola filanda sul confine scozzese, ma aveva esaminato la possibilità di realizzare l'idea di riaprire la fabbrica, saggiando cautamente le probabilità di ottenere un aiuto governativo. La gente si stava gradualmente riprendendo dagli anni oscuri della guerra, stava ricominciando a riacquistare gusto al superfluo, alle cose belle. Liz sapeva che presto ci sarebbe stato un mercato per i filati che avrebbe potuto produrre, ed era decisa a essere pronta per quel momento.

Le difficoltà che si frapponevano alla realizzazione dei suoi progetti, tuttavia, erano tali che una persona meno determinata avrebbe rinunciato. Edward aveva cominciato a ritirarsi in un silenzio distante quando Liz cercava di discuterne con lui... il genere di silenzio di cui un bambino viziato si serviva per punire un adulto, riconosceva Liz.

La salute di Edward era continua fonte di preoccupazioni per lei. L'ultima influenza lo aveva indebolito non solo fisicamente, ma anche psicologicamente: era più incline a dipendere da lei, più esigente, più cupo e silenzioso quando riteneva di non aver ottenuto sufficiente attenzione.

Ci fu anche un altro motivo di contrasto fra loro. David cresceva, ed Edward voleva che frequentasse la piccola scuola privata dove aveva studiato lui stesso. Ma David era un bambino così tranquillo, così solitario, che Liz era preoccupata all'idea di mandarlo via da casa a soli sette anni. Su quel punto, tutti parvero darle torto. A scuola David si sarebbe fatto degli amici, le ripetevano. Ed Edward le fece notare con discrezione che un Danvers doveva ricevere un'educazione adeguata alla sua posizione sociale.

Fu David stesso a risolvere il problema, assicurando a Liz che era ben contento di andare in collegio, e che non si sarebbe sentito triste e solo... Come se la bambina fosse lei, aveva pensato Liz tristemente.

Con tutto quello che aveva realizzato a Cottingdean, con tutto il lavoro che faceva ancora, la irritava, a volte, essere costretta a sopportare i rimbrotti del marito. Edward non faceva mistero del fatto che disapprovava l'idea di riaprire la fabbrica. Non gli sembrava il caso, specialmente per una donna, le aveva detto, e qualcosa in lei si era ribellato. Gli doveva molto, era vero, ma lo aveva ripagato come meglio aveva potuto. Avevano un bel bambino, una casa che a poco a poco era tornata abitabile, un orto che forniva la verdura e la frutta necessarie, le galline per le uova, e con la pensione di Edward e il ricavato dei campi che affittavano vivevano, se non agiatamente, almeno meglio di molti altri.

A poco a poco, Liz stava anche arredando la casa. Al cassettone che aveva trovato per caso durante il viaggio di ritorno da Southampton, aveva aggiunto vari altri pezzi, scovati alle aste di campagna. L'ultima alla quale aveva assistito aveva fornito le bellissime tende di broccato che ora ricoprivano le finestre del salotto, e che Liz aveva comprato per una cifra irrisoria.

Le tende le diedero lo spunto per restaurare completamente la stanza. In biblioteca Liz aveva trovato dei disegni del progetto originale del salotto, da cui aveva desunto che le pareti erano state dipinte di un giallo delicato che si sarebbe accordato perfettamente con il colore delle tende.

Chivers si era procurato della tempera bianca e Liz, procedendo per tentativi, era riuscita a produrre un colorante vegetale per ottenere la tinta desiderata. Non l'aveva detto a nessuno, ma già, nei suoi progetti, intravedeva il giorno in cui avrebbe applicato quell'esperienza per ottenere i colori pastello delle lane prodotte dalla sua fabbrica...

Liz aveva un'idea ben chiara di quello che voleva produrre: il meglio, e solo il meglio sarebbe stato degno di portare l'etichetta di Cottingdean.

A un'asta di oggetti antichi si era trovata accanto a un gruppo di turisti americani, e le loro conversazioni erano state illuminanti. Quella gente aveva denaro e gusto. Un giorno, avrebbe comprato i suoi filati.

Che gli altri ironizzassero pure sui suoi sogni. Lei sapeva che il tempo le avrebbe dato ragione, e pazientava. Non voleva mettersi in urto con Edward al punto che le proibisse di continuare. Dopotutto, la fabbrica era sua... e inoltre, Liz gli era sinceramente affezionata e voleva rendergli la vita il meno travagliata possibile.

Sarebbe stata sorpresa se avesse saputo quanta gente si meravigliava della pazienza e della devozione che gli dimostrava, a cominciare da Ian Holmes.

Come il medico diceva sempre a sua moglie non era una vita adatta a una donna giovane e bella. Non si sarebbe stupito, e non gliene avrebbe fatto di certo una colpa, se avesse avuto un amante. Alla fine, fu proprio Ian che persuase Edward a lasciarle realizzare i suoi progetti per la fabbrica, facendogli notare che una donna giovane aveva bisogno di investire in qualche modo le proprie energie, di qualcosa a cui ancorare i propri sogni.

Edward gli aveva lanciato uno sguardo sospettoso, e per la prima volta aveva reagito con lo stesso, infantile silenzio che Ian gli aveva visto spesso usare con Liz. Ma, in fondo, Edward era un uomo leale, responsabile, e se a volte il suo amore per Liz, il suo timore che un giorno si stancasse e lo lasciasse lo rendevano ingiusto verso di lei, era abbastanza onesto da ammettere che i suoi dubbi erano ingiustificati, e che ben pochi mariti avevano una moglie devota come la sua.

E così, riluttante, convenne che forse, un giorno, finanze permettendo, avrebbero potuto prendere in considerazione l'ipotesi di riaprire la fabbrica.

Finanze permettendo... Liz aveva già qualche idea su come trovare il denaro di cui aveva bisogno.

Seguendo i consigli che Vic aveva dato loro prima della partenza, lei e il pastore avevano selezionato il gregge, attraverso gli incroci, con l'intenzione di ottenere degli animali da carne.

Edward si era opposto rabbiosamente, sulle prime, all'idea di esporre alcuni dei loro animali alle fiere locali. Liz aveva quasi visto il suo naso aristocratico torcersi per il disgusto, ma alla fine lo aveva persuaso ricordandogli che era una tradizione, per la nobiltà di campagna, sostenere le attività agricole.

Riluttante, Edward aveva ceduto, e così, a poco a poco, Liz e il pastore avevano cominciato a conquistarsi un certo nome per i loro animali. L'anno precedente avevano addirittura vinto un primo premio con uno dei loro montoni, e sarebbe stata la sua progenie che, una volta venduta, avrebbe fornito il capitale per riaprire la fabbrica.

Un altro vantaggio della fabbrica era che si trovava proprio nel mezzo del villaggio, e in una zona in cui era difficile trovare lavoro. Per quella ragione, c'erano fondate probabilità che il suo progetto incontrasse il favore delle autorità. Uomini che avevano combattuto per il loro paese mal sopportavano di essere senza una occupazione, senza denaro... Chiunque potesse garantire dei posti di lavoro, specialmente in un'area rurale, era in una posizione vantaggiosa.

Liz stava cominciando a imparare il gioco. Ufficialmente, ora, l'idea della fabbrica era di Edward, e lei era semplicemente la sua portavoce, che esponeva i suoi punti di vista, poiché la sua salute gli rendeva difficile partecipare a lunghe e faticose riunioni. Le autorità locali, avvicinate con l'aiuto di Ian Holmes, avevano visto di buon occhio il progetto e l'avevano messa in contatto con una piccola banca privata che cercava nuovi investimenti. Ian l'ammirava, e sperava che riuscisse a realizzare quel progetto che le stava tanto a cuore. Povera figliola, aveva bisogno di qualcosa, nella vita, specialmente ora che David era a scuola.

Un giorno, Ian stava riflettendo sulla situazione mentre andava a trovare Edward, non per una visita amichevole, bensì per ragioni professionali. Lo sottoponeva a controlli diverse volte all'anno e cercava di parlargli delle sue condizioni ma Edward, in quelle occasioni, tendeva a diventare brusco e distante. Ultimamente, aveva momenti di depressione sempre più frequenti, che preoccupavano Ian, tanto più in quanto Edward stesso rifiutava di ammetterli.

Varie volte Ian aveva tentato di suggerirgli che sarebbe stata una buona idea trascorrere qualche settimana in uno dei nuovi convalescenziari privati che stavano sorgendo per gli ammalati come lui, ma Edward aveva invariabilmente cambiato argomento.

Eppure, Ian vedeva che Liz stava cominciando a risentire della continua tensione di doverlo assistere, e un breve periodo di tregua avrebbe fatto bene a entrambi.

Liz era fuori per affari che riguardavano la fabbrica,

gli disse Chivers, facendolo accomodare. Per una volta, sembrava aver perso un po' della sua consueta calma. Era turbato, inquieto, e prima di introdurre Ian in biblioteca disse, esitante: «Se potessi dirle una parola, dottore...».

«Ma certo, Chivers. Di che si tratta?»

«Be'... del maggiore, dottore.»

Ian rimase sorpreso. Aveva creduto che Chivers volesse esporgli un problema personale.

«Sì?» lo incoraggiò.

«Be', lei sa che ha questi malumori, vero? Non si può fargliene una colpa. I dolori di cui soffre sono praticamente cronici. Ma di recente... Be'...» Chivers si interruppe. «Non so se dovrei essere io a dirglielo, dottore, ma qualcuno deve farlo, e la signora... be', lei è sempre perfetta, e come ho cercato di dire io stesso al maggiore, non è giusto...»

Ian si irrigidì.

«Che cosa non è giusto, Chivers?»

Ma in cuor suo, sospettava di conoscere già la risposta.

«Be', il maggiore... Ha dei momenti in cui non è più lui, sa... Dice cose che non pensa... Dopotutto, è duro per un uomo nella sua posizione... E la signora... Be', lei è una santa. Ha sempre un sorriso per lui, lo conforta, gli dice che non c'è niente di cui preoccuparsi. Ma ultimamente...» Chivers esitò di nuovo e disse ansiosamente: «Spero che lei non pensi che parlo a sproposito, dottore. Non mi sono mai abbassato a spettegolare, ma se si tratta di starsene da parte a guardare mentre...».

Sembrava che cercasse le parole più giuste per esprimersi e Ian aspettò, pazientemente.

«Il fatto è che il carattere del maggiore sta peggiorando... Certe cose che dice alla signora... sono cose che nessuna signora dovrebbe sentire, ma lei dice di non badarci, che è tutta colpa delle sue sofferenze... Ma la settimana scorsa è tornata tardi da non so quale riunione. L'ho sentito gridare e ho pensato di andare a vedere, nel caso la signora avesse bisogno d'aiuto. A volte, quando è furioso, cerca di alzarsi dalla carrozzina... e lei ha sempre paura che cada e si faccia male. Comunque, ho aperto la porta e ho visto... Sembrava che la signora fosse china sulla carrozzina... ma poi mi sono reso conto che...» Chivers inghiottì a vuoto, poi guardò Ian negli occhi. «Mi sono reso conto che l'aveva afferrata per la gola, dottore. Se devo essere onesto, per un momento ho pensato... Ma poi il maggiore mi ha visto, e l'ha lasciata andare. La signora mi ha fatto promettere di non dire niente a nessuno. Ma il mattino dopo aveva la gola tutta livida e ha dovuto portare un foulard per quasi una settimana. E ci sono state altre volte... Il maggiore non è un uomo violento, d'altra parte è roso dalla gelosia... E io mi chiedevo... be'... se c'è qualcosa che lei può fare, dottore... Non vorrei che pensasse che ho parlato a sproposito, ma...»

«Ha fatto bene a parlarmene, Chivers» lo rassicurò Ian. «Come ha detto lei stesso, il povero Edward soffre molto. Gli parlerò io. Stanno per arrivare sul mercato diversi nuovi farmaci, e forse un breve periodo lontano da qui...»

«Perdere la signora lo ucciderebbe» mormorò Chivers. «È una moglie meravigliosa per lui. Come ho detto, è una santa...»

Ma Liz era anche una donna giovane e normale, aggiunse Ian mentalmente, aprendo la porta della biblioteca. E se Edward non fosse stato attento, i suoi malumori avrebbero finito col perderlo.

Come Ian si era aspettato, Edward accolse tutt'altro che bene il suo suggerimento che fosse ora di riesaminare la sua situazione e che forse un breve periodo lontano da casa gli avrebbe fatto bene. Si agitò sulla carrozzina, stringendo i pugni, e Ian non ebbe difficoltà a credere che, come aveva detto Chivers, potesse diventare fin troppo violento verso Liz. Forse era uno sviluppo prevedibile del loro rapporto, ma certo quella non era una scusa.

Forse, la cosa migliore era parlare con Liz, finì per decidere, quando si rese conto che non ricavava nulla da Edward, il quale negava decisamente che sia i suoi dolori, sia la sua gelosia, cominciassero a diventare incontrollabili.

«Perché mi fai tutte queste domande?» gli chiese, aggressivo. «Liz ha parlato con te, vero? Si è lamentata? Quella dannata fabbrica! Non si occupa d'altro...»

«Sai che non è vero, Edward. E no, Liz non mi ha detto nulla. La ragione per cui ti ho chiesto se i tuoi dolori peggiorano, è che tutti i farmaci, per quanto buoni, perdono la loro efficacia con l'andare del tempo. Presto se ne troveranno in commercio dei nuovi, e come ho detto, un breve periodo lontano da qui...»

«No. No, non me ne andrò da qui fino a quando non mi porteranno via nella bara» ribatté Edward. «Questa è la mia casa, ed è qui che intendo stare.»

«Ma, Edward» gli rammentò Ian quietamente, «ricorda che puoi stare qui solo perché Liz ti è così devota...» Si impietosì vedendo Edward arrossire. Forse era crudele rammentargli la sua dipendenza, ma qualcuno doveva pur farlo. «Senti, perché non ci rifletti un po' su?» suggerì.

«Non c'è niente su cui riflettere» ribatté Edward cocciuto.

Ian era nell'ingresso quando Liz rientrò. Sembrava stanca, ma nel momento in cui lo vide si illuminò.

«Ian, che piacere. Pensavo che fossi già andato via. Come sta Edward? Soffre molto, ultimamente, e sono preoccupata per lui.»

«Sì, lo so» rispose Ian quietamente. «Senti, vorrei parlarti. Hai tempo, ora?»

Liz annuì e lo condusse in salotto. Quando si furono accomodati, Ian riprese: «Anch'io sono preoccupato per Edward. Non dal punto di vista fisico, peraltro... in un certo senso sta meglio di quanto ci si sarebbe potuto aspettare all'inizio, ed è tutto merito tuo, Liz... No, sono le sue condizioni psicologiche che mi preoccupano. Senza dubbio, le sofferenze fisiche hanno un effetto deleterio su di lui. Gli ho consigliato di provare un nuovo farmaco, ma quello che mi preoccupa è il suo atteggiamento nei tuoi confronti». La vide tendersi, e continuò, gentilmente: «Sei una donna molto speciale, e quello che hai fatto per Edward e per Cottingdean è meraviglioso. Ma dopotutto sei anche una giovane donna, con le esigenze di una donna normale, ed Edward...».

«Se mi stai chiedendo se gli sono stata infedele, la risposta è no» scattò Liz, arrossendo. «Non sono una donna sensuale, Ian. L'ho scoperto molti anni fa con Kit... il padre di David. È stato il mio primo... il mio solo uomo...» Si morse il labbro. «Sapevo quello che facevo, quando ho sposato Edward. Non l'ho mai tradito e non intendo farlo. Non voglio un amante e non ne ho bisogno.» Lesse la comprensione e la pietà sul viso di Ian e continuò, in fretta: «È molto difficile per me parlare di queste cose. Nessuno ammette volentieri i propri fallimenti, e le sue inadeguatezze, non è così? Ma credimi... so che, per quanto riguarda il sesso... Be', sembra che proprio io non abbia la... la capacità di rispondere...».

Quello che aveva sentito dire di Kit Danvers, e quello che sapeva di Liz, rendevano quantomeno perplesso Ian.

«Quando parli di inadeguatezze, ho l'impressione che tu ti faccia carico di colpe altrui» la interruppe gentilmente. Liz lo guardò senza capire, e lui proseguì: «So, da quello che mi hai detto di tua zia, che era una donna molto repressiva e fredda, e questo deve avere avuto il suo bell'effetto su di te, specie nell'adolescenza. Quanti anni avevi, quando hai concepito David?».

«Diciotto...» mormorò Liz.

Diciotto anni. Ian sospirò fra sé. E Kit Danvers doveva essere vicino alla trentina. Certo abbastanza maturo ed esperto per condurla con amore e gentilezza alla scoperta della propria sessualità. Ma, da quello che aveva sentito, doveva essere uno di quegli uomini che badavano unicamente al proprio piacere, senza preoccuparsi più di tanto della partner.

«Queste inadeguatezze di cui parli, sono piuttosto da attribuire a Kit» affermò. «Era parecchio più anziano di te, e certo più esperto...»

Liz si agitò sulla poltrona, a disagio.

«Non credo che sia colpa di Kit... D'altronde, in tutti questi anni... Be', non ho mai...» Si interruppe, arrossendo.

«Non hai mai, che cosa?» insistette Ian. «Mai provato desiderio? Mai...»

Liz arrossì di nuovo, chiedendosi come potesse Ian sapere di quelle notti in cui si era svegliata tesa, inquieta, conscia di un bisogno sepolto profondamente dentro di lei.

«Non ho mai desiderato di avere una relazione sessuale con qualcuno» sussurrò.

«Vuoi dire che non ti sei mai permessa di desiderarlo» la corresse Ian. «È molto diverso. Non voglio metterti in imbarazzo o turbarti, Liz... è solo che sono preoccupato per il modo in cui Edward riversa su di te la sua amarezza e la sua frustrazione. So che è una reazione naturale, ma quando si arriva alla violenza fisica...»

«Sta diventando così geloso... Non capisco...» mormorò Liz.

Inghiottì a vuoto, e Ian le spiegò, gentilmente: «Edward ti ama, mia cara, d'altra parte non può fare l'amore con te. E naturalmente ha paura che qualche altro uomo prenda il suo posto. Quello che temo, è che questa gelosia travalichi i limiti. Credo che un breve periodo lontano da qui darebbe un po' di respiro a entrambi...».

«Non accetterà mai» lo interruppe Liz.

«No, pare di no. Ma se non troviamo un modo per fargli ammettere che il suo comportamento sta diventando irrazionale... Be', temo che la sua violenza... Ed è violento, a volte, lo sappiamo entrambi...» Ian sospirò, poi proseguì: «Non puoi essere felice di questo matrimonio, Liz. Tu...».

«Io sono la moglie di Edward» ribatté lei, rigida. «Gli devo molto, Ian, più di quello che tu possa immaginare. Se lo lasciassi...»

«Se lo lasciassi, il suo mondo crollerebbe. Ma... e il *tuo* mondo, Liz? Ho il sospetto che tu passi la maggior parte della vita mettendo le necessità degli altri davanti alle tue... e che così facendo finirai col dimenticare di avere delle necessità.»

«Che cosa mi stai consigliando? Di prendermi un amante?» ritorse Liz amaramente. «Come potrei farlo? Devo pensare a David, oltre che a Edward. E poi, non è colpa sua. Quegli scatti d'ira lo lasciano così spaventato, distrutto... Non pensa realmente le cose che dice.» Si interruppe, mordendosi il labbro. «Ha bisogno di me, Ian. E io non intendo mancargli di rispetto.»

«Benissimo. Ma ricorda che io sono sempre qui, se tu hai bisogno di me... E voglio ancora cercare di convincerlo a passare almeno una settimana in un convalescenziario.»

Risalendo in macchina Ian si chiese se per caso non avesse fatto più male che bene. Sarebbe forse stato meglio lasciare Liz nella sua ignoranza, lasciarle credere che la sua sessualità fosse incompleta?

Per molto tempo, dopo che Ian se ne fu andato, Liz rimase a fissare il giardino, possibile che quello che le aveva detto Ian fosse vero?

Ma anche se lo era, che importava, ormai? Aveva un impegno con Edward e intendeva mantenerlo. Lo amava... forse non come uomo, e certo non come amante, ma gli voleva bene, e la turbava che Ian avesse intuito quanto potesse diventare violento con lei.

Sapeva che Edward era un uomo sensibile, dolce, che non avrebbe mai fatto del male a nessuno consciamente... ma, come in tutti gli esseri umani, c'era un lato oscuro nella sua natura, che la sofferenza fisica e la disperazione stavano cominciando a portare alla luce. Sospirando fra sé, si diresse alla porta. Certo Edward si stava chiedendo dove fosse finita.

Per un po', dopo la visita di Ian, le cose migliorarono. I malumori di Edward si fecero meno frequenti, e Liz trovò più facile parlargli della fabbrica senza che perdesse la calma e l'accusasse di pensare più agli affari che a lui e a David.

Iniziarono i lavori di ripristino della fabbrica. Liz

non leggeva più le riviste finanziarie in segreto, ma ne discuteva con Edward, ignorando la sua passività, cercando di interessarlo a quello che faceva e includendolo scrupolosamente in ogni progresso.

Fu necessario trovare un direttore per la fabbrica, una persona con l'esperienza sufficiente per gestire la produzione e addestrare la manodopera, ma anche un uomo che capisse quello che Liz intendeva realizzare. Dopo essersi consultata con Edward, che cominciava ad accettare l'idea della fabbrica come una realtà, e con i responsabili della banca, Liz pubblicò delle inserzioni sui giornali delle città industriali che sorgevano nei pressi del confine scozzese, e la valanga di risposte che ottenne rinnovò i dubbi di Edward. L'industria tessile era in crisi, le stoffe venivano prodotte a minor prezzo all'estero. Dove contava Liz di vendere le stoffe pregiate che intendeva produrre?

«Le venderemo all'estero. In America... dove la gente ha denaro e vuole il meglio.»

Edward la fissò in un silenzio sbalordito. Dov'era finita la bambina timida e spaventata che aveva sposato, la bambina che dipendeva da lui? Ora, le parti si erano invertite, e quella consapevolezza era come una ferita aperta che rifiutava di cicatrizzarsi.

Sage conosceva così bene la storia della fabbrica e del suo successo, non tramite sua madre, bensì per bocca di coloro che lavoravano per lei, che avrebbe potuto recitarla a memoria come una litania. Perciò, saltò paragrafi e mezze pagine, nell'ansia di raggiungere l'anno del proprio concepimento.

Aveva appena finito di leggere un paio di paragrafi sulle vacanze estive di David e i suoi progressi a scuola quando il telefono squillò, facendola sussultare, con la gola subito stretta dal panico. Sapeva ancora prima di sollevare il ricevitore che era Daniel, eppure quando sentì la sua voce lo shock le paralizzò le corde vocali. Come poteva apparire così calmo e tranquillo, mentre lei era ancora sconvolta dal loro incontro alla *Old Hall*?

Si sforzò di concentrarsi su quello che le stava dicendo, e interruppe le sue educate domande a proposito della salute di Liz con una durezza nata dall'istinto di autodifesa.

«La tua decisione, Daniel.»

Ci fu una breve pausa.

«Temo di non averne ancora potuto prendere una. Ho bisogno di più tempo. Almeno altre quarantott'ore.»

Altre quarantott'ore. Giunti a quel punto, si sarebbe saputo l'esito dell'operazione di sua madre, e la decisione di Daniel avrebbe rischiato di non avere più alcuna importanza. Senza Liz, Sage dubitava che la protesta sarebbe proseguita.

«Sage, sei ancora lì?»

Non poteva essere preoccupazione quella che sentiva nella voce di Daniel, perciò lei ignorò la propria debolezza e disse, aspra: «Sì, sono ancora qui. La mia non era una minaccia a vuoto, Daniel».

«Non ho mai pensato che lo fosse. Dimentichi che ti conosco bene, Sage.»

Lei si irrigidì.

«Vuoi dire che mi *conoscevi*. Ma è stato molto tempo fa» ribatté, gelida.

Lui non rispose, ma si limitò a ripetere, con tono calmo: «Quarantott'ore, Sage, e poi ti comunicherò la mia decisione. Non sono solo in questo affare, lo sai. Ho un consiglio d'amministrazione a cui rendere conto e...».

«Benissimo» lo interruppe lei, impaziente. «Quarantott'ore, Daniel.»

Nel suo ufficio, Daniel depose il ricevitore. Sage aveva accettato molto più in fretta di quanto si aspettasse. Dovette ammettere con se stesso di essere un po' deluso, come se, in un certo senso, avesse desiderato uno scontro più duro... una conversazione più lunga.

Riandò con la mente a quello che era successo fra loro solo il giorno prima... Ma a che cosa serviva continuare a torturarsi? Sage aveva chiarito anche fin troppo bene che cosa pensava dell'esplosiva attrazione sessuale che esisteva fra loro, e in tutta onestà lui non poteva rimproverarle la sua reazione.

Al suo posto, avrebbe agito nel medesimo modo, rifiutando la primitività del proprio bisogno sessuale abbassato al livello più elementare, senza i veli di alcun legame sentimentale fra loro. Da parte di lei, almeno.

Quanto ai propri sentimenti... Daniel sorrise cupamente fra sé. Non aveva dubbi su come Sage avrebbe reagito se fosse stato tanto sciocco da rivelarle ciò che provava realmente. Aveva sentito parlare di come aveva trattato gli uomini che erano stati abbastanza ingenui da ammettere di amarla, e non aveva intenzione di unirsi a quel particolare gruppo di martiri.

Amarla era una condizione penosa di cui avrebbe volentieri fatto a meno, ma che esemplificava il vecchio detto: *Quello che non si può curare, si deve sopportare.* Come chi soffriva di reumatismi, aveva scoperto che c'erano giorni in cui la sofferenza era meno forte, e altri in cui il tormento di amarla minacciava di sopraffare tutto il resto. D'altra parte aveva imparato a convivere con quel sentimento, anche se era stato un processo lungo e doloroso.

Quarantott'ore. Se le voci che aveva sentito quella mattina erano vere, allora molto prima di quella scadenza la minaccia di Sage avrebbe perso tutto il suo valore...

L'amava, naturalmente, ma con un'intensità che andava ben oltre la soddisfazione immediata di un semplice bisogno sessuale. Quanti anni erano passati da quando aveva capito che non era solo desiderio, quello che sentiva per lei, ma anche amore? Quando lo aveva scoperto per la prima volta? Quando Scott era in ospedale? O ancora prima? Nel momento in cui l'aveva vista, forse?

Ma nonostante i suoi problemi personali, aveva una azienda da dirigere, e non era un adolescente che potesse mettersi a sognare una donna che probabilmente non avrebbe mai avuto.

Scuotendo la testa sconsolato, Daniel riportò l'attenzione sui documenti che aveva davanti.

Ci volle quasi un'ora, dopo che ebbe finito di parlare con Daniel, perché Sage riuscisse a riprendere la lettura. Durante quel tempo, aveva usato la scusa di volere una tazza di caffè per camminare avanti e indietro per la cucina, e poi per lo studio, profondamente turbata. Che cosa le stava succedendo? Si comportava come... come una donna innamorata.

Impossibile. Rabbrividì, chiudendo gli occhi. Una donna innamorata. Ridicolo... Attrazione fisica, ecco che cosa provava per Daniel. Era tutto ciò che si era concessa di provare per qualunque uomo, dopo che...

Nervosamente, si mise a sedere e riprese in mano il diario.

È stata una buona estate. Cottingdean si stava facendo un nome per i suoi montoni e la fabbrica stava cominciando a produrre le stoffe di qualità che Liz desiderava.

David andava bene a scuola, e sembrava contento e soddisfatto. Perfino la salute di Edward era un po' migliorata. Ian Holmes aveva provato un nuovo analgesico che sembrava più efficace degli altri ed Edward aveva perfino passato diversi pomeriggi di bel tempo in giardino. Di conseguenza, Liz aveva potuto tirare un po' il fiato. Era meraviglioso non dover misurare ogni parola, quando discuteva con Edward, non dover temere la sua reazione per tutto quello che faceva. Per quanto riguardava la fabbrica, ora aveva la sua fiducia e, benché Edward non lo sapesse ancora, Liz si preparava, per l'anno seguente, a dare l'assalto al mercato americano.

Fu con una grande serenità d'animo che Liz salì in macchina per riaccompagnare a scuola David, al termine delle vacanze estive. Era certa che, almeno per l'immediato futuro, le sue difficoltà fossero finite. Ora, poteva addirittura leggere le rare lettere di Vic senza rimpiangere ciò che sarebbe potuto essere, senza una segreta sensazione di vuoto.

Lasciò David al collegio e prese la via del ritorno. Il tempo era bello, e Liz indossava un vestito nuovo, un modello copiato da una rivista e confezionato da lei stessa, scegliendo una stoffa a disegni bianchi e gialli. Aveva il corpino aderente e la gonna a ruota, che metteva in evidenza la vita sottile. Per le occasioni formali, lo indossava con un grande cappello bianco, e un compagno di David le aveva confidato che era *assolutamente meravigliosa.*

Sorrise fra sé. Era indicativo del suo modo di vivere dover fare tesoro del complimento di un ragazzino. D'altra parte, a che cosa le sarebbero serviti i complimenti degli uomini? Era la moglie di Edward, la madre di David. Aveva una vita piena, abbastanza soddisfacente. Se il prezzo che doveva pagare era l'annullamento di se stessa come donna, non era un prezzo poi troppo alto.

Per la verità, potevano esserci momenti in cui guardava una coppia abbracciarsi, coglieva uno sguardo tenero scambiato fra due innamorati, e provava un doloroso senso di vuoto, ma non si lasciava andare a questi sentimenti. A che cosa sarebbe servito?

Edward aveva bisogno di lei...

Era a metà strada del vialetto di Cottingdean quando notò una macchina che non conosceva posteggiata davanti alla casa. Era una Ford nuova, lucente, che faceva sembrare la sua vecchia auto ancora più dimessa di quanto non fosse.

Liz corrugò la fronte, chiedendosi di chi potesse essere. Avevano così raramente dei visitatori inaspettati che la vista della macchina le diede un vago senso di apprensione.

Senza sapere bene il perché, entrò in casa dalla porta principale, anziché dalla cucina, sapendo che l'ospite poteva solo essere con Edward. Avvicinandosi alla porta aperta della biblioteca sentì due voci, quella di Edward stanca e un po' tesa, l'altra vigorosamente maschia, con un accento che non riuscì subito a definire. Entrando in biblioteca, notò che Edward sembrava esausto. La sua figura fragile e i capelli grigi erano in netto contrasto con la struttura possente dell'uomo che era con lui.

Due vivaci occhi verdi la studiarono, mentre avanzava verso di loro, ma non come un uomo osservava una donna, notò Liz, bensì in un modo distante, quasi indifferente.

«Cara, ti presento Lewis McLaren» disse Edward. «È venuto dall'Australia e ha pensato di venirci a trovare per vedere come va il suo montone.»

Lewis McLaren... il proprietario di Woolonga! Liz lo guardò incerta, quasi con ostilità. Un tempo, quell'atteggiamento lo avrebbe incuriosito. Un tempo...

Il suo cervello registrò il fatto che era una bellissima donna e, insieme, una certa sorpresa per averlo notato.

Aveva sentito parlare di lei da Vic, naturalmente. Quest'ultimo gli aveva raccontato anche di Edward Danvers, e lui era preparato a trovarsi di fronte un invalido. Un invalido... ma era anche un uomo che aveva una moglie e un figlio.

La sua bocca si piegò in una sorta di smorfia, e Liz, notandolo, si irrigidì, chiedendosi che cosa avesse causato quell'aria cupa nei suoi occhi. Le aveva teso la mano ma, sospettava, solo per educazione. Lei la strinse brevemente, quasi riluttante, irrigidendosi quando ne sentì la ruvida forza. Un turbine di sensazioni si scatenò in lei, un'acuta consapevolezza della sua mascolinità, in chiaro contrasto con l'infermità di Edward, ma si sforzò subito di cancellare il paragone.

Era stanca e tesa, ecco tutto. Stanca di doversi aggirare in punta di piedi attorno alla crescente depressione di Edward.

«David è arrivato a scuola sano e salvo, allora» arguì Edward. Senza aspettare risposta, si rivolse all'ospite e disse orgogliosamente: «David è nostro figlio. Un ottimo ragazzo... Lei ha famiglia, signor McLaren?».

«No.» La parola fu secca, accompagnata dal guizzare di un muscolo sulla mascella.

Liz corrugò le sopracciglia. Era sicura che in una lettera Vic aveva accennato che il proprietario di Woolonga era sposato e che sua moglie aspettava un bambino, ma era evidente dalla sua espressione che Lewis McLaren non intendeva discutere con loro la sua vita privata.

Con tatto, cambiò argomento, cercando di mantenere una distanza formale fra sé e il visitatore. Non fu difficile. Lui fu molto educato, d'altra parte Liz aveva la sensazione che non la vedesse affatto come donna.

Per lei fu un sollievo. Trovava sempre più difficile avere a che fare con la gelosia di Edward. Solo la settimana prima le aveva fatto una scenata, accusandola di essere stanca di lui, del loro matrimonio. In quei giorni, inveiva sempre più spesso contro il proprio destino, fino a quando era troppo esausto per continuare, e allora scoppiava in lacrime, aggrappandosi a lei e supplicandola di non lasciarlo.

Quelle sceneggiate a poco a poco cominciavano a influire sull'equilibrio di Liz, e solo il cielo sapeva quale poteva essere il loro effetto su Edward.

18

Sage depose il diario, fissando nel vuoto. Lewis McLaren, il padre di Scott! Non le era mai passato per la mente che sua madre lo conoscesse. Ma, del resto, come avrebbe potuto immaginarlo? Vivevano a migliaia di chilometri di distanza. Sapeva, naturalmente, che sua madre aveva fatto venire il suo primo montone dall'Australia, ma anche leggendo i diari non aveva mai collegato Woolonga con Scott. Lui si era sempre riferito alla sua casa chiamandola semplicemente *la fattoria*.

Sua madre non aveva mai detto una parola sul fatto che conosceva i McLaren, neppure quando lei aveva portato Scott a Cottingdean e glielo aveva presentato.

La spiegazione, tuttavia, doveva trovarsi nei diari, anche se, in un certo senso, Sage non era più del tutto sicura di volerla conoscere. Dovette fare uno sforzo su se stessa per riprendere a leggere.

Lewis McLaren era ben conscio della tensione che si era creata nella stanza quando Liz aveva fatto il suo ingresso, e questo lo indusse a guardarla con maggiore attenzione.

Per essere una donna così bella, era stranamente insicura di sé, curiosamente vulnerabile. Non gli era sfuggito lo sguardo ansioso, quasi supplichevole, che aveva lanciato a Edward. Ma supplichevole per che cosa?

La propria curiosità nei suoi confronti lo innervosì un po'. Era stato il suo medico a suggerirgli di fare quel viaggio, affermando che aveva bisogno di prendere le distanze da ciò che era accaduto. E così, aveva deciso di venire in Inghilterra, ed era stato Vic ad accennare al fatto che forse sarebbe potuto passare da Cottingdean per vedere come procedeva il gregge.

Lewis aveva avvertito nel tono di Vic la nostalgia e si era chiesto perché avesse scelto di mettere tante migliaia di chilometri fra sé e il luogo che amava.

Beth non aveva riportato una grande impressione dell'Inghilterra, e tantomeno dei Danvers. Dai suoi commenti su Liz, Lewis si era aspettato di incontrare una donna più anziana, più dura, non quella ragazza incerta.

Il fatto che fosse così incuriosito gli fece pensare che forse il suo medico aveva avuto ragione, dopotutto. Lui, invece, fino a quel momento era stato a dir poco scettico sull'utilità di quel viaggio. Che scopo c'era? La perdita di sua moglie, di suo figlio... erano cose che non avrebbe mai potuto dimenticare, specialmente quando...

Lewis si rese conto che Edward gli stava chiedendo per quanto tempo intendesse fermarsi nella zona. Nel suo tono di voce c'era una vena di ostilità che lo sconcertò. Inizialmente, Edward Danvers lo aveva accolto con calore... o così gli era sembrato. Ora, all'improvviso, tutto era cambiato. E tutto era mutato dal preciso momento in cui sua moglie era entrata nella stanza.

Un uomo anziano e invalido, e una donna molto più giovane di lui e molto bella. Era facile capire che Edward fosse geloso della moglie, del loro matrimonio. D'altra parte erano sposati da molto tempo, avevano un figlio, e neppure Beth aveva avuto niente da ridire sulla devozione di Liz per il marito.

Più tardi, non riuscì del tutto a capire che cosa lo avesse spinto a rispondere: «Oh, parecchio tempo, credo. Ci sono diverse persone che voglio incontrare, da queste parti, e Vic mi ha detto che è una buona base per esplorare la zona. Il pub del villaggio ha una stanza da affittarmi. È pulita e confortevole».

Era vero che Vic gli aveva detto che il villaggio era

una buona base, ma inizialmente aveva pensato di fermarsi solo una notte. Perché aveva cambiato idea?

Forse perché per la prima volta dopo la morte di Elaine e Alistair riusciva a pensare a qualcosa che non li riguardasse.

«Speravo anche che fosse possibile vedere il vostro gregge, mentre sono qui» continuò.

Edward si agitò sulla carrozzina.

«Oh, il gregge... È dominio privato di Liz» disse, brusco. «Ma dubito che avrà tempo da sottrarre alla sua preziosa fabbrica per accompagnarla a vedere le pecore.»

«Prendiamo in affitto dei pascoli, molto più in alto di Cottingdean, d'estate» intervenne Liz. «Sono lontani parecchi chilometri.»

«Non c'è bisogno che si disturbi per me» disse Lewis. «Se può darmi le indicazioni, e magari una lettera di presentazione per il suo pastore...»

«Sì... sì, certo. Se vuole scusarmi un momento, la scrivo subito.»

Lewis fu sorpreso di scoprire quale sforzo gli costasse non seguirla con lo sguardo mentre usciva.

Liz tornò di lì a poco, con un biglietto per il pastore e alcuni appunti per raggiungere i pascoli.

L'accenno di Edward alla fabbrica aveva acuito la curiosità di Lewis, d'altra parte aveva la sensazione che nessuno dei due avrebbe gradito delle domande in proposito. Marito e moglie formavano una strana coppia, rifletté mentre si allontanava in macchina. C'era una tensione latente fra loro, che contrastava col quadro di armonia domestica che Vic gli aveva dipinto.

«David si sta facendo grande» commentò Liz con falsa allegria, non appena il visitatore se ne fu andato.

Provava una ben nota apprensione, un misto di rabbia e di pietà impotente per suo marito. Aveva visto come scrutava Lewis McLaren, e sapeva che cosa l'aspettava prima ancora che Edward esplodesse: «Che cosa c'è fra te e McLaren? E non mentire, non cercare di negare. Ho visto come ti mangiava con gli occhi... Dove l'hai conosciuto?».

«Edward, ti prego... Non l'ho mai visto prima di oggi. Lo hai sentito, è il proprietario di Woolonga. Ci ha fatto solo una visita di cortesia.»

«Menti!» gridò Edward. «Non sono stupido, Liz. Hai una relazione con lui, vero? Siete...»

Liz sapeva che presto la collera di Edward sarebbe sfociata in un'esplosione di violenza. Desiderò disperatamente aprire la porta e scappare, ma la sua compassione per il vero Edward, l'uomo buono e gentile che era stato incattivito dalla sofferenza, la costrinse a restare.

Avrebbe potuto chiamare Chivers, ma sarebbe stato come ammettere che non aveva più il controllo della situazione, che era impotente di fronte all'ostilità e alla violenza crescenti di Edward. Aveva imparato a tenersi fisicamente a distanza da lui, in quei momenti... momenti che diventavano sempre più frequenti, e che erano provocati dai motivi più futili. Quella, però, era la prima volta che l'accusava di avere una relazione con un uomo specifico.

«Edward, ti prego» cercò di farlo ragionare. «Ascoltami. Il signor McLaren non è niente per me. È un perfetto sconosciuto.»

«E allora perché si ferma al villaggio? Perché è venuto qui? Che cosa c'era scritto nel biglietto che gli hai dato?»

«Edward, sai bene che cosa c'era scritto. Erano solo due righe per il pastore, per spiegargli chi è il signor McLaren...»

«Stai mentendo, maledizione!» urlò Edward.

Diede una manata alla scacchiera sulla scrivania, facendo volare tutt'attorno i pezzi. Il rumore fu abbastanza forte da giungere alle orecchie di Chivers, che entrò nella stanza, lanciando a Liz uno sguardo preoccupato.

«Chi diavolo ti ha chiamato?» gridò Edward. «Fuori di qui, maledizione!»

Liz implorò con lo sguardo Chivers di ubbidire. Non voleva che gli altri vedessero Edward in quello stato, anche se si trattava di una persona fedele come

Chivers. Era già abbastanza difficile impedire che lo vedesse David...

«C'è una telefonata per lei, signora» disse Chivers, rigido.

Doveva trattarsi di qualche problema alla fabbrica. Liz lanciò un'occhiata apprensiva a Edward, ma lui non la stava più guardando. Fissava gli scacchi sparpagliati sul pavimento, quasi come se non sapesse come c'erano finiti.

Chivers aveva già cominciato a raccoglierli. La bufera era passata... almeno per il momento, pensò Liz stancamente. Più tardi sarebbero venute le lacrime, i rimorsi, le preghiere di essere liberato da quel tormento, il terrore di perderla... tutto ciò che, in un certo senso, era ancora più difficile da sopportare.

Forse Ian aveva ragione. Forse sarebbe stato un bene per entrambi se Edward si fosse lasciato convincere ad andare per qualche tempo in un convalescenziario. Ma come persuaderlo? Edward avrebbe immediatamente sospettato il peggio! Si sarebbe sentito tradito, abbandonato...

Sollevò il ricevitore nello studio, ma non c'era nessuno all'altro capo del filo. Quando, più tardi, lo disse a Chivers, lui si limitò a osservare quietamente: «Ah, sì? Devono aver riattaccato, signora» e Liz sospettò che avesse inventato la chiamata per andare in suo aiuto.

Una forte emicrania aveva preso a martellarle le tempie. Un'oretta di lavoro in giardino avrebbe alleviato la sua tensione. Là, nessuno l'avrebbe disturbata.

Invece, non fu così. Qualcuno la disturbò... qualcuno che non avrebbe dovuto trovare posto nei suoi pensieri: Lewis McLaren.

Liz interruppe il suo lavoro, tremando. Che cosa le succedeva? Non aveva alcun diritto di pensare a Lewis McLaren... e ancora meno di confrontarlo con Edward.

Eppure, non poteva fare a meno di ricordare che quando l'aveva toccata tutto il suo corpo aveva reagito con violenza, come se avesse ricevuto una scossa elettrica. Perché?

Basta, si disse. *È solo la tua fantasia. Solo perché*

Edward ha inventato una relazione fra voi, non significa che...

Si irrigidì bruscamente. Non poteva pensare quelle cose, provare quelle sensazioni nei confronti di un uomo che aveva visto per pochi minuti. Un uomo che, per di più, era sposato.

Sposato. All'improvviso, le si appannò la vista e si rese conto che stava piangendo.

Sposato... Era certa che la moglie di Lewis McLaren non dormiva sola, che non portava il peso di dubitare della propria sessualità, che sapeva che cosa significasse condividere il piacere fisico con un uomo, che...

Oh, Dio, che cosa le stava succedendo? Che cosa stava pensando? D'altra parte, se i McLaren erano felicemente sposati, perché la moglie non era con lui? O forse c'era, e aveva preferito non andare a Cottingdean. Quanto sarebbe stato meglio se lo avesse fatto! Edward non avrebbe avuto nulla su cui basare le sue accuse e lei... lei non avrebbe provato quel brivido nel momento in cui Lewis l'aveva toccata, quella vivida immagine di lui come uomo... come amante.

Doveva mettere fine a quella pazzia, e l'unico mezzo era il lavoro, tanto lavoro, fino a essere troppo esausta per ricordare l'esistenza di Lewis McLaren, e per indulgere in quelle pericolose fantasie su di lui.

Per tre giorni quasi ci riuscì, ma non fu facile. Lewis era uno straniero in un villaggio molto piccolo, e la sua presenza aveva causato molta curiosità.

Non era tornato a Cottingdean, e Liz tentava di convincersi che ne era contenta... almeno durante il giorno. Ma la notte, era difficile non ammettere che l'ombra che le teneva compagnia nei suoi sogni stava assumendo la forma e i lineamenti di un uomo reale.

Nei momenti di debolezza, Liz si diceva che non faceva niente di male, che i suoi sogni appartenevano a lei sola. Eppure era tormentata dal rimorso, dalla paura delle emozioni che quei sogni liberavano. Desiderò con tutta se stessa di tornare al tempo in cui non conosceva gli impulsi della propria sessualità, quando aveva creduto che non esistessero neppure.

Che cosa le era successo?, si chiedeva. Perché era tormentata da quegli sciocchi pensieri, da quella pericolosa ossessione per un uomo che aveva visto solo una volta?

Cinque giorni dopo il suo breve incontro con Lewis McLaren, svegliandosi una mattina Liz ricordò che era il giorno della sua visita quindicinale al gregge. Indossò una vecchia gonna di tweed, un pullover e un paio di scarpe solide e prese una giacca pesante. Era prevista la pioggia, e non faceva per niente caldo.

Non ci voleva molto ad arrivare in macchina ai pascoli estivi, e di solito era una gita che le piaceva. Le stradine di campagna erano poco frequentate, e il paesaggio ondulato, su cui si rincorrevano le ombre delle nuvole, non finiva mai di affascinarla.

Non era possibile arrivare in macchina proprio nel punto dove si trovava il gregge. Bisognava proseguire a piedi per poco più di un chilometro, ma non le dispiaceva. Si mise un foulard sui capelli, indossò la giacca e si avviò lungo il sentiero. Il vento aveva momentaneamente spazzato via le nuvole, e il sole era caldo. Un falco roteava alto nel cielo, in attesa... Liz si fermò a guardarlo tuffarsi verso un campo di granoturco e provò pietà per la piccola creatura che aveva ghermito, pur ammirando il controllo e la grazia del suo volo, quando riprese quota.

Prima di riprendere il suo cammino, si guardò attorno, e vide che un uomo stava salendo la collina, a capo scoperto, con i capelli scompigliati dal vento.

Seppe chi era prima ancora che la chiamasse per nome.

Il buonsenso le diceva che la peggior cosa che potesse fare era quella di aspettarlo, eppure si fermò, paralizzata nella morsa dei propri sentimenti, come lo era stata la piccola creatura negli artigli del falco.

«Che coincidenza» sorrise Lewis, raggiungendola.

In realtà, non si trattava affatto di una coincidenza. Quella era la sua seconda visita ai pascoli. Era stato durante la prima, parlando con il pastore, che aveva appreso che aspettava Liz per la fine della settimana.

Lui aveva cercato di convincersi che si trattava di semplice curiosità, che qualcosa che lo distraesse dal pensiero di Elaine e Alistair non poteva fargli che bene, ma il suo istinto lo avvertiva che quello che provava per Liz non era semplice curiosità...

Quella mattina, sembrava più giovane che mai. Lewis conosceva la sua età - cinque anni meno di lui - ma avvicinandosi si meravigliò del candore della sua pelle, dal colore così diverso da quello delle donne del suo paese, abbronzate dal sole. Elaine diceva che il sole del deserto la faceva invecchiare anzitempo. Aveva odiato il deserto, odiato Woolonga... odiato anche lui, a volte. E il peggio era che lui non l'aveva ascoltata, non aveva capito... Se l'avesse fatto, forse sua moglie e suo figlio sarebbero stati ancora vivi.

Il medico gli aveva detto e ripetuto che non doveva incolpare se stesso, che l'equilibrio mentale di Elaine doveva essere stato indebolito dal parto, come talvolta accadeva. Ma come poteva dargli ascolto?

Elaine non aveva mai desiderato sposarlo, ma in realtà non avevano avuto scelta. Tutto era stato concordato fra i loro padri, uomini abituati a essere ubbiditi, a essere sovrani assoluti del loro mondo privato, al potere che derivava dall'essere proprietari di migliaia di acri di terra. E avevano trovato opportuno unire quelle terre attraverso il matrimonio dei loro figli.

Forse, se non fossero morti entrambi nello stesso incidente, sull'aereo pilotato dal padre di Lewis... Elaine aveva adorato suo padre, e aveva quasi accusato il padre di Lewis, e indirettamente lui stesso, di essere colpevole della sua morte. Per di più, pochi giorni dopo la sciagura, aveva abortito.

Dopo, non aveva permesso a Lewis di toccarla per quasi tre anni. Lui aveva tentato di tutto, chiedendosi se si rendesse conto che non la desiderava più di quanto lo desiderasse lei, ma che erano sposati, che il divorzio era fuori questione e che dovevano avere un figlio, un erede per Woolonga. Alla fine, era stato costretto a prendere una decisione. Rabbrividiva ancora al pensiero di come, una sera, l'aveva fatta bere, e poi l'aveva portata a letto praticamente in stato di incoscienza, inerte...

Dopo, Elaine lo aveva coperto di insulti, accusandolo della morte di suo padre e del bambino. Lewis avrebbe voluto dirle che non era vero, che aveva sofferto anche lui per la perdita del bambino, ma sentiva che era inutile, che Elaine si era irrimediabilmente chiusa in se stessa. A volte, il deserto aveva quell'effetto sulle donne. Era un ambiente duro, e ci voleva una donna di grande forza d'animo, e che amasse molto il suo uomo, per sopportare la sua asprezza. Elaine, invece, era debole, vulnerabile.

Lewis aveva sperato che un altro figlio l'avrebbe aiutata a superare il modo quasi ossessivo in cui si aggrappava alla memoria del padre, e quando avevano scoperto che effettivamente era incinta era parso che le sue speranze si realizzassero.

Elaine si era preparata alla nascita del bambino con grande entusiasmo. Forse il loro matrimonio non sarebbe mai stato il rapporto ideale che una volta aveva sognato, ma se non potevano amarsi con gioia e passione potevano almeno onorarsi e rispettarsi. Aveva sposato Elaine convinto di fare la cosa migliore per Woolonga, per se stesso e per lei. Aveva perfino creduto che Elaine lo amasse, e solo in seguito aveva scoperto che lo aveva sposato solo per ubbidire a suo padre.

Fu solo il nervosismo, il timore dei propri sentimenti che indusse Liz a chiedere: «È venuto in Inghilterra senza sua moglie, signor McLaren? Non le è dispiaciuto? Io...».

«Mia moglie è morta» rispose lui, secco. Poi, vedendo la sua espressione, si scusò: «Mi dispiace, sono stato brusco... ».

«*Lei* si scusa?» mormorò Liz. «Sono io, piuttosto, che dovrei scusarmi. Non avevo idea... Vic ha accennato nelle sue lettere che lei era sposato. Non ha mai...»

Era per quello che era andato in Inghilterra? Per dimenticare? Doveva averla amata molto. Com'era stata?

Alta, abbronzata, con una gran massa di capelli...

«Non l'amavo. Non l'ho mai amata... Non avrei mai dovuto sposarla.»

Le parole sommesse, lente, furono un autentico trauma per Liz. Quando lo guardò, lo vide immobile, stagliato contro il cielo. Non si era resa conto di quanto fosse alto... di quanto apparisse pieno di forza, di vitalità.

«Si è suicidata... Ha ucciso se stessa e il nostro bambino.»

Ancora una volta, la voce era lenta e sommessa, le parole scandite con precisione, come se non gli fossero familiari, come se non le avesse mai dette prima. E Liz intuì che le cose stavano proprio così, che lei era la prima persona a cui confidava la terribile tragedia che si era abbattuta sulla sua vita.

«È stata colpa mia...» Lewis fissava le colline, ora. «Avrei dovuto capire, avrei dovuto sapere...»

Decisa, Liz sedette sull'erba e batté la mano sul terreno accanto a sé, invitandolo a fare altrettanto.

«Mi parli di lei» disse sottovoce.

La Liz che conosceva non avrebbe mai fatto quella domanda, sarebbe rifuggita dalla curiosità sulla vita di un'altra persona. Ma quel giorno era una nuova Liz, una Liz che vedeva al di là dei propri timori, e che si protendeva istintivamente verso di lui per offrirgli l'aiuto di cui aveva bisogno.

Lewis sedette accanto a lei e cominciò a parlare, lentamente, esitante all'inizio. Le raccontò del suo senso di colpa per aver involontariamente trascurato sua moglie, per aver creduto che fosse suo diritto decidere che cosa era meglio per lei.

«Quando aspettava Alistair sembrava felice... Volevo che avesse le migliori cure mediche, perciò tre mesi prima della nascita del bambino la portai a Melbourne, da una sua zia. Andavo a trovarla di frequente, e lei stava bene in città... Quando Alistair nacque, sembrava che lo adorasse. Ero quasi geloso, a volte. Mi permetteva a malapena di avvicinarlo... Quando il bambino ebbe un mese, li portai entrambi a Woolonga. Purtroppo, Elaine si fece sempre più depressa. Volevo che consultasse un medico, ma rifiutò. Diceva di avere nostalgia di Melbourne, e le promisi di portarcela per Natale... Ma un giorno, neppure un mese dopo il suo ritorno, prese il bambino e lo portò al torrente. Lo avevamo sbarrato con una diga per formare una specie di piscina... Pensiamo che sia semplicemente entrata nell'acqua tenendo il bambino fra le braccia, perché li trovammo insieme...» La voce di Lewis si spezzò. «Mi aveva lasciato un biglietto, dicendo che poiché io avevo ucciso il suo bambino, ora lei uccideva il mio...»

Liz d'istinto gli tese le braccia e lo strinse a sé, mentre lui piangeva, sentendo che, in qualche modo, il destino aveva deciso per loro quell'incontro, e che non era più possibile evitarlo. Era come se, dentro di lei, un pezzo mancante fosse scivolato al suo posto all'improvviso, mettendo in moto l'eterna, silenziosa armonia che muoveva l'intero universo...

Aveva creduto, un tempo, di amare Kit, ma ora, mentre stringeva a sé Lewis e condivideva lo sfogo del suo dolore e del suo rimorso, mentre ascoltava le sue parole di pentimento, di sofferenza e di rabbia, sentì che non aveva mai saputo che cosa fosse l'amore.

Ma, in quello stesso momento, seppe anche che Lewis non era per lei. Il corso della sua vita era già segnato. Aveva assunto impegni, fatto promesse a cui non poteva mancare, aveva responsabilità e doveri che erano più importanti, nella sua scala di valori, dell'amore per Lewis.

Quando lui alzò gli occhi, il suo sguardo le confermò che pure lui *sapeva*.

«Com'è potuto accadere?» le chiese teneramente. «Come siamo riusciti a trovarci? Oh, amore mio, quando penso che avremmo potuto non incontrarci mai...»

«Forse sarebbe stato meglio...» mormorò Liz.

Lui si irrigidì per un momento.

«Non puoi parlare sul serio. E non dirmi che non provi quello che provo io... che non sai quello che so io...»

Doveva fermarlo, pensò Liz. Permettergli di continuare avrebbe solo accresciuto la loro sofferenza.

«Sono sposata» gli rammentò, roca. «Ho un marito... un figlio...»

«Tu sei mia» la contraddisse Lewis. «Sei mia Liz, ora e per sempre. L'ho saputo fin dal primo momento in cui ti ho vista. Perché credi che sia rimasto qui? Mi dicevo che ero pazzo, eppure niente al mondo mi avrebbe indotto ad andarmene. Sapevo che saresti venuta qui oggi. Me l'ha detto il pastore. Oh, Dio, Liz, dopo tutto quello che mi è accaduto, non riesco ancora a credere di aver avuto la fortuna di incontrarti. Non cercare di mandarmi via... e non dirmi neppure che ami Edward, perché non ti crederei» la sfidò.

«Ma io lo amo» rispose Liz tristemente.

Ed era vero, in un certo senso. Edward l'aveva aiutata nel momento del bisogno, e lei non doveva mai dimenticarlo.

«Liz, ti prego...»

Lei si voltò, e si guardarono. Attorno agli occhi verdi di Lewis la pelle era bruciata dal sole, segnata da mille piccole rughe. La mano che posò sulla sua era abbronzata e callosa. Si era tolto la giacca e rimboccato le maniche della camicia, e Liz provò un brivido di desiderio osservando le sue braccia muscolose e sentì che essere stretta fra quelle braccia, essere parte del suo corpo l'avrebbe toccata così profondamente che se gli avesse consentito di amarla non avrebbe mai più potuto mandarlo via.

Eppure, anche mentre sollevava la mano in una muta supplica di fermarsi, non poté fare a meno di fissare lo sguardo sulla sua bocca, di guardare il movimento delle sue labbra che formavano parole che non udiva, perché i suoi sensi erano troppo concentrati ad assorbire il più possibile della sua immagine, ad accantonare ricordi da conservare per i giorni, i mesi, gli anni a venire, quando non avrebbe avuto nient'altro per sostenerla.

«Liz, amore mio... Oh, non negare il nostro amore.» Lewis le mise le mani sulle spalle e l'attirò a sé, così dolcemente che lei avrebbe potuto liberarsi senza difficoltà, avrebbe potuto evitare il suo bacio. Eppure, non riuscì a muoversi.

Quando Lewis la baciò, fu con tenerezza e con gioia, quasi con reverenza. Poi, il bacio si fece più intenso, e le sue braccia l'avvolsero in una stretta colma di dolcezza e d'amore.

Sarebbe stata la cosa più facile, ora, cedere all'urgenza fisica del loro amore, darsi a lui là sulle colline, sotto il cielo spazzato dal vento...

No, non la più facile. La più necessaria, la più preziosa, la più giusta... Ma mentre il suo cuore le chiedeva perché, dopotutto, non avrebbe dovuto concedersi quel momento di felicità, d'amore, la sua coscienza, il suo profondo senso di lealtà stavano già sbarrando le porte all'istinto. Non poteva negare il suo amore, d'altra parte non poteva neppure tradire Edward, David, e tutto quello che la loro vita insieme significava.

Si sciolse dal suo abbraccio, lentamente.

«Non posso, Lewis. Non posso tradire Edward.»

Lui la guardò per un lungo momento.

«No» ammise disperatamente. «Ma puoi tradire il nostro amore? È quello che farai, restando con lui. Lascialo, Liz. Vieni in Australia con me...»

«Non posso.»

«Se pensi a tuo figlio... verrà anche lui.»

Liz scosse la testa.

«Edward non me lo darebbe mai, e io non posso lasciarli, Lewis, né l'uno né l'altro. Hanno bisogno di me.»

«Io ho bisogno di te» ribatté lui. «Oh, Dio, non sai quanto ne ho bisogno.»

Lei sentì le lacrime pungerle gli occhi. Come poteva respingerlo? Ma non aveva alternative. Aveva scelto la sua strada sposando Edward e doveva tenere fede alla parola data.

«Devo andare» gli disse quietamente, alzandosi in piedi. «Il pastore si chiederà dove sono finita. Ti prego, non venire con me, Lewis...»

«Non rinuncerò» protestò lui appassionatamente.

«Non rinuncerò mai a te, Liz. Mai.»

Mentre compiva il resto della salita, Liz non osò voltarsi, neppure quando sentì accendersi il motore di una macchina, e seppe che Lewis se n'era andato.

Fu solo quando raggiunse la cima che si rese conto che stava piangendo.

19

«Stai bene, Liz?»

Lei si sforzò di sorridere a Colin Hedley, il direttore della fabbrica. Avevano passato insieme la mattinata rivedendo dei conti e nel pomeriggio Liz aveva un appuntamento con il responsabile di un grande magazzino di Londra.

Erano trascorse tre settimane dal suo incontro con Lewis McLaren. Lui era ancora al villaggio, ma non lo aveva più rivisto. Era passato da Cottingdean un paio di volte, ma Liz aveva incaricato Chivers di dirgli che non voleva vederlo. Se solo fosse stato vero!

Poteva anche averlo bandito fisicamente dalla sua presenza, d'altra parte la sua immagine era con lei ogni momento. Durante il giorno, quando faceva di tutto per stancarsi e non pensare a lui, e durante la notte, quando temeva di addormentarsi a causa dell'intensità dei sogni in cui Lewis compariva.

Era dimagrita, e aveva gli occhi cerchiati di ombre scure. Non c'era da meravigliarsi se Colin era preoccupato per lei.

«Sì, Colin, sto bene. Sono solo un po' stanca.»

«Senti, vuoi che parli io con il responsabile?»

Liz stava per rifiutare, quando ebbe l'improvvisa visione del suo giardino, un urgente bisogno di trarre conforto dall'armonia delle forme e dei colori delle sue piante, di rinnovare la certezza che quello che faceva era giusto, che ne valeva la pena. Un'ora di lavoro in giardino l'avrebbe calmata, rilassata. E forse, se avesse lavorato all'aria aperta, sarebbe riuscita a dormire senza essere tormentata dai sogni di Lewis.

Woolonga. Non si era mai resa conto di quanto le descrizioni di Vic le fossero rimaste impresse nella mente. Doveva essere un paesaggio aspro, in cui certo non si sarebbero inseriti bene i tenui colori pastello dei suoi fiori inglesi. Ma avrebbe potuto avere un giardino anche là...

Basta, si rimproverò. Ringraziò Colin, accettando il suo suggerimento, e salì con sollievo in macchina, diretta a Cottingdean. Come sempre, quando si avvicinava a casa, Liz provò un senso di pace, di continuità, la certezza di essere parte di una magica catena che collegava generazione a generazione.

Posteggiò la macchina e girò attorno alla casa, per entrare direttamente in giardino. Chissà se Edward aveva pranzato? Il suo appetito era diminuito, ultimamente, mentre il suo carattere peggiorava in modo allarmante. Liz riconosceva i segni, ormai, sapeva bene che i suoi silenzi, i suoi malumori quasi infantili finivano per sfociare in sfoghi violenti.

Ian le aveva detto chiaramente che non potevano continuare in quel modo. Se quegli episodi non fossero cessati, e alla svelta, sarebbero stati costretti a prendere qualche provvedimento.

«Non è colpa sua, Ian» aveva protestato Liz. «Non intende fare del male a nessuno.»

«*Dopo*» aveva precisato il medico. «D'altra parte è molto forte. Di gran lunga più forte di te.»

Lei sapeva che era vero. I muscoli delle braccia di Edward si erano molto sviluppati a causa della sua invalidità alle gambe, e l'ultima volta che l'aveva afferrata, durante uno dei suoi scoppi rabbiosi di gelosia, lei si era spaventata sul serio, e i lividi avevano impiegato una settimana a scomparire.

Dalla finestra della biblioteca, Edward la guardò chinarsi ad ammirare i petali di una rosa appena sbocciata. La brezza le faceva aderire al corpo la camicetta di seta, accarezzandole il seno. Sembrava così bella, così desiderabile... Provò l'angoscia familiare del desiderio frustrato, e imprecò fra sé. Se il destino aveva voluto distruggere la sua virilità, allora perché non lo aveva anche privato della capacità mentale, emotiva, di desiderare Liz?

Con l'intuizione di un innamorato geloso, sentiva che Liz era cambiata, che il suo rapporto con lei era minacciato... che si stava a poco a poco allontanando da lui.

Mentre la guardava aggirarsi per il giardino, fu geloso perfino delle cure amorose che dedicava ai fiori. Odiava le ore in cui Liz era fuori di casa, fuori dalla portata delle sue gelose esigenze, in luoghi dove poteva incontrare altra gente... altri uomini.

Lanciando un'occhiata alla casa, Liz scorse Edward che la guardava e la tensione le strinse lo stomaco. A quella distanza non poteva vedere la sua espressione, d'altra parte capiva solo dal modo in cui se ne stava rigido sulla carrozzina che era in collera.

Per un attimo, provò il desiderio codardo di voltargli le spalle, di nascondersi in giardino, dove Edward non poteva raggiungerla. Ma subito si rimproverò per quella debolezza. Non era colpa di Edward. Non doveva mai dimenticare quello che aveva sofferto e che soffriva costantemente... o quanto l'amava.

Un amore che lei non voleva, le sussurrò una voce interna, a tradimento. Un amore che minacciava di soffocarla e distruggerla. Ma scacciò quei pensieri, rifiutandosi di cedere alla tentazione di ascoltarli.

Il tempo era bello. Sarebbe andata in casa e avrebbe persuaso Edward a uscire in giardino. Poteva farle un po' di compagnia, mentre lei estirpava le erbacce.

Si fermò un momento davanti alla porta della biblioteca, poi l'aprì. Ora, Edward era dietro la scrivania. Non alzò gli occhi quando Liz entrò, e lei si sentì stringere il cuore, ma ignorando i segni evidenti che non era di buonumore, gli parlò allegramente, persuadendolo a uscire in giardino.

Lo lasciò in un punto caldo e riparato, poi andò a fare la doccia e a cambiarsi, indossando una vecchia gonna e una camicetta. Quando tornò, Edward era dove l'aveva lasciato. La ignorò mentre lei sistemava la carrozzina in modo che potesse godere tutto il beneficio del sole, ma mentre lavorava a liberare dalle erbacce le sue adorate piante, Liz era conscia del suo sguardo cupo, fisso su di lei, della sua rabbia, della sua gelosia, e rimpianse di non averlo lasciato in casa, in modo da potersene stare in pace almeno per un'ora.

«Quell'australiano è ancora al villaggio, a quanto sembra...»

Liz si tese, ringraziando il cielo di voltargli le spalle, in modo che Edward non potesse vedere il rossore che le era salito alle guance.

«Sì.»

«È venuto a cercarti» comunicò Edward.

Liz trattenne il respiro. Era vero che Lewis era andato a Cottingdean un paio di volte, ma lei si era rifiutata di vederlo. Eppure, qualcosa nel tono di Edward le diede un fosco presentimento. O era solo il suo senso di colpa?

Aveva fatto bene a dire a Lewis che non c'era un futuro per loro, pensò stancamente. Certo non era tagliata per una vita di menzogna e di inganno.

«Lascialo» le aveva detto Lewis. Ma come poteva lasciare un uomo così vulnerabile, che dipendeva in tutto da lei, un uomo che, in fin dei conti, non le aveva fatto alcun male?

E David? David che amava Edward, che aveva tutto il suo affetto... Come poteva distruggere la famiglia di David, la sua sicurezza?

«Ti vuole» affermò Edward in tono di sfida.

Liz si voltò di scatto.

«No... non è vero» protestò.

«Ti vuole» insistette Edward. «E tu vuoi lui. E perché non dovresti, dopotutto? È un uomo completo, capace di darti quello che io non potrò mai. Ma tu sei mia moglie, Liz...»

Il senso di colpa, la compassione, indussero Liz ad avvicinarsi. Tese la mano a toccargli il braccio, con fare confortante.

«Non gli permetterò di averti» sibilò Edward. «Nessuno ti avrà mai!»

Liz cercò di calmarlo, di rassicurarlo, ma lui si rifiutò di ascoltarla, accusandola di ogni possibile infamia con le parole più oscene, tanto che per un momento lei non poté fare altro che rimanere in un silenzio sbalordito, troppo sconvolta per protestare. Quando si riscosse e cercò di parlargli ragionevolmente, era già troppo tardi. Non appena lei gli posò le mani sulle braccia, cercando gentilmente di trattenerlo, Edward l'afferrò alla gola con tanta forza che non le riuscì di liberarsi.

«Ti ucciderò prima di lasciarti a lui... Oh, mi impiccheranno per questo, ma che m'importa? Che cosa mi resta, nella vita, se non dibattermi nella prigione del mio corpo? Non potrò mai più essere un uomo... un uomo che tu possa desiderare... un uomo come quelli che ti porti a letto al mio posto. Chi sono? Dimmi i nomi... dimmeli, maledizione...»

La scuoteva, serrandole la gola in una morsa così ferrea che se anche Liz avesse voluto parlare le sarebbe stato impossibile. Una nebbia rossastra le oscurava la vista, come se tutto il mondo si fosse ricoperto di sangue. Sentiva la voce furiosa di Edward lontanissima. Non poteva respirare... provava un dolore lancinante al petto... Si rese conto infine che stava perdendo i sensi.

Stava per morire, riconobbe vagamente... ma non le importava, perché morendo sarebbe stata libera da quella sofferenza intollerabile, da quell'incapacità di respirare.

Poi, proprio mentre la nebbia rossa diventava nera, sentì Lewis chiamare il suo nome, un rumore di passi affrettati sulla ghiaia e poi, incredibilmente, le dita di Edward furono strappate via dalla sua gola. Crollò sul sentiero, aspirando avidamente una boccata d'aria fresca, mentre Lewis, sopra di lei, ordinava, secco: «Chivers, chiami il dottore, presto!». E poi, rivolto a Edward: «Dovrei ucciderti per questo! ».

Liz cercò di alzarsi, di parlare... di dirgli che non era colpa di Edward, ma non ci riuscì. Sentì, come in lontananza, qualcuno piangere, e si rese conto che era

Edward che singhiozzava come un bambino, e come sempre provò una profonda pena per lui. Povero Edward...

Chiuse gli occhi. Era così stanca... troppo stanca per fare qualcosa che non fosse rimanere distesa sul sentiero. Era ancora là, semincosciente, quando sentì Chivers tornare di corsa, ansante.

«Il dottore sta arrivando... È meglio che porti dentro il maggiore» aggiunse, a disagio.

«Sì, lo porti dentro» approvò Lewis, brusco.

Sentire i singhiozzi di Edward, vederlo raggomitolato nella sua carrozzina come un bambino frustrato, sapere che non era realmente responsabile di quello che aveva fatto, non diminuivano la sua rabbia. Se non fosse arrivato in quel momento... se non avesse scelto di ignorare la decisione di Liz di non rivederlo, Edward l'avrebbe uccisa, ne era certo.

Si lasciò cadere in ginocchio sul sentiero accanto a lei e la prese delicatamente fra le braccia, sussurrando il suo nome, baciando con tenerezza le ecchimosi violacee che stavano già comparendole sulla gola. Doveva lasciare Edward, ora. Quell'uomo era pazzo... doveva esserlo, per aggredirla a quel modo!

Quando Ian Holmes arrivò, un Chivers pallido come un cencio gli spiegò l'accaduto.

«Se non fosse arrivato il signor McLaren... Stavo giusto accompagnandolo in giardino, e abbiamo visto...»

«Come sta Edward, ora?» chiese Ian.

«Come sempre, dopo questi attacchi. Gli ho dato due di quelle pillole speciali e l'ho messo a letto. Dovrebbe dormire a lungo...»

«Bene. Dov'è Liz?»

«È ancora in giardino. Era svenuta...»

Ian non aspettò di sentire il resto e si affrettò verso il giardino. Sperava che Liz fosse solo svenuta. A giudicare dal racconto di Chivers, era una fortuna che fosse ancora viva.

Quando aprì gli occhi, Liz si trovò fra le braccia di

Lewis. Per un attimo, pensò che il paradiso doveva essere così: un abbraccio protettivo, da cui non avrebbe mai voluto sciogliersi... Ma, riprendendosi del tutto, seppe che era impossibile.

Sentì dei passi sulla ghiaia e lo respinse.

«Liz, mia cara, stai bene?»

Ian si inginocchiò sul sentiero e Lewis rispose per lei: «Come diavolo può stare bene? Poco è mancato che quel... quel maledetto idiota la uccidesse! ».

«Sto bene, Ian…» mormorò Liz con un pallido sorriso.

«Niente affatto» la contraddisse Lewis. «La guardi. Guardi che cosa le ha fatto. Ancora qualche istante e...»

«È stato un incidente» protestò Liz. «Edward non intendeva...»

Guardava Ian con aria supplichevole, ma lui scosse la testa.

«Mi dispiace, mia cara. So che vuoi solo proteggerlo, ma per il suo stesso bene credo che dovremmo ricoverarlo in ospedale. Queste crisi... Se il signor McLaren non fosse passato di qui...»

«L'avrebbe uccisa» completò Lewis.

«No... non è vero» insistette lei, disperata.

«Mi spiace, Liz, ma devi capire che non possiamo permetterti di correre altri rischi. So come la pensa Edward per quanto concerne assumere sedativi più forti, ma temo che dovremo insistere perché si sottoponga almeno a degli esami per vedere se è possibile aiutarlo in qualche modo, e il miglior posto per fare tutto questo è l'ospedale. Non preoccuparti, potrai fargli visita quando vorrai.»

«Sarà così spaventato...» obiettò Liz.

«È un uomo adulto, non un bambino» replicò Ian. «E pensa... Al momento, la sua rabbia è diretta verso di te, ma che cosa accadrebbe se se la prendesse con qualcun altro? Chivers, o David... o un estraneo? Tu puoi anche avere il diritto di rischiare la tua vita, ma se Edward ferisse qualcun altro... o lo uccidesse, perfino... come ti sentiresti?»

Odiava essere così crudele, d'altra parte era necessario, e vide che le sue parole avevano colpito nel segno.

«Non dovresti essere qui» disse Liz con voce tremante. «Edward avrà bisogno di te.»

«Chivers gli ha somministrato un forte sedativo. Ora, andiamo di sopra, dove potrò visitarti come si deve. Se il signor McLaren può portarti...»

«No» si affrettò a rispondere Liz. «Posso farcela da sola.»

In realtà, si reggeva a malapena, e dovette appoggiarsi a Lewis più d'una volta, salendo le scale.

In camera sua, Ian mise gentilmente, ma con fermezza, Lewis alla porta per poterla visitare.

Quando ebbe finito, sedette sul letto e disse quietamente: «Sei fortunata a essere viva. Ed Edward è fortunato ad andare solo in ospedale, anziché in prigione. Ti rendi conto che è necessario, vero? Come suo medico, insisto perché si provveda subito. Posso usare il telefono?».

«Ma che cosa si può fare per lui in ospedale che non si possa fare qui?» protestò Liz.

«Molte cose. Per intanto, possiamo tenere sotto continuo controllo la sua reazione ai farmaci. È necessario, Liz, e temo che dovrai accettare la mia opinione in merito. Devi capire che se Edward dovesse aggredirti di nuovo, ne sarei virtualmente responsabile. Non voglio avere la tua morte sulla coscienza. Ora, cerca di riposare. Io vado dabbasso a telefonare all'ospedale. Andrò con lui e vedrò che sia sistemato nel migliore dei modi, e quando si sveglierà sarò accanto a lui per spiegargli che cosa è successo.» Ian vide che Liz cercava di parlare e la fermò. «No, devi riposarti, e comunque so che cosa cercavi di dire. Vuoi esserci *tu*. Be', per una volta, Edward farà a meno di te. Ti assicuro che quando ti sveglierai, domattina, avrai la gola così dolorante che sarai ben contenta di restare a letto. Se necessario, ordinerò a Chivers di chiuderti dentro!»

Dabbasso, Ian trovò Lewis che camminava nervosamente in biblioteca.

«Come sta?» gli chiese, appena lo vide.

«Ha dei brutti segni alla gola ed è sotto shock, naturalmente, ma non sembra che ci sia altro.»

«Non sembra che ci sia altro...» Lewis si voltò di scatto verso la finestra. «Lo sa quello che Edward stava cercando di fare? Stava cercando di *ucciderla.*»

«Sì, lo so» convenne Ian a bassa voce.

Seguì qualche attimo di silenzio. Lewis non osava voltarsi, nel timore che Ian gli leggesse negli occhi quello che provava.

«E allora, in nome del cielo, perché resta con lui? Perché?»

Ian lo guardò per un momento, poi chiese quietamente: «Che cosa sa di loro... di Liz e dei suoi rapporti con Edward?». Vide Lewis irrigidirsi, e continuò: «Sono d'accordo con lei, in molti sensi, d'altra parte conosco Liz. Non lascerà mai Edward».

«Ma perché? *Perché?*»

«Per la semplice ragione che Edward ha bisogno di lei.»

«Ah, davvero? Non mi sembrava proprio, quando l'ho visto oggi!»

«Senta, venga a sedersi e cercherò di spiegarle meglio la situazione.» Lewis ubbidì, di malavoglia. «Edward ama Liz, d'altra parte è geloso in modo paranoico di qualunque uomo l'avvicini. È ossessionato dalla paura di perderla, e la sua paura è esacerbata dal desiderio che prova per lei e che non potrà mai esprimere fisicamente.»

Lewis alzò lentamente lo sguardo su Ian, impallidendo.

«Ma hanno un figlio...»

La sofferenza nella sua voce fece trasalire Ian. Forse aveva detto troppo, ma ormai era tardi per fermarsi.

«*Liz* ha un figlio» lo corresse. «Non dovrei dirle questo, e per la verità non so per quale ragione lo faccio, se non perché stimo moltissimo Liz e desidero...» Si interruppe. Non sapeva bene quello che desiderava per Liz. Che potesse realizzarsi come donna, che potesse riconoscere che la sua mancanza di sensualità era da addebitarsi a Kit Danvers... Ma che cosa stava cercando di fare? Di spingerla fra le braccia di quell'uomo che evidentemente la voleva? «Non tocca a me dirle di più» concluse lentamente. «Ora, telefono all'ospedale e faccio venire un'ambulanza. Voglio far ricoverare Edward per qualche giorno, per provare un nuovo farmaco che spero potrà controllare queste crisi di depressione. Non è facile neppure per lui, sa...»

«Avrebbe potuto ucciderla» ripeté Lewis stancamente.

«Ma per fortuna non l'ha fatto» replicò Ian. «Ho chiesto a Chivers di preparare una tazza di tè in cui scioglierò un sonnifero. Conosco bene Liz, si rifiuterebbe di prenderlo, d'altra parte ha bisogno di dormire, di riposare.»

Mentre Ian telefonava all'ospedale, Lewis uscì in giardino. Si fermò sul sentiero dov'era caduta Liz, e fu sommerso da un'ondata di angoscia al ricordo di come l'aveva vista... la sua Liz, e quel pazzo del marito con le mani attorno alla sua gola.

Cominciò a tremare. Se avesse tardato solo qualche secondo... Era così che il destino aveva scelto di punirlo? Ma che cosa aveva fatto per meritare di soffrire tanto? Aveva sposato Elaine in buonafede, con l'intenzione di essere un marito fedele e un buon padre per i loro figli, credendo che sarebbero stati felici insieme. C'erano forse stati segni che non aveva visto, silenziose richieste d'aiuto che non aveva sentito? Quante volte si era posto quelle domande? Quante volte, durante le lunghe, solitarie ore della notte aveva desiderato di poter tornare indietro nel tempo, di salvare lei e il loro bambino?

Quando era venuto in Inghilterra, la sua vita non aveva scopo, era solo un grande vuoto. E poi aveva incontrato Liz e tutto era cambiato.

«Non posso lasciare Edward» gli aveva detto. Ma ora...? Guardò la casa, cercando di immaginare Liz nel suo letto. L'aveva sentita così leggera quando l'aveva sollevata da terra, così fragile...

Si voltò per rientrare in casa e incontrò Ian sulla soglia della portafinestra.

«L'ambulanza sarà qui a momenti. Chivers mi ha detto che Liz dorme. Lei abita al villaggio, mi pare...»

«Ci abitavo» lo corresse Lewis. «Fino a quando Liz non si sarà ripresa del tutto, intendo restare qui.»

I due uomini si fissarono per un lungo momento, e fu Ian a distogliere per primo lo sguardo.

Un veicolo si avvicinava alla casa. Quando vide che era l'ambulanza, Ian si scusò e le andò incontro, lasciando solo Lewis.

20

Liz si svegliò di colpo, sapendo, nel breve momento di passaggio fra il sonno e la veglia, che c'era qualcosa di sbagliato, che la luce che filtrava fra le tende chiuse non era quella del primo mattino. Poi, vide la figura seduta in poltrona.

«Edward...»

Mentre pronunciava quel nome, si rese conto di essere sul punto di cadere in preda all'angoscia.

«Non sono Edward, Liz. Sono io, Lewis.»

Il sollievo e la gioia che lei provò quando sentì la sua voce la fecero rabbrividire... Quei sentimenti erano pericolosi, imperdonabili.

«Edward è in ospedale» le spiegò Lewis, alzandosi e avvicinandosi al letto. «Il tuo medico pensa che sia la cosa migliore per lui, in questo momento. Personalmente, avrei consigliato la prigione» aggiunse, cupo. Si accorse subito che Liz aveva preso ad agitarsi sotto le coperte e continuò, in tono accorato: «Mio Dio, Liz, avrebbe potuto ucciderti. Voleva...».

«No» negò lei immediatamente. «No, non intendeva...»

«Ah, no?» la interruppe Lewis. «Quando sono arrivato...» Si fermò, poi chiese, angosciosamente: «Perché rimani con lui, Liz? Perché lo hai sposato, in primo luogo? E non dirmi che lo ami. Ho visto la tua reazione, quando ti sei svegliata e hai pensato che fossi lui».

Liz trasalì, impallidendo. Aveva la gola indolenzita, e si sentiva più debole di quanto si fosse mai sentita in vita sua. Le lacrime le bruciavano gli occhi, e non c'era niente che desiderasse di più che tendere le mani a quell'uomo, e confessargli che lo amava, supplicarlo di tenerla stretta, di difenderla non solo da Edward, ma anche da se stessa, dalle sue paure.

Lewis aveva ragione a criticarla, a condannarla. Era colpa sua se Edward l'aveva aggredita. Colpa sua perché non si era mai resa davvero conto di quanto Edward l'amasse, e di quanto quell'amore potesse diventare pericoloso.

«Mi dispiace» si scusò Lewis, con voce rotta. «Non avevo il diritto... Mi sto comportando come Edward... O peggio...»

«No» replicò lei stancamente. «Non avrei dovuto sposarlo, ma vedi...»

Tutt'a un tratto voleva parlare con lui, spiegare il motivo delle sue scelte. Gli confessò ogni cosa, evitando solo di parlare della povertà affettiva della sua vita con la zia e della crudeltà con cui l'aveva trattata Kit.

«È troppo tardi per cercare delle scuse, ora, ma se avessi saputo che cosa realmente provava Edward...»

«Come potevi saperlo?» la interruppe Lewis con tenerezza. «Eri solo una bambina.» Stava cercando di controllare la collera che provava nei confronti di Edward... e di suo cugino. «E questo Kit, il padre di David... lo ami ancora? Lo desideri ancora?»

«No» rispose Liz. «E non ho più desiderato nessuno dopo di allora. Ero soddisfatta del mio matrimonio con Edward...» Rabbrividì sotto le coperte. Era stato vero, un tempo, ma ora non lo era più...

«Soddisfatta» ripeté Lewis, perplesso. «Ne sei certa, Liz? Sei davvero soddisfatta di vivere con un uomo che potrebbe ucciderti, un uomo che...»

Liz non voleva che le parlasse ancora dell'aggressione di Edward. Si coprì il viso con le mani, tremando al ricordo del senso di impotenza, di terrore che l'aveva pervasa quando si era resa conto che era incapace di liberarsi dalla sua stretta.

«Oh, Dio, Liz, mia cara... Non fare così, ti prego!»

Lewis si chinò su di lei, la prese fra le braccia, la cullò, sussurrandole tutte le parole d'amore che il suo cuore solitario agognava disperatamente.

Mentre le baciava il viso e le accarezzava i capelli, lei pensò confusamente che doveva fermarlo, che non doveva permettergli di andare oltre, ma c'era troppa dolcezza, troppo calore nel modo in cui Lewis la toccava, e i suoi sensi desiderosi d'amore si rifiutarono di ascoltare gli avvertimenti della ragione.

Invece di dirgli che doveva andarsene, si trovò a parlargli del proprio matrimonio, dell'infelicità della sua breve relazione con Kit, di suo figlio... e si sorprese perfino a confidargli, esitante, la propria totale mancanza di sensualità.

«Se mi dici questo per scoraggiarmi, stai perdendo tempo» le disse Lewis, serio. Le scostò i capelli dal viso e la guardò negli occhi. «Lascialo, Liz» supplicò, roco. «Lascialo, e permettimi di prendermi cura di te.»

Per un solo, folle momento, lei esitò, dicendosi che aveva il diritto di cogliere quella preziosa, insperata felicità, che lei e Lewis si amavano e che il loro amore doveva avere la possibilità di esprimersi, che qualunque cosa dovesse sacrificare per lui ne valeva la pena... Poi, la ragione prevalse, e si rese conto di quanto fosse impossibile.

«No, non posso» mormorò. «Ti prego, cerca di capire...»

«Io capisco che ti amo» la interruppe Lewis in tono accorato. «E tu mi ami... non cercare di negarlo. Te lo leggo negli occhi, lo sento da come ti batte il cuore quando ti tocco. Siamo fatti l'uno per l'altro, Liz. Restare con Edward mentre non lo ami... quello, sì, sarebbe un peccato... non lasciarlo per venire da me.»

Liz chiuse gli occhi, sopraffatta da una pena intollerabile. Voleva cedere, dire di sì, dimenticare tutto e affidarsi semplicemente a lui. Forse, se avesse avuto ancora diciassette anni, sarebbe stata capace di farlo, d'altra parte non era più una bambina. Erano passati dieci anni ed era una donna, ormai...

Gli accarezzò dolcemente la testa china, sbattendo le palpebre per respingere le lacrime. Perché il destino era stato così crudele da mandarle quell'uomo, quando non c'era posto per lui nella sua vita?

«Non posso lasciare Edward» gli disse.

Lewis alzò gli occhi, pronto a ribattere, ma quando posò lo sguardo sulla sua gola e vide i lividi che le segnavano la pelle, quando le lesse negli occhi l'angoscia e la disperazione, si rimproverò aspramente per il proprio egoismo.

«In questo momento, la cosa di cui hai più bisogno è riposare» disse con dolcezza. «Il tuo medico ha lasciato un sedativo...»

Liz scosse subito la testa.

«Quello che desidero veramente è una tazza di latte caldo» mormorò.

Sapeva che avrebbe dovuto dirgli di andarsene... ordinarglielo, se necessario. Dopotutto, non c'era ragione che restasse. C'era Chivers, e l'indomani lei sarebbe stata di nuovo bene. Avrebbe avuto molte cose da fare, fra l'altro. Doveva parlare con Ian, andare da Edward...

Edward... il suo corpo e la sua mente si ribellavano alla sola idea di ritrovarsi con lui. Eppure, che cosa poteva fare? Come poteva lasciarlo ora, quando aveva più che mai bisogno di lei?

«Vado a prepararti il latte» disse Lewis sottovoce. «Non azzardarti a muoverti da quel letto. Ordine del dottore.»

Quando tornò, trovò che Liz, esausta, si era di nuovo addormentata. La guardò per un momento, poi depose il vassoio e si rimise a sedere accanto al letto.

In qualche modo, doveva convincerla che non aveva alcun debito di gratitudine verso Edward... e ci sarebbe riuscito, perché per nessuna ragione sarebbe tornato in Australia senza lei e David.

Liz stava sognando. Era nel suo giardino, il sole splendeva e lei era rilassata e contenta. Poi, all'improvviso, un'ombra copriva il sole. Lei alzava gli occhi, e si rendeva conto con terrore che l'ombra era quella di Edward, che la guardava con tanto odio che lei lo implorava di non avvicinarsi... Ma lui non si fermava, tendeva le mani verso la sua gola, e lei sapeva che se l'avesse afferrata le avrebbe fatto male, l'avrebbe perfino uccisa...

Lewis si era addormentato sulla poltrona. Il primo gemito di Liz lo svegliò, così che stava già barcollando verso il letto quando lei gridò.

Le tese le braccia, soffocò le sue grida contro il proprio corpo, calmandola, rassicurandola con le parole più tenere.

«Liz...»

Lei sentì l'emozione nella sua voce, e fu scossa da un tremito. Non sarebbe dovuta essere fra le sue braccia... Ma era già troppo tardi, Lewis la stava già baciando, accarezzando la sua bocca con la propria, fino a quando le labbra di lei si dischiusero, incapaci di resistergli.

Per molto tempo, Lewis non fece altro che baciarla. D'altra parte erano baci che Liz non aveva mai conosciuto, baci che racchiudevano un intero mondo di intimità, e a cui rispose con squisita innocenza, come se fosse il suo primo amante. E, in realtà, lo era...

Non c'era fretta, né impazienza nel modo in cui Lewis la carezzava. La svestì con gesti delicati e teneri, baciando la pelle delicata della gola, ogni singolo livido...

La stanza era immersa nell'oscurità, perciò doveva imparare a conoscerla con il tatto, non con la vista. Avvertì la sua tensione quando le toccò la pelle nuda, e si fermò.

«Non c'è niente di cui aver paura» le disse, «non ti farò male.»

«Lo so» mormorò Liz. «Non ho paura di te... ma solo di deluderti.»

Chiuse gli occhi. Non doveva farlo, non doveva... Era la moglie di Edward... Eppure sapeva che se Lewis l'avesse lasciata in quel momento sarebbe morta di dolore.

«Non potresti mai deludermi» sussurrò Lewis, soffocando la rabbia nei confronti dell'uomo che aveva fatto sentire *lei* responsabile della *propria* inadeguatezza. «Io ti amo, e tu mi ami. Niente è più importante di questo...»

Lewis l'amava... lei lo amava... Erano parole proibite, sentimenti proibiti. Eppure, quando lui si svestì a sua volta, e lei sentì il suo calore avvolgerla, gli tese le braccia, godendo con inaspettata intensità del contatto dei loro corpi.

Il desiderio di tendere le mani a toccarlo, di accarezzare la sua pelle, fu all'improvviso così forte che le sfuggì un piccolo gemito.

«Che cosa c'è?» chiese Lewis ansiosamente.

«Voglio toccarti. Sentire... sapere...»

Lui avvertì l'incertezza, quasi lo stupore nella sua voce.

«Dammi le mani» sussurrò, roco, e lei ubbidì, con l'ingenuità di una bambina, rabbrividendo quando Lewis si posò le sue mani sul corpo, dicendo: «Io sono tuo, Liz. Puoi toccarmi come e dove vuoi. Se il mio cuore non ha segreti per te, perché dovrebbe averne il mio corpo?».

L'accarezzava, mentre parlava, sfiorandole le spalle, i seni, con un tocco così tenero, così pieno d'amore che per Liz era impossibile non reagire, non inarcarsi contro di lui. Per un momento, quando si rese conto della sua eccitazione, si ritrasse, memore del brutale possesso di Kit. Ma Lewis non era Kit. Il suo tocco era del tutto diverso... E prima ancora che la bocca di lui giungesse ai capezzoli, tutto il corpo di Liz si era teso contro il suo, impaziente di comunicargli quanto aveva bisogno di lui.

Mentre si sforzava di dominare il proprio desiderio, Lewis si meravigliò che Liz avesse potuto credere di mancare di sensualità. Il suo corpo, per quanto del tutto inesperto, possedeva un'istintiva passionalità che lo eccitava oltremodo.

La strinse fra le braccia, sentendola tremare, e le accarezzò i capelli con tenerezza, mormorandole parole d'amore e di approvazione.

«Ma non hai... non abbiamo...»

«Lo faremo... quando sarai pronta.»

Quando sarai pronta... Lewis l'attirò a sé, facendo aderire il suo corpo al proprio, e lei provò un piccolo brivido di reazione. Poi, lui la baciò, e Liz scoprì che quel piccolo tremito si faceva più forte... così forte che in realtà si stava già muovendo contro di lui, invitandolo...

Il suo corpo, ammaestrato dalla tenerezza e dall'amore di Lewis, si adeguò naturalmente al ritmo dei suoi movimenti, e insieme raggiunsero le più alte vette del piacere.

Più tardi, quando i loro sensi si furono placati, Lewis la strinse teneramente fra le braccia, ma si irrigidì subito vedendole gli occhi scintillanti di lacrime.

«Liz... mi dispiace...» sussurrò, con voce piena d'angoscia. «Se ti ho offesa... se ti ho ferita...»

«Oh, no!» esclamò lei. «È solo che non credevo che potesse essere così... Una volta, quando ero una ragazzina, lo pensavo, ma poi...»

Si interruppe, e Lewis le prese la mano, baciandogliela.

«È stato lo stesso per me» confessò. «È l'amore che crea questa magica differenza.»

Fecero di nuovo l'amore, lentamente, e stavolta Liz prese l'iniziativa, accarezzandolo intimamente così come aveva fatto lui, con imbarazzo dapprima, ma poi sempre più sicura, rendendosi conto di quanto lo facesse felice...

Si svegliò presto, molto prima dell'alba, voltandosi a guardare la figura addormentata accanto a lei nella semioscurità della stanza, cercando di imprimersela nella memoria, perché sapeva che era tutto ciò che avrebbe avuto, per quanto il suo cuore potesse amarlo e desiderarlo.

Si svegliò di nuovo poco più tardi, e si trovò fra le braccia di Lewis.

«Ti amo» le disse, baciandola teneramente. «Sei mia, Liz, e quando tornerò a Woolonga tu e David verrete con me.»

Lei si tese fra le sue braccia.

«Non posso...»

«Puoi e devi» la contraddisse lui. «Non puoi restare

accanto a Edward, ora. Nessuno può aspettarsi che tu resti, dopo quello che ti ha fatto. Tuo marito è pericoloso, Liz. È stato sul punto di ucciderti, e nessun giudice ti rifiuterebbe il divorzio.»

Il divorzio... Quella parola la raggelò, riportandola bruscamente alla realtà.

«Devo andare da lui. Non posso lasciarlo là...»

Si sentiva così confusa, così insicura... Il suo cuore, il suo corpo, i suoi sensi, tutto la spingeva a fare ciò che Lewis le chiedeva. Edward era cambiato. Il giorno prima l'aveva davvero spaventata. Gli aveva letto negli occhi che voleva realmente ucciderla. Ma lei era sua moglie. Sua moglie...

E Lewis era il suo amante!

«Non ti permetterò di restare con lui, Liz» ribadì Lewis più tardi mentre raccoglieva i propri indumenti. «Tu ami *me*.»

Era vero, riconobbe Liz, quando lui fu andato in bagno. Lo amava, desiderava stare con lui più di ogni altra cosa al mondo, eppure il pensiero di Edward e di che cosa ne sarebbe stato di lui se avessero divorziato la tormentava.

Lewis voleva che restasse a letto, almeno fino all'arrivo di Ian Holmes, ma lei insistette per alzarsi. I lividi avevano un aspetto anche peggiore, quella mattina, e la gola le faceva male. Non poté mangiare, anzi, riuscì a malapena a mandare giù il caffè che Chivers portò loro.

Ian arrivò mentre finivano di fare colazione, e quando la guardò Liz si chiese se le leggesse negli occhi ciò che era accaduto. Eppure, non si sentiva in colpa per aver amato fisicamente Lewis. Il suo corpo, dopotutto, era soltanto suo... e così pure il suo amore.

Forse, ma la sua fedeltà, i suoi doveri di moglie... quelli appartenevano a Edward.

«Come... come sta Edward? » chiese nervosamente.

«Sotto sedativi e pieno di rimorsi... Ha chiesto di te» disse Ian gentilmente.

«E per quale ragione?» intervenne Lewis, aspro. «Per poter tentare di nuovo di assassinarla? Le guardi il collo! Guardi che cosa le ha già fatto!»

«Scusa, Liz, avrei dovuto chiederti subito come ti senti» disse Ian, ignorando il commento di Lewis.

«Sto bene. Mi fa un po' male la gola, ma Edward... Come sta realmente, Ian?»

«Dal punto di vista fisico, bene, ma da quello mentale... Be', sai come odia stare lontano da qui. Vuole vederti, Liz... ha bisogno di vederti. Non devi aver paura. Sarò con te e, come ti ho detto, è sotto sedativi.»

Lei provò la tentazione di dirgli che non voleva mai più vedere Edward, che voleva escluderlo del tutto dalla mente, che voleva voltare la spalle alle ombre della sua vita e camminare nel sole accanto a Lewis... ma sapeva che quelle parole non potevano essere pronunciate e che, in ogni caso, doveva andare a vedere come stava Edward.

Con Lewis, sarebbe stata amata e protetta, con Lewis avrebbe trovato la sua piena realizzazione come donna, per la prima volta nella vita. Non aveva il diritto, come ogni essere umano, di cogliere quell'opportunità che la vita pareva offrirle? Perché il destino lo aveva mandato da lei, per poi separarli di nuovo?

Ian aspettava la sua risposta. Liz si fece forza per guardarlo e intuì all'istante che aveva capito qual era la situazione fra lei e Lewis. Nei suoi occhi c'erano compassione e comprensione, ma anche tristezza.

«Andrò a vedere Edward...» mormorò, ignorando il moto di protesta di Lewis.

«Vengo con te...» cominciò il medico, ma lei scosse la testa.

«No, Ian, grazie.»

«Non c'è da aver paura di lui, ora...» la rassicurò Ian.

«Non ho paura. So che quando Edward ha questi... questi attacchi non è realmente responsabile.» Si morse il labbro. «Che cosa ne sarà di lui, ora?»

«Se la nuova terapia funziona e lui si dichiara disposto a seguirla, dovrebbe tenere sotto controllo queste crisi. Naturalmente, nessuno può prendere dei sedativi così forti per lunghi periodi di tempo senza qualche effetto collaterale nocivo. Quando sarà tornato a casa... be', dovremo tenerlo sotto osservazione.»

Liz rabbrividì, raffigurandosi anche troppo chiaramente il quadro che Ian le dipingeva.

Appena il medico se ne fu andato, si rivolse a Lewis con gli occhi pieni di lacrime. Lui la prese fra le braccia.

«Liz... immagino quello che provi» le disse con dolcezza. «Ma non devi permettere che la tua naturale pietà per Edward rovini la nostra vita. Restando con lui, non faresti altro che dedicarti a compiti che un'infermiera può svolgere anche meglio. Non capisci, cara, che avrà bisogno di cure costanti, di una sorveglianza continua? So che ora può sembrare crudele...»

«So quello che stai cercando di dirmi» lo interruppe Liz. «Ma non posso... non posso voltargli semplicemente le spalle... Gli devo troppo.»

«Tu non gli devi *nulla*» scattò Lewis. «Senti, se devi proprio andare a vederlo, lascia che venga con te.»

Liz scosse la testa. Era qualcosa che doveva fare da sola. Durante la notte, fra le braccia di Lewis, tutto le era sembrato possibile, ma ora... Rabbrividì.

«Sarà meglio che io torni al villaggio» disse Lewis. «Si chiederanno dove sono andato a finire.» Esitò, poi aggiunse: «La notte scorsa è stata qualcosa di speciale, ma finché sei la moglie di Edward, anche se solo legalmente... Vorrei comportarmi in modo tale da non dare adito a pettegolezzi...».

«Lo so...» convenne Liz con voce tremante. «La penso anch'io così...»

«Allora, siamo d'accordo» continuò Lewis. «Fino a quando non sarà avviata la causa di divorzio e tu sarai libera di lasciare Edward, cercheremo di non passare troppo tempo da soli.»

«Non sarà difficile» rilevò Liz tristemente. «Fra la fabbrica da mandare avanti e le visite a Edward...» Si interruppe, vedendo la sua espressione affranta e gli toccò il braccio, supplichevole. «Lewis, tu lo capisci, vero, che devo andare da lui?»

«Sì, certo. Solo... tu hai un cuore così tenero. Ho

paura che trovi un modo per trattenerti...»

Liz chiuse gli occhi, appoggiandogli la testa sulla spalla. Era quello che temeva anche lei...

Due ore più tardi, mentre seguiva l'infermiera nella camera privata di Edward, Liz rimpianse di non aver permesso a Lewis di accompagnarla.

Edward era a letto, e quando si voltò a guardarla la sua espressione era così vacua che lei fu sommersa da un'ondata di compassione.

«Liz...» Edward le tese la mano, e il suo viso si trasformò per la gioia e il sollievo di vederla. «Liz, voglio venire a casa... Non mi piace stare qui.» Il suo sguardo si rabbuiò, e per un momento parve confuso e incerto, quasi come un bambino. «Non permettere che mi tengano qui, Liz. Digli che devo venire a casa. Loro non capiscono...»

Cominciò a tremare, con gli occhi pieni di lacrime. Un terribile senso di disperazione e di impotenza si impadronì di lei.

L'infermiera tossicchiò con fare professionale e si fece avanti, dicendo: «Via, via, non faccia così. La povera signora Danvers penserà che la maltrattiamo...». Si rivolse a Liz e spiegò, quietamente: «A volte il farmaco ha questi effetti, fino a quando non troviamo il dosaggio ottimale. Può causare una forte depressione nel paziente...».

Liz ebbe l'orribile visione di Edward che perdeva ogni interesse, o perfino che attentava alla propria vita... e seppe che mai, in nessun caso, avrebbe potuto dirgli che intendeva lasciarlo. Per un momento, desiderò che fosse possibile uscire semplicemente dall'ospedale, andare a prendere David a scuola, lasciare Cottingdean e cominciare una nuova vita con Lewis.

Ma era impossibile.

Tornando a Cottingdean, si chiese come avrebbe reagito Lewis, quando avesse saputo che le era mancato il coraggio di dire a Edward che il loro matrimonio era finito. Sulle prime, lui si infuriò, ma poi, quando la vide tanto turbata, la prese fra le braccia e le ripeté che l'amava, e che non voleva vederla soffrire.

«Dammi tempo» lo supplicò lei. «Oh, Lewis, non posso... Se lo avessi visto oggi...»

Liz cominciò a piangere, e Lewis la tenne stretta fra le braccia, desiderando di poter condividere la sua compassione per quell'uomo, che lui vedeva solo come malvagio e pericoloso.

Ian aveva detto che Edward doveva restare in ospedale per almeno una settimana. Liz andò a trovarlo ogni giorno, e puntualmente lui la supplicò di portarlo a casa, sconvolto al punto tale che lei non poteva neppure pensare di lasciarlo, in quelle condizioni.

L'impazienza di Lewis crebbe di pari passo con le sue incertezze, fino a quando, un giorno, le disse: «Liz, odio fare questo, ma non ho alternative. O gli dici che intendi lasciarlo, o...». Esitò, poi proseguì, senza mezzi termini: «O dovrò pensare che, per quanto tu affermi di amarmi, il tuo amore non è abbastanza forte da indurti a voler stare con me a qualunque costo».

«Oh, Lewis, ti prego... Edward...»

«Edward, Edward, sempre Edward. E noi due, Liz? E io? Non credi che io soffra? Non credi che io sia terrorizzato all'idea di perderti? Ti darò ventiquattr'ore per decidere se vuoi lui o me.»

Per molto tempo, dopo che Lewis se ne fu andato, Liz rimase seduta in salotto, fissando nel vuoto. Perché esitava? Amava Lewis. Voleva stare con lui più di qualunque altra cosa al mondo. Ma c'era suo marito... Edward che la fissava con quello sguardo impotente e supplichevole... Edward che gridava il suo nome ogni volta che si allontanava da lui... Edward che tornava a casa l'indomani.

Quando l'ambulanza arrivò e gli uomini adagiarono Edward nella carrozzina, seguendo le istruzioni di Chivers, Liz rimase sbalordita nel vedere quanto fosse diventato scarno, fragile. Per un momento rimase discosta dal piccolo gruppo, col cuore stretto in una morsa di angoscia. Poi vide che Edward la guardava e si avvicinò. Lui si aggrappò alla sua mano.

«Non lasciare che mi portino di nuovo via, Liz» supplicò.

Il suo cambiamento era pauroso. In una settimana, sembrava essersi trasformato da un uomo in un bambino indifeso. Era solo l'effetto dei farmaci, o c'era qualcosa di più? Liz rabbrividì, seguendolo in casa.

Ventiquattr'ore, aveva detto Lewis. Ventiquattr'ore.

Quando fu a letto, e Chivers si fu allontanato per preparare il tè, Edward le tese la mano e disse, roco: «Ian mi ha parlato di... di quello che ti ho fatto, Liz. Io... non ho mai voluto farti del male...». Cominciò a tremare, e gli occhi gli si colmarono di lacrime. «Non lasciarmi mai...»

Lei non poté rispondere. Quando Chivers tornò col tè, si rifugiò in camera sua e si gettò sul letto, desiderando disperatamente di poter chiudere gli occhi e cancellare in tal modo tutti i suoi problemi.

Un'ora dopo, Chivers andò a cercarla.

«È il maggiore... credo che abbia la febbre.»

Liz corse in camera di Edward. Aveva il viso arrossato e gli occhi lucidi.

«Credo che sia meglio chiamare Ian» disse lei a Chivers quietamente.

Quando ebbe visitato Edward, Ian espresse l'opinione che potesse aver contratto una grave forma di gastroenterite.

«È cominciata nel reparto Maternità» spiegò. «Normalmente, un adulto sarebbe abbastanza forte da superarla, ma nel caso di Edward...» Lasciò la frase in sospeso, ma Liz capì che era estremamente preoccupato. «Avrà bisogno di assistenza continua. Se vuoi che faccia venire qualcuno...»

Liz scosse la testa.

«No, credo che Chivers e io possiamo cavarcela, ed Edward è già abbastanza turbato...»

Per tutta la notte, Liz e Chivers si alternarono al capezzale di Edward. Non c'era dubbio che fosse molto grave. In certi momenti, sembrava perfino delirare, e quando, verso l'alba, Liz lo vide scivolare in un dormiveglia agitato, seppe la dolorosa verità.

Per quanto lo desiderasse, non poteva lasciarlo... o almeno, se lo avesse fatto, il rimorso l'avrebbe tormentata tanto da incrinare il suo rapporto con Lewis, arrivando forse a distruggerlo. Se solo Edward fosse stato più forte... se solo non fosse stato così dipendente da lei...

Se lei lasciava Cottingdean, avrebbe dovuto essere ricoverato in un istituto, e questo lo avrebbe ucciso. E Liz avrebbe firmato la sua condanna a morte. E perché? Per stare con Lewis.

Non poteva farlo.

Si alzò. Lewis aspettava la sua risposta. Doveva andare a dargliela.

Gli telefonò e si accordarono per vedersi fuori dal villaggio. La macchina di Lewis era già posteggiata sul ciglio della strada di campagna, quando Liz arrivò.

Lui scese, le andò incontro e domandò, secco: «Be', gliel'hai detto?».

Lei scosse la testa.

«Non posso, Lewis» mormorò. «Non sta bene... Ian afferma...»

«Non mi importa di quello che dice Ian Holmes» la interruppe Lewis, rabbioso. «Che cosa dovrei fare, Liz? Ciondolare qui intorno fino a quando Holmes deciderà che Edward sta abbastanza bene perché tu gli parli? Quanto ci vorrà? Una settimana... un mese... un anno... dieci anni?»

La sua amarezza, il suo sarcasmo, le fecero male, d'altra parte erano quello che si aspettava.

«No... non ti chiedo questo.» Respirò a fondo, poi continuò, decisa: «È tutto finito, Lewis... Non posso lasciare Edward, ora lo so. Per quanto ti ami, non posso abbandonarlo».

Gli lesse sul viso lo sbalordimento. Per qualche istante, lui rimase in silenzio, poi esplose: «Vuoi dire che non intendi lasciarlo? Perché? Dimmelo, Liz... Perché?».

«Ha bisogno di me» mormorò lei.

«*Lui* ha bisogno di te... e io, maledizione?» Lewis l'aveva afferrata per le spalle e la stava scuotendo. «Non credi che io abbia bisogno di te?»

Liz sentì le lacrime pungerle gli occhi. Ancora un momento e sarebbe crollata. Ma non doveva...

«Non nello stesso modo» disse quietamente. «Lewis, non capisci che se lasciassi Edward lo avrei sulla coscienza per il resto della vita? Distruggerebbe il nostro amore... e io non posso permettere che accada. Tu meriti una donna che ti appartenga totalmente, e io non credo che potrei vivere con il rimorso del male che avrei fatto...»

«Eppure, non hai il più piccolo rimorso del male che m'infliggi» ribatté lui. «Non conto niente per te, Liz?»

Certo che conti. Le parole quasi le sfuggirono, ma le trattenne. A che scopo pronunciarle, prolungare la sofferenza di entrambi?

«Che cosa vuoi che faccia, Liz? Che resti qui a mendicare il favore di qualche ora con te? Non posso farlo, Liz. Fra noi dev'essere tutto, o niente.»

«E io non posso lasciare Edward» ripeté lei, disperata.

Aveva la gola stretta e si sentiva stordita. Se Lewis l'avesse presa fra le braccia, baciata... Lottò contro il desiderio che lo facesse, che la prendesse e la portasse via con sé. D'altra parte sapeva che era impossibile.

«E così, hai scelto lui... È più importante di me, ai tuoi occhi» l'accusò Lewis. «È stata tutta una menzogna, vero? Ami perfino Cottingdean più di me. Il nostro amore è stato solo un gioco...»

Lei avrebbe voluto negare, ma fu il suo amore per lui a impedirglielo. Sarebbe stato più facile, per Lewis, lasciarla in un momento di rabbia... e sarebbe stato meschino da parte sua cercare di legarlo con il suo amore, mentre sapeva che ormai quel sentimento era qualcosa che doveva escludere dalla propria vita.

Rimase in silenzio, lasciando che Lewis sfogasse la propria amarezza, che l'accusasse di aver giocato con i suoi sentimenti, di non aver mai pensato neppure lontanamente di abbandonare Edward...

Finalmente, lui le voltò le spalle e concluse, crudelmente: «Be', spero che un giorno incontri qualcuno che distrugga la tua vita così come tu hai fatto con la mia. Sai una cosa, Liz? Tuo marito mi fa quasi pena. Gli auguro buona fortuna, perché ne avrà bisogno...».

Liz rimase dov'era fino a quando la polvere sollevata dall'auto di Lewis ricadde sulla strada e la nebbiolina lo inghiottì, nascondendolo alla sua vista.

Neppure allora pianse. Risalì in macchina, rigida, e tornò lentamente a casa.

Dentro, si sentiva come se fosse stata spezzata in due, ma nessuno doveva indovinare ciò che le era accaduto... nessuno doveva venire a sapere della sua sofferenza. Era qualcosa che doveva sopportare da sola, qualcosa con cui doveva imparare a convivere. Aveva fatto l'unica cosa giusta, l'unica cosa possibile. Ora, non le restava altro che persuadersene...

21

In seguito, Liz sospettò che se la malattia di Edward non l'avesse tenuta tanto impegnata, avrebbe ceduto alla propria debolezza e sarebbe andata da Lewis a supplicarlo di aspettare, di concederle un altro po' di tempo. Ma quando le condizioni di Edward presero a migliorare al punto da poterlo lasciare da solo per più di una mezz'ora, Lewis era partito, e nessuno sembrava sapere dove fosse andato.

Le settimane passate ad assistere Edward, mentre nello stesso tempo si tormentava per Lewis, cominciavano a farsi sentire. Aveva degli attacchi di nausea, e Liz li imputò allo stress al quale era sottoposta, fino a quando non si rese conto che si era sbagliata, e di grosso.

Ma ormai, era troppo tardi. Anche se avesse potuto indursi a lasciare Edward, come poteva essere certa che Lewis avrebbe creduto che era andata da lui per amore, e non soltanto perché aspettava un bambino? No, non poteva più cambiare idea. E quanto al bambino... Non poteva permettergli di nascere. Eppure...

Provò una pena straziante nel riconoscere quanto desiderasse quel figlio, il figlio di Lewis e, nello stesso tempo, nell'ammettere che quella doveva essere la sua punizione per quello che aveva fatto.

Passò una settimana, poi un'altra. Liz si dedicò interamente ad assistere Edward. Lui le si aggrappava come un bambino, era pieno di rimorsi per il modo in cui l'aveva aggredita e la supplicava in continuazione di promettergli che non lo avrebbe mai lasciato.

Lei non aveva ancora preso alcun provvedimento per porre termine alla propria gravidanza, pur sapendo che doveva farlo. Ma come? L'aborto era illegale, e abortire clandestinamente era un rischio notevole.

Ian Holmes la vedeva sempre più pallida e magra ed era preoccupato. La salute di Edward, invece, seguitava a migliorare. Era quasi tornato quello di un tempo, ormai, anche grazie al farmaco che sembrava tenere sotto controllo i suoi violenti cambiamenti di umore.

Fisicamente, si era ripreso bene, e Ian gli ripeteva spesso che senza le cure di Liz avrebbe avuto ben poche speranze di superare la malattia. Era fortunato ad avere una moglie come lei, gli diceva. Ed Edward era d'accordo con lui. Era un uomo davvero fortunato.

Una mattina, arrivando a Cottingdean per la consueta visita a Edward, Ian trovò Liz in ginocchio in giardino, intenta a strappare le erbacce... ma con il corpo scosso dai singhiozzi e le lacrime che le scorrevano sul viso. Ian si inginocchiò accanto a lei e le passò un braccio attorno alle spalle, costringendola gentilmente a guardarlo.

Aveva notato il modo quasi morboso in cui si era dedicata a Edward, e aveva tratto le sue conclusioni. I sentimenti di Lewis McLaren per lei, e viceversa, erano stati palesi, e lui non poteva fare altro che compiangerli entrambi con tutto il cuore.

«Liz, mia povera cara» le disse. «Che c'è? Che cosa succede?»

Credeva di conoscere la risposta: amava un uomo che non poteva sposare e lo aveva mandato via. Ma quando Liz lo guardò in faccia e disse, in tono disperato: «Sono incinta», non poté nascondere del tutto lo sbalordimento. «Lo so» mormorò lei. «Non avrei dovuto permettere che accadesse...»

Ian esitò, poi chiese, incerto: «McLaren... lo sa?».

Liz scosse la testa.

«No, e non intendo dirglielo. È un problema mio, Ian. Oh, Dio, so quello che devo fare, ma...» Rabbrividì. «Lewis voleva che lasciassi Edward. Mi ha supplicato di lasciarlo... ma non ho potuto. Non avrei potuto vivere col rimorso, se...»

«Ed Edward non avrebbe potuto vivere senza di te» la interruppe Ian, in tono grave. «Almeno, non qui a Cottingdean. E un istituto...»

«Sì, lo so. Volevo andare con Lewis... volevo essere felice... ma alla fine l'ho mandato via, gli ho fatto credere che non lo amavo... Credo che questa sia stata la cosa più difficile. Qualunque altra sofferenza debba affrontare in futuro nella mia vita, nessuna potrà mai essere più grande di quella di perderlo...» Le lacrime le scorrevano sul viso, e per una volta non si curava di dominarsi. «Ian, devo abortire. Non c'è altro modo. Dio sa che non voglio farlo, ma che alternativa ho? So che non dovrei chiedertelo, ma... potresti... vorresti...? Tu sei medico, devi conoscere qualcuno che possa farlo... senza rischio...»

Per un momento, Ian ebbe la gola troppo stretta dalla compassione per poter parlare. Liz aveva sofferto tanto, dato tanto. Ma quello che gli chiedeva...

«Liz, sei impazzita? Non solo è illegale, ma, santo cielo, ti rendi conto di quante donne perdono la vita ogni anno a causa degli aborti praticati in condizioni antigieniche, da persone incapaci...»

«Lo fanno perché non hanno scelta, Ian, perché sono disperate. Fino a quando la nostra società continuerà a condannare una donna che concepisce un figlio illegittimo, non le lascerà altra alternativa che l'aborto clandestino... Edward ha già accettato David come figlio suo. Non posso...»

«Tu vuoi questo bambino?» chiese Ian a bassa voce.

Lei annuì lentamente.

«Più di quanto possa dirti. Sarebbe tutto quello che mi resta di suo padre...»

«Lascia che parli con Edward» suggerì Ian, ma lei scosse subito la testa.

«Edward non deve saperlo. Ha già sofferto abbastanza... Promettimi che non gli dirai nulla.»

Ian promise, ma sapeva già che non avrebbe mantenuto fede alla parola data. Gli dispiaceva mentirle, d'altra parte era l'unica cosa che potesse fare.

«Ti chiedo solo di non fare niente fino a quando non avrò avuto la possibilità di riflettere, di informarmi... Dammi una settimana» le disse.

Non perse tempo a parlare con Edward. Per fortuna, il giorno dopo Liz doveva andare a Bath per partecipare a una riunione degli industriali locali, indetta dal governo, nel quadro di un programma di sostegno per le nuove iniziative.

Ian trovò Edward solo in biblioteca. Benché si fosse ripreso dalla gastroenterite, era ancora pallido e abbattuto. Sembrava che fosse invecchiato di vent'anni in poche settimane.

Senza preamboli, Ian gli disse ogni cosa, e poi lasciò che assorbisse lo shock.

«È Liz che ti ha chiesto di dirmelo?» volle sapere lui, dopo qualche minuto di penoso silenzio.

«No, al contrario, mi ha supplicato di non rivelarti niente. In realtà, l'unica ragione per cui ne ha parlato con me era per chiedermi di consigliarle qualcuno che potesse procurarle un aborto.» Ian notò l'espressione inorridita di Edward non appena ebbe pronunciato quelle parole e le sue speranze crebbero. «Le ho chiesto... le ho chiesto del padre» continuò, brusco. «E lei mi ha detto che non avrebbe mai potuto lasciarti... che il suo posto era qui con te e David.» Non occorreva ricordargli che era lui, Edward, che aveva più bisogno di Liz. «Pensaci bene, Edward» gli consigliò. «Allevare come tuo il figlio di tua moglie e un altro uomo... è chiedere molto. Liz non te lo chiederebbe mai, d'altra parte il mio dovere di medico mi impedisce di darle l'informazione che mi ha chiesto. Se persevera nella sua decisione, potrebbe rischiare la vita...»

Liz... incinta... Liz che faceva l'amore con un altro... Liz che portava in seno il figlio di un altro. Per un momento, una disperata gelosia accecò Edward. Desiderò che Ian non gli avesse detto nulla, che Liz avesse semplicemente fatto quello che aveva in animo di fare... Meglio vederla morta che...

No!, si ribellò una voce dentro di lui. Perderla... e in

quel modo! E poi poteva veramente condannarla? Era una donna giovane e bella, che gli aveva dato tanto, che era la sua ragione di vita... una donna che lui stesso aveva quasi ucciso. Ricordò la prima visita di Liz all'ospedale, e come lui l'aveva supplicata di riportarlo a casa, di non lasciarlo. Rammentò la disperazione che le aveva letto negli occhi in quel momento, e seppe che quel giorno Liz era andata da lui per dirgli che il loro matrimonio era finito. Liz si era sacrificata oltre ogni limite. Lui non poteva sacrificarle il proprio orgoglio? Non era abbastanza uomo da concederle quella grazia?

E, se non ne fosse stato capace, quali erano le alternative? Cercò di immaginare la propria vita senza di lei, e fu come se l'oscurità lo avesse avvolto all'improvviso. Eppure, Liz lo aveva tradito con un altro uomo...

«Ti lascio, in modo che tu possa riflettere» disse Ian gentilmente, alzandosi.

Proprio mentre era sul punto di uscire, Edward lo richiamò, a bassa voce.

«Se... se Liz tiene questo bambino... non voglio che mezzo mondo sappia che mia moglie mi ha fatto cornuto» disse, aspro.

Ian aveva già riflettuto molto su quel problema.

«C'è un metodo nuovo, sperimentale, che consente alle donne di concepire senza aver bisogno di un rapporto sessuale.» Gli spiegò rapidamente le ricerche sulla fecondazione artificiale. «Possiamo spargere la voce che tu e Liz avete preso la decisione di avere un altro figlio... e di come sarebbe stato concepito.»

«Bisogna che io sia sicuro che Liz abbia rinunciato a quel... quell'uomo.»

«Credo che il fatto che sia ancora qui la dica lunga, no? Liz non è donna da lasciarsi coinvolgere in una sordida relazione clandestina» rilevò Ian, piuttosto serio.

Era certo di aver detto abbastanza, perciò si congedò da Edward. Sperava di aver fatto la cosa più giusta. Aveva chiesto a Liz una settimana di tempo, e si augurò che mantenesse la promessa meglio di quanto lui aveva mantenuto la propria.

Prima che la settimana scadesse, Edward telefonò a Ian per dirgli che aveva preso la sua decisione e per chiedergli di andare da lui. Ancora una volta, Ian lo trovò in biblioteca.

«Ian... sei stato gentile a venire così presto» disse Edward. «Ho chiesto a Chivers di portarci il tè...»

Ian si sentì cadere le braccia di fronte a quello sfoggio di formalità. Edward aveva l'espressione di chi sta per emettere una sentenza...

Ci volle un quarto d'ora prima che il tè arrivasse, fosse versato e Chivers lasciasse la stanza.

«Ho preso la mia decisione» attaccò Edward, brusco. «Ho deciso che Liz può tenere il bambino... Ma deve promettermi che non vedrà mai più il... il suo amante... Non voglio sapere chi è... non voglio parlarne con lei. Desidero che tu faccia da intermediario fra noi, che le faccia conoscere la mia decisione. Il bambino sarà allevato come mio figlio, ma naturalmente sarà escluso dall'eredità di Cottingdean. La proprietà, a suo tempo, passerà a David che, dopotutto, è un Danvers. Questo... questo bambino non lo è.»

C'erano ostilità e disprezzo nella sua voce, e Ian sentì svanire il proprio sollievo iniziale. Edward intendeva punire quel bambino non ancora nato per la colpa di sua madre? E Liz avrebbe accettato le sue condizioni?

«Sei un uomo coraggioso, Edward, e molto comprensivo» gli disse, alzandosi. «So che non rimpiangerai mai la tua decisione.» Avrebbe voluto ricordargli che anche Liz avrebbe fatto dei sacrifici, anzi, che in realtà li aveva già fatti, ma temeva di irritare Edward, e magari di farlo ritornare sulla sua decisione. «Comunicherò i tuoi desideri a Liz» concluse, in tono formale. «Non dovrebbe tardare, ormai, perciò se non ti dispiace, aspetterò che torni.»

Attese Liz in giardino e quando lei arrivò, la fece sedere su una panchina di pietra.

«Ho parlato a Edward della tua gravidanza» esordì

senza tanti preamboli. Liz non reagì, ma si limitò a guardarlo con gli occhi colmi d'angoscia. «Ha detto che puoi tenere il bambino.» Ian non le diede il tempo di reagire, e si affrettò a proseguire: «Ci sono certe condizioni, però. Per prima cosa, non dovrai mai più rivedere il padre. In secondo luogo, il bambino sarà escluso dall'eredità di Cottingdean».

Lei impallidì.

«Davvero Edward mi lascerà tenere il bambino?» chiese in un soffio.

«Sì» confermò Ian. Ma non poté fare a meno di aggiungere: «Non è del tutto convinto, e temo che ci saranno dei momenti in cui si pentirà della sua decisione. Ti ama, Liz, ed è molto, molto geloso... e tanto più in quanto il destino gli ha tolto la possibilità di fare l'amore con te, di essere il padre dei tuoi figli. Non sarà facile per te, ti avverto. E poi, c'è il bambino. Edward potrebbe riversare il suo risentimento su di lui... Intanto, capirai che agli occhi del mondo il bambino dovrà apparire come suo...».

«Ma è impossibile!» esclamò Liz.

Ian le spiegò l'espediente al quale aveva pensato di ricorrere, e lei scosse la testa, incerta.

«Ma tu sei convinto che la gente ci crederà?»

«Perché no? Basterà parlarne apertamente, dicendo che il procedimento è ancora di esito così incerto che non abbiamo voluto dire nulla fino a quando non siamo stati sicuri della sua riuscita. In realtà, tutto dipende da te, Liz. Il bambino, quando arriverà, potrà essere tuo e del tuo amante, oppure tuo e di Edward... E, a proposito... Tuo marito non vuole parlarne.»

In realtà, Liz giunse al quinto mese di gravidanza prima che Edward accennasse alle sue condizioni. Cenavano con il deputato locale e sua moglie, e dopo che il marito ebbe lodato Liz per il suo lavoro alla fabbrica, la signora si congratulò per la prossima maternità.

«Sì» rispose Edward per lei. «Siamo entrambi molto contenti che tutto sia andato per il meglio, vero, mia cara?» Le prese la mano e gliela strinse, elargendole uno dei suoi rari sorrisi. «Naturalmente il procedimento non è sicuro, perciò non abbiamo parlato molto del nostro progetto.»

«Credo che sia meraviglioso» approvò Lady Susan. «Un figlio solo non fa una famiglia, non è così? Immagino che speriate che sia una bambina, questa volta.»

«Non abbiamo preferenze, purché sia sano» rispose Liz quietamente.

Edward prendeva ancora i suoi sedativi. Apparentemente, stava meglio, ma c'erano dei momenti in cui Liz sentiva ancora ribollire in lui una rabbia impotente, momenti in cui temeva non per sé, bensì per il suo bambino. Stavolta avrebbe potuto permettersi qualche spesa in più per il corredino, invece si limitò al minimo indispensabile. Edward si era comportato in modo molto distante, nei primi mesi, e se anche ora sembrava aprirsi un po' di più, lei sapeva perfettamente che non avrebbe mai provato per quel bambino l'affetto che provava per David. Il che significava che lei stessa si sarebbe dovuta ben guardare dal manifestargli più affetto che al figlio maggiore. Edward l'avrebbe tenuta d'occhio gelosamente per accertarsi se quel nuovo bambino ricevesse qualche segno speciale dell'amore materno.

Liz si posò le mani sul ventre. La nascita era prevista per la fine di luglio, e lei si augurò che tutto andasse per il meglio.

Le doglie cominciarono il trenta luglio, nelle prime ore del mattino. Su consiglio di Ian Holmes, Liz aveva deciso di partorire in casa, e non appena si rese conto di quanto le contrazioni fossero forti e frequenti telefonò a lui e all'ostetrica.

Com'era accaduto per la nascita di David, il travaglio fu breve.

«Ancora una spinta... coraggio, mia cara... Oh, eccola... una bellissima bambina, e con dei meravigliosi capelli rossi» annunciò l'ostetrica.

Ripulì sommariamente la neonata e stava per metterla fra le braccia della madre, quando Liz avvertì una altra, forte contrazione. L'ostetrica si rese subito conto di ciò che stava accadendo.

«Oh, santo cielo... Credo proprio...» Depose la piccola nella culla, poi accorse accanto a Liz. «Ancora un momento, cara. Credo che ce ne sia un altro in arrivo.»

«Un altro?» domandò Liz, sbalordita.

«Be', non è fortunata?» L'ostetrica sorrideva allegramente. «Gemelli, maschio e femmina... benché il giovanotto, qui, sia piuttosto piccolo. Non importa, crescerà... Immagino che non dovrei essere stupita, lei era molto grossa, in realtà. Ma sarà una sorpresa per suo marito. Ora la rimetterò un po' in ordine, e poi gli dirò che può entrare a vederla...»

«No» protestò Liz, d'impulso.

Aveva bisogno di restare per qualche momento sola con i suoi figli, di assaporare con loro una comunione che, di diritto, avrebbe dovuto includere anche il loro padre. Due bambini... due doni meravigliosi. Li strinse a sé con gli occhi colmi di lacrime.

«Così preziosi... siete tutti e due così preziosi...» sussurrò.

Edward insistette per pubblicare un annuncio sul *Times*, anche se Liz avrebbe preferito lasciar perdere. I gemelli erano stati chiamati Nicholas e Sage, benché Edward non fosse molto convinto di quello strano nome per *sua figlia*. Liz aveva insistito. Una volta, Lewis le aveva detto di sfuggita che era il nome di sua nonna, e anche se si rendeva conto di essere ridicolmente sentimentale, non aveva resistito all'impulso di dare almeno a uno dei suoi figli qualcosa che appartenesse al loro padre.

Aveva promesso a Edward che i gemelli non avrebbero mai saputo nulla del loro vero padre, così come gli aveva assicurato che lei non avrebbe mai più rivisto Lewis. Alla fine, lui le aveva chiesto il nome del suo amante e Liz glielo aveva rivelato, e da quel momento l'argomento era stato chiuso.

Entrambi pensavano che Lewis McLaren fosse ormai tornato in Australia, ma non era così. Era a Londra, sempre più amareggiato e disilluso per aver amato una donna che lo aveva ingannato. E poi, un giorno, casualmente, sfogliando il *Times*, gli capitò di leggere un trafiletto che annunciava la nascita di Sage e Nicholas, figli del maggiore Edward Danvers.

Intuì la verità all'istante, naturalmente... anche se stentava a credere all'enormità dell'inganno di Liz. I suoi figli... attribuiti a un altro uomo. *I suoi figli*...

Senza fermarsi neppure per un istante a riflettere, noleggiò una macchina e partì per Cottingdean.

I gemelli avevano tre settimane. Edward aveva sofferto di una leggera infiammazione ai polmoni e Ian aveva insistito perché andasse all'ospedale locale per una radiografia. Liz era andata con lui, affidando i gemelli a Joan Palmer, l'anziana moglie di un operaio della fabbrica che le dava una mano in casa.

Quando Lewis arrivò a Cottingdean, Joan non ebbe difficoltà a farlo entrare, perché si ricordava di lui. La sorprese un po' che chiedesse di vedere i bambini, perché di solito gli uomini si interessavano poco ai neonati, ma pensò che si trattasse di una normale curiosità.

Lo accompagnò nella nursery, poi si scusò dicendo che andava a chiedere a Chivers di preparare il tè per l'ospite.

Rimasto solo con i bambini, Lewis prese a fissarli. La femminuccia era vispa, con gli occhi brillanti, rumorosa... Il maschietto, al contrario, era più tranquillo. Suo figlio...

Senza neppure sapere che cosa stesse facendo, Lewis lo sollevò dalla culla. La bambina cominciò a piangere, come se fosse gelosa dell'attenzione riservata al fratellino.

Presto la donna sarebbe tornata... Ma quelli erano i suoi figli. Quello era suo figlio... il suo erede di diritto. E sarebbe stato il suo unico figlio, perché aveva già deciso che non si sarebbe mai più sposato.

La decisione di scendere le scale, uscire di casa e salire in macchina, sempre tenendo stretto il bambino, non fu presa coscientemente ma, bene o male, ormai lo aveva fatto... Tornò a Londra, ma non all'albergo, bensì direttamente all'aeroporto, dove trovò un posto su un aereo che partiva per l'Australia dopo poco più di un'ora. Era una fortuna che Alistair, il suo primo figlio, fosse stato registrato sul suo passaporto. Bastava falsificare la data di nascita...

Sembrava che la sorte lo stesse aiutando in modo quasi incredibile. Aveva già perso un figlio, non voleva perderne un altro. Non poteva avere Liz, ma almeno aveva il loro bambino... uno dei loro bambini. Per un momento, rimpianse di non averli presi entrambi, ma ormai non poteva di certo tornare indietro.

Quando Joan Palmer scoprì che Nicholas era scomparso, si fece cogliere dal panico, e invece di dare l'allarme prese stupidamente a cercarlo per tutta la casa. Non la sfiorò neppure l'idea di denunciarne la scomparsa alle autorità, e quando Liz ed Edward rientrarono trovarono l'intera casa sottosopra.

Liz capì subito ogni cosa, naturalmente, non appena Joan le parlò della visita di Lewis. Ma che poteva fare?

Fu subito evidente che Edward era contrario a denunciare il rapimento del bambino. Accusare Lewis McLaren avrebbe significato rendere pubblico il fatto che i gemelli erano i suoi figli. Quando le fece osservare che, dopotutto, Lewis era il padre di Nicholas, Liz ebbe l'impressione che, in fondo al cuore, fosse perfino contento... anzi, che rimpiangesse che non avesse preso entrambi i bambini.

Lo stesso Lewis, prima di salire sull'aereo, le spedì un breve biglietto in cui diceva che non intendeva rinunciare a suo figlio, e che se lo avessero denunciato, lui avrebbe reso pubblica l'intera storia.

Derek Palmer, che era ormai vicino all'età della pensione, ricevette una sostanziosa gratifica, assieme al suggerimento che lui e sua moglie avrebbero fatto meglio a tornare a vivere in Scozia, accanto alla figlia sposata, e nel villaggio si sparse la notizia che il maschietto di Liz era morto.

Il fatto che Liz stessa fosse pallida e magra, che si fosse rinchiusa in se stessa, venne considerato del tutto logico, e ben presto tutti seppero che non sopportava di sentir nominare il bambino e tantomeno di parlare della sua morte.

Era stato Ian Holmes, come al solito, a proporre quella soluzione, in mancanza di meglio, ma ora era preoccupato per Liz, anzi, temeva addirittura che potesse smarrire la ragione. Si era attaccata così possessivamente a Sage, che Ian fu costretto a dirle che se non fosse stata più che attenta avrebbe distrutto tutto ciò che aveva costruito con tanti sacrifici, che c'era il pericolo che Edward prendesse addirittura in odio la bambina.

A poco a poco, Liz capì che Ian aveva ragione. Aveva già notato che Edward si teneva lontano dalla bambina, che rifiutava di toccarla, e persino di tenerla in braccio... e, all'improvviso, ebbe paura. Cominciò, senza darlo a vedere, a fare in modo che Sage non rimanesse mai sola con Edward, temendo che potesse farle del male.

Che cosa aveva fatto? In che casa, in che atmosfera sarebbe cresciuta la sua creatura? Arrivò a pensare che sarebbe stato meglio se Lewis avesse rapito entrambi i bambini. Eppure... no, Sage gli somigliava tanto, era parte di lui. A volte temeva perfino di non poter sopportare l'intensità del suo amore, quasi della sua adorazione per lei. Ed era dominata dal terrore di dimostrarla, di suscitare in Edward un'ostilità ancora maggiore.

Sage sarebbe stata sempre la sua favorita, la più amata dei suoi figli. Non poteva evitarlo, non poteva negarlo... eppure non poteva permettere che qualcun altro lo venisse a sapere, e tantomeno la bambina stessa, perché in quel caso...

Niente era più importante della sua bambina, la bambina di Lewis. Avrebbe fatto tutto quello che era in suo potere per proteggerla, anche se questo avesse significato negarsi il diritto di manifestare quanto fosse preziosa per lei.

Quella sera, Edward osservò, duramente: «La bambina ha di nuovo pianto tutta la notte. Credo che dovresti assumere qualcuno per occuparsi di lei. Ti porta via troppo tempo».

Liz si aspettava qualcosa del genere. Nascondendo la rabbia, la paura, la sofferenza, tenne la testa china sul piatto e rispose, docilmente: «Se credi che sia meglio...».

«Ne sono certo» rispose lui, brusco.

Mentre finiva di leggere la pagina, Sage scoprì che stava piangendo.

«Oh, mio Dio...» mormorò, coprendosi il viso con le mani.

In tutti quegli anni non aveva mai saputo, non aveva mai capito... In tutti quegli anni sua madre l'aveva protetta, si era presa cura di lei, l'aveva amata... e aveva sopportato da sola il peso del proprio segreto.

Anche dopo la morte di Edward, quando avrebbe potuto mettersi in pace con se stessa...

Prese il diario e corse alla porta, chiamando: «Faye! Faye! ».

22

Sage camminava nervosamente avanti e indietro per la stanza, fermandosi di tanto in tanto per vedere quanto Faye aveva ancora da leggere. Quando sua cognata era accorsa alla sua chiamata, lei era stata troppo sopraffatta dall'emozione per fare qualcosa di più che metterle in mano il diario e mormorare, con voce rotta: «Qui... leggi questa parte... Presto, Faye, fai presto, per favore ...».

Ora, quando la cognata voltò l'ultima pagina e depose il diario, le due donne si guardarono in silenzio.

«Non hai mai saputo, mai sospettato...?» chiese Faye lentamente.

Sage scosse la testa.

«No. E tu?»

Faye sospirò.

«Mai. Che terribile peso dev'essere stato però per tua madre! Non mi meraviglia che tuo padre...» Si interruppe, poi proseguì: «... Che Edward fosse così prostrato quando morì David».

«Sì» convenne Sage tristemente. «Capisco tutto, ora. Mia madre non osava dimostrarmi il suo amore, in caso mio... in caso Edward se ne risentisse. E poi, proprio quando deve aver pensato che poteva cominciare a rilassarsi, sono andata a innamorarmi di mio fratello... il mio gemello.» Sage chiuse gli occhi. «Mi chiedo se Scott sa... se lui... Lewis McLaren...»

Non poteva indursi a riferirsi a Lewis come suo padre. Era qualcosa di troppo nuovo, troppo penoso. Quella volta in cui era andata a trovare Scott... Era al corrente di ogni cosa, allora, eppure non aveva fatto alcun tentativo per vederla.

«Bisognerà avvertirlo delle condizioni di Liz» affermò Faye, in tono pratico. «Ha il diritto di sapere.»

«Ma può darsi che *non voglia* sapere. Magari ha sposato un'altra» obiettò Sage.

Faye scosse la testa.

«Non Lewis, Sage. Parlavo di Scott. *Lui* ha diritto di sapere di Liz, tanto quanto noi.»

«Sì, sì, hai ragione» mormorò Sage. «Certo, ne ha diritto... È anche sua madre. Oh, mio Dio, Faye, è un tale shock... Non riesco a credere... Che cosa deve aver provato quando ho portato Scott a casa, e si è resa conto...»

Guardando la testa china della cognata, Faye notò commossa che la preoccupazione, la compassione di Sage erano rivolte a sua madre, non a se stessa.

«Credo che forse Scott sappia» rilevò, pensierosa. «Forse solo dicendogli la verità Lewis McLaren si è assicurato che non tentasse di mettersi in contatto con te.»

«Forse. Non lo so. Non so più niente. In tutti questi anni ho pensato che mia madre non mi volesse bene, che non le importasse di me, che non mi amasse come David. E invece...»

«E invece, *tu* eri la figlia che amava di più» concluse Faye per lei.

«Sì» convenne Sage a bassa voce. «E io non le ho reso le cose più facili, vero?» Si interruppe. «Credi sul serio che dovremmo avvertire Scott?»

«Sì, ma non so come potremmo farlo. Bisognerebbe procurarsi il numero di telefono.»

Seguì un breve silenzio, poi Sage mormorò: «Ce l'ho io».

Faye la guardò, impietosita, comprendendo il senso nascosto di quella confessione.

«Lo ami ancora?»

Sage scosse la testa.

«Non nel modo che intendi tu... d'altra parte il suo ricordo mi fa ancora soffrire. Ho... ho sempre sentito la sua mancanza... come se mi mancasse una parte di me stessa. Ora mi chiedo se, inconsciamente, non abbia sempre avvertito con lui un legame di sangue. Dopotutto, siamo gemelli...»

«Ma non hai mai sospettato...? Nel diario c'è scritto che ufficialmente fu annunciato che Nicholas... che Scott era morto. È strano che nessuno, in paese, abbia mai accennato a tuo fratello, con te. Ma forse pensavano che lo sapessi, e che, come Liz, preferissi non parlarne.»

«Chivers era al corrente di ogni cosa, naturalmente, ma era troppo fedele ai miei per rivelarmi il segreto. E ormai è morto da dieci anni... Be', vado di sopra a prendere il numero di Scott. Credi proprio...»

«Credo che Liz abbia bisogno di tutto l'aiuto possibile per superare l'operazione, e penso che quando riacquisterà conoscenza e si troverà accanto te e Scott insieme...»

«Sì... sì, hai ragione.»

Sage trovò il numero nella vecchia agenda che non si era mai decisa a gettare nella spazzatura, pur rimproverandosi di essere così sentimentale. Ricordò l'ultima volta in cui aveva composto quel numero, solo per sentirsi negare di poter parlare con Scott.

Grazie al cielo, pensò, non erano stati amanti. Sapere di aver fatto l'amore con suo fratello sarebbe stato un trauma troppo difficile da superare! Se le era stato risparmiato, doveva ringraziare la vigilanza di sua madre... e di Lewis McLaren, suo padre.

Per la prima volta si chiese quale dovesse essere stata la reazione di Lewis quando Liz gli aveva telefonato, dopo tutti quegli anni... e per dirgli che i loro figli erano sul punto di diventare amanti!

Scese di corsa le scale e tese l'agenda a Faye.

«Temo che dovrai chiamare tu» le disse. «Io non me la sento...» Si interruppe, vedendo entrare Camilla. La ragazza guardò dalla madre alla zia, comprendendo subito che stava succedendo qualcosa di anormale.

«Che cosa c'è?» chiese. «La nonna...?»

«No, no, non è niente» la rassicurò Faye. «Perché

non vai di sopra a cambiarti e...»

«No» la interruppe Sage. «No, credo che dovremmo dirglielo. Ci sono stati anche troppi segreti nella nostra famiglia.»

«Dirmi che cosa?» chiese Camilla, perplessa.

Rapidamente, e con il maggior distacco possibile, Sage le spiegò ciò che aveva scoperto.

«Hai un gemello?» ripeté la ragazza, sbalordita. «Santo cielo! E lui lo sa? Com'è? E...»

«Camilla, ti prego» intervenne Faye. «Tua zia ha appena avuto uno shock... Rimandiamo le domande a più tardi. Ora faccio quella telefonata, vuoi?» chiese poi a Sage.

Lei annuì, mentre Camilla chiedeva, impaziente: «Quale telefonata? Insomma, qualcuno vuole dirmi che cosa sta succedendo?».

«Tra poco, Camilla» le assicurò la madre. «Chiamiamo da qui, vero, Sage? Mi sembra giusto usare il telefono personale di Liz. »

«Sì... sì, usiamo questo telefono.»

Sage aveva la gola stretta. Voltò le spalle, mentre Faye componeva il numero. La sentì schiarirsi la voce nervosamente, poi chiedere, decisa: «Vorrei parlare con il signor McLaren, per favore. Il mio nome è Faye Danvers. Dubito che significhi qualcosa per lui... Sì, sì, aspetto». Si rivolse a Sage e spiegò: «La governante è andata a cercarlo». Un attimo dopo, si sentì chiaramente una voce maschile rispondere: «McLaren...».

«Il signor Lewis McLaren?» chiese Faye, esitante. «Per la verità, volevo parlare con Scott McLaren...» Ci fu una breve pausa, poi Faye si decise. «Signor McLaren, lei non mi conosce, ma sono sicura che ricorda il nome Danvers. Liz Danvers è mia suocera. Ha avuto un grave incidente stradale, qualche giorno fa... No, no, tiene duro, ma deve essere sottoposta a un difficile intervento chirurgico. Per un certo periodo ha ripreso conoscenza, e ha chiesto che noi... cioè io e Sage, sua figlia... leggessimo i suoi diari. Per farla breve, signor McLaren, Sage e io abbiamo appena scoperto che... che Scott e Sage sono gemelli. Abbiamo pensato... o meglio, *io* ho pensato che se Scott sa che Liz è sua madre, avrebbe anche voluto sapere... Sì, sì, il chirurgo ci ha assicurato che Liz può affrontare l'operazione... Quale ospedale? Il *St Giles* di Londra. L'operazione? È fissata per domani... Ritardarla di ventiquattr'ore? Be', non credo che...» Faye corrugò la fronte, poi tese il ricevitore a Sage. «Vuole parlare con te.»

Con *lei*. Sage scoprì all'improvviso che era incapace di muoversi... incapace di parlare. Ci volle una spinta gentile di Camilla per farla avvicinare al telefono. Prese il ricevitore con la mano tremante.

«Sage, sei lì?» chiese la voce maschile, sconosciuta.

«Sì, certo» sussurrò lei.

«Sono Lewis McLaren.» Ci fu una pausa, poi l'ammissione, roca, emozionata: «Tuo padre... Tuo fratello e io prenderemo il primo volo possibile... Non devi permettere che la operino fino a quando non saremo arrivati. Capisci, Sage? *Devono* aspettare... Dio, Liz... Non posso crederci. Sage, mi ascolti?».

«Sì, sì, ascolto. Quanto tempo?»

«Ventiquattr'ore al massimo.»

«Venite entrambi?» chiese Sage.

Ci fu un'altra, breve pausa, poi la voce rispose: «Sì, saremo lì tutt'e due».

E all'improvviso, Sage si rese conto che quell'uomo aveva amato sua madre profondamente, e che forse, nonostante il modo traumatico in cui si erano lasciati, l'amava ancora. Forse, rifletté, lei assomigliava a suo padre... cosa che non aveva mai creduto possibile quando riteneva che suo padre fosse Edward.

Come se si rendesse conto di quello che stava provando la figlia, dopo un momento Lewis disse, a bassa voce: «Non preoccuparti, Sage, arriveremo in tempo. Fai in modo che non la operino per altre ventiquattr'ore. Voglio parlare con il chirurgo, voglio essere sicuro che tua madre sia nelle mani migliori...».

La vecchia Sage, la Sage che era stata prima di cominciare il viaggio fra i ricordi di sua madre, si sarebbe risentita sentendosi dare degli ordini, ma ora aveva scoperto dentro di sé il dono di Liz di vedere oltre la superficie, di cogliere la verità nel modo di fare delle persone, e sentiva chiaramente che Lewis McLaren era preoccupato, disperato, e aveva bisogno di essere vicino a Liz.

«Parlerò con il chirurgo, e vedrò se lo ritiene possibile» gli assicurò. Poi non poté trattenersi dal chiedere: «Scott... è felice?».

Seguì un breve silenzio, poi Lewis rispose: «Sì, è molto felice. Si è sposato e ha due bellissimi maschietti, ma ho dovuto prima dirgli la verità... spiegargli perché era impossibile che voi due...».

«Sì, io...»

«Mi dispiace, ma tua madre e io, be'... abbiamo dovuto fare quello che era meglio per voi.» Lewis fece una pausa, poi proseguì: «Ti telefonerò al mio arrivo a Londra. Dove posso trovarti?».

«Qui, a casa.»

Sage gli dettò il numero e stava per riattaccare quando lui disse, all'improvviso: «Non ho mai smesso di amarla, sai. Non c'è stato un giorno in cui non abbia pensato a lei... o a te. Vi volevo tutti... ma lei non poteva lasciare Edward, non voleva lasciarlo. Lui era più importante di me».

«Ti sbagli» replicò Sage, roca. «Non era così. Lei... lei sentiva che aveva un debito con Edward, che gli doveva...»

«Che cosa gli doveva? Il resto della sua vita? La nostra felicità... i miei figli?»

Sage sentì l'amarezza, la solitudine nella sua voce, e la gola le si strinse. Oh, sì, era figlia di suo padre... e sua madre doveva averlo visto e riconosciuto, in tutti quegli anni.

Quando depose il ricevitore, le lacrime le scorrevano sul viso. Senza parlare, Faye le tese le braccia, e lei vi si rifugiò. Anche Camilla le raggiunse, e rimasero così, strette l'una all'altra, per diversi minuti.

Fu Sage a riprendersi per prima, dicendo: «Dovremo metterci in contatto con l'ospedale, chiedere se è possibile rimandare l'operazione. Dovremo spiegare il perché. Vuoi farlo tu, Faye? Io non credo...».

«Sì, ci penso io.»

Messo al corrente della situazione, il dottor Ferguson disse a Faye che l'avrebbe richiamata al più presto, dopo averne parlato con i colleghi.

Ora, non rimaneva che aspettare l'arrivo di Lewis e Scott.

Daniel lanciò un'occhiata al telefono. Aspettava una chiamata, e sperava che arrivasse prima che lui dovesse parlare con Sage per rispondere al suo ultimatum.

Si meravigliò di essere così sciocco da credere che darle la notizia avrebbe influenzato positivamente il suo atteggiamento verso di lui, reso più facile per loro cominciare... forse anche... Che cosa? Diventare amanti? Ma non era solo il corpo di Sage nel suo letto, che voleva. Se fosse stato così...

Ammettilo, si disse, *sei praticamente ossessionato da quella donna. Lo sei stato fin dall'inizio. Non la vuoi semplicemente. Tu la ami...*

Il telefono alla fine squillò. Era la chiamata che aspettava.

Mentre deponeva il ricevitore, Daniel pensò che era valsa la pena di coltivare Helen, anche se a volte aveva trovato seccanti i suoi atteggiamenti possessivi, la sua scoperta determinazione a trasformare il loro rapporto d'affari in qualcosa di più. Ma, alla fine, gli era stata utile...

Non poté fare a meno di confrontare il suo comportamento con quello di Sage. Lei era così orgogliosa, così indipendente... o lo era stata fino a quando non era crollata di fronte a lui e gli aveva detto...

Sentì i muscoli dello stomaco contrarsi. Era stato davvero uno sciocco a non approfittare della sua debolezza, a non... A non fare che cosa? Gettarla sul pavimento e possederla? Ma non era quello che voleva. Desiderava Sage, certo, ma voleva molto di più della riluttante ammissione che pure lei lo desiderava. Voleva che andasse da lui liberamente, con orgoglio e con amore.

Voleva la luna, ammise tristemente con se stesso.

Ma non poteva impedirsi di sognare.

Mentre guidava alla volta di Cottingdean, si chiese come Sage avrebbe reagito alla notizia. Certo, non si aspettava di vederlo, immaginava che le telefonasse. Quando arrivò, la casa era immersa nel silenzio, benché tutte le finestre fossero illuminate. Daniel si chiese se forse Liz...

Suonò il campanello, e la porta gli fu aperta da Faye. Chiese di Sage, e lei lo guardò male. Sage era ancora nello studio di sua madre, e l'ultima volta in cui Faye era andata a vederla l'aveva trovata addormentata, raggomitolata su una poltrona come una bambina.

«Temo che Sage non possa ricevere nessuno, in questo momento» affermò decisa, ma Daniel la ignorò ed entrò in casa, sicché lei non ebbe altra scelta che richiudere la porta d'ingresso.

«Riceverà me. Mi aspetta» disse lui. Faye esitò, lanciando un'occhiata alla porta dello studio. Sage non le aveva detto di aspettare visite. Daniel approfittò di quel momento. «È di là, vero? Non si preoccupi, mi annuncio da solo.»

«Non può entrare...» cominciò a protestare Faye, ma era troppo tardi. Daniel si era già introdotto nello studio.

Sage era raggomitolata su una poltrona, con la testa appoggiata a un braccio. Aveva pianto, e si vedevano le tracce lasciate sul viso dalle lacrime. La stanza era in penombra, illuminata solo dal fuoco e da una lampada sulla scrivania dietro di lei.

Avvicinandosi, Daniel vide che Sage aveva in grembo delle fotografie. Alcune erano scivolate sul pavimento. Si chinò a raccoglierle, meccanicamente, e si irrigidì quando riconobbe il viso sorridente di Scott.

Un misto di sofferenza, rabbia, risentimento gli strinse lo stomaco. Per un attimo, provò l'impulso di prendere le fotografie e gettarle nel fuoco. Non sarebbe mai finita? Sage non avrebbe mai dimenticato, mai smesso di guardare al passato? Era geloso, riconobbe. Terribilmente geloso di Scott.

Sage aprì lentamente gli occhi. Per un momento, lo guardò senza difese, e quello che lesse nel suo sguardo lo spinse a tenderle le braccia... Ma la sua espressione stava già cambiando, diventando distante, ostile. Sage mise i piedi sul pavimento e cercò di alzarsi, ma Daniel era chino su di lei e glielo impedì.

«Daniel! Che cosa ci fai qui? Chi ti ha fatto entrare» chiese, roca.

«Sono venuto a rispondere al tuo ultimatum» disse lui, brusco. «Lo ricordi? O eri troppo occupata a compatirti rimpiangendo il passato? Mio Dio, Sage, che cosa ti prende? Sei una donna adulta ormai, non una bambina...»

Ci vollero parecchi secondi perché Sage, ancora insonnolita, capisse quello che le stava dicendo. Daniel gettò le foto sulla scrivania in un gesto di disgusto e lei, d'impulso, gli afferrò la manica, costringendolo a guardarla.

«Daniel, non capisci. Scott è...»

«Oh, capisco benissimo» la interruppe lui, aspro. «E pensare...» La sua espressione si fece dura, amara. «E pensare che c'è stato un tempo in cui ho creduto che tu e io potessimo avere un futuro insieme, che forse... forse avresti recuperato il buonsenso e ti saresti resa conto... Tu mi vuoi, ed è maledettamente certo che anch'io ti voglio. E ti assicuro che nel *mio* letto avresti trovato molto più piacere che con qualunque altro uomo...» Si interruppe e imprecò silenziosamente contro se stesso. Stava di nuovo sbagliando tutto. Sapeva come Sage avrebbe reagito a quel tipo di discorso, e non poteva fargliene una colpa. D'altra parte si era sentito così ferito, quando l'aveva trovata a piangere per Scott!

Sage lo fissò, ancora non del tutto lucida. Daniel era geloso... geloso di Scott, riconobbe, con un'emozione così intensa che fu sul punto di tradirsi gettandosi fra le sue braccia. Si trattenne appena in tempo, e ripeté: «Daniel, non capisci...».

«Come no?» la interruppe lui, furioso. «Certo che capisco. E dire che ero venuto qui stasera sperando... Be', tanto vale che te lo dica, visto che sono qui. Il tuo prezioso villaggio è salvo, Sage. Hanno spostato il percorso della strada.»

Lei lo fissò sbalordita.

«*Che cosa*? Ma è impossibile!»

«È sempre esistita questa probabilità. Ma tu eri così decisa a sconfiggermi, che non te ne sei mai resa conto. Non dovresti prendere le cose su un piano così personale» ribatté Daniel, acido.

«Daniel, io...»

C'erano tante cose che voleva spiegargli, che voleva condividere con lui. Le sarebbe bastato un piccolo incoraggiamento per rivelargli tutto... ma Daniel le voltò le spalle e disse, cupo: «Be', ora è meglio che me ne vada: ti faccio le mie scuse per aver interrotto la tua orgia di autocommiserazione. Peccato che Scott non sia qui a vederla, vero? Addio, Sage».

Qualcosa nel suo tono la raggelò. Capì che Daniel si allontanava da lei per sempre. Non avrebbe avuto una altra occasione...

Ma prima che potesse fermarlo, che potesse dire qualcosa, Faye entrò nella stanza annunciando: «È tutto a posto, Sage. Rimanderanno l'operazione di ventiquattr'ore...».

Daniel era già nell'ingresso. Un altro momento e se ne sarebbe andato. Sage cercò di seguirlo, ma era così stordita che non riuscì a muoversi. Sentì la porta di casa aprirsi e poi richiudersi.

Faye vide la sua espressione disperata e le chiese, sbalordita: «Sage, che cosa succede?».

«Niente» mentì lei, fissando nel vuoto. «Niente.»

23

«Non riesco a crederci, Scott... E pensare che per tutti questi anni tu hai saputo, e non hai mai...»

«Non *potevo* dirtelo» la interruppe Scott. «Avevo promesso a papà di non farlo... e poi, per quello che ne sapevo, tua madre... nostra madre... forse ti aveva detto la verità, e tu preferivi non metterti in contatto con me. Quando papà mi ha detto che avevi telefonato...»

«E pensare che hai due figli... i miei nipotini...» disse Sage all'improvviso, con una risata molto vicina al pianto.

Scott e Lewis erano arrivati a Cottingdean la notte precedente, e fin dal primo momento Lewis aveva assunto il comando della situazione, in un modo che aveva reso più facile a Sage capire come mai sua madre si fosse innamorata di lui. Era così vivo e vigoroso, anche ora... Doveva aver rappresentato un tale contrasto con Edward!

Ora, comprendeva quanto dovesse essere stato doloroso per Liz amare Lewis e sapere che non avrebbe mai potuto lasciare Edward. Doveva assicurarsi che Lewis leggesse almeno l'ultimo dei diari prima di andare all'ospedale, che capisse...

Il chirurgo aveva detto che non era di alcuna utilità che loro fossero all'ospedale durante l'operazione, ma Lewis aveva ignorato il consiglio, affermando che voleva stare il più possibile vicino a Liz. Scorgendo l'ansia, la paura nei suoi occhi, Sage non aveva avuto cuore di chiedere che tutti loro potessero condividere quell'attesa. Sentiva che Lewis aveva un disperato bisogno di stare un po' da solo con sua madre.

Tre ore prima dell'inizio dell'intervento, Lewis partì per Londra.

Per coloro che erano rimasti a Cottingdean, le ore passarono lentamente, ma Sage trovò facile, naturale, rivolgersi a Scott per ricevere un po' di conforto. Era così a suo agio con lui, così rilassata. La sorprendeva la facilità con cui aveva accettato che Scott fosse suo fratello... Conoscere la verità le aveva fatto capire la differenza fra quello che aveva provato per Scott e quello che sentiva per Daniel.

Anche in passato aveva desiderato Daniel, lo aveva amato, probabilmente, ma non era stata capace di comprenderlo. Ne parlò a Scott, e non poté fare a meno di ridere, vedendo la sua sorpresa.

«Tu ami Daniel Cavenagh? Siamo ancora in contatto, sai. È un tipo a posto, ma voi due...»

«Oh, Daniel non mi ama... anche se mi desidera. Ma una relazione con lui che fosse basata soltanto sul sesso sarebbe troppo dolorosa, troppo umiliante... e fatalmente destinata a finire. No, non posso permettermelo. Quello che provo per Daniel è troppo profondo. Eppure, solo ora che capisco che cosa è realmente l'amore, riesco finalmente a comprendere mia madre... i nostri genitori» Sage si interruppe, poi alzò gli occhi su Scott e chiese semplicemente: «Lui... papà, l'ama ancora?».

«Sì. Non ha mai smesso di amarla.»

«E allora perché quando mio... quando Edward morì, non è tornato da lei? Lo ha saputo, vero?»

«Sì, ma credo che sia stata una questione d'orgoglio. Vedi, la mamma gli aveva lasciato credere che non lo amava, che per lei era stato solo un capriccio. Immagino che lui avesse deciso che la prossima volta, se mai ci fosse stata, doveva essere lei a cercarlo.»

«Ma è tornato, ora...»

«Che cosa avresti fatto tu al suo posto, in queste circostanze?» chiese Scott.

Rimasero per un lungo momento in silenzio, condividendo gli stessi pensieri, gli stessi sentimenti. Se avesse vissuto accanto a Scott, sarebbe stata una persona diversa, più completa, più dolce?, si chiese Sage. Probabilmente no, dovette riconoscere. Sarebbe stata prepotente, possessiva e gelosa... Forse era meglio che fossero cresciuti l'uno lontano dall'altro, che lei avesse imparato a caro prezzo che non era possibile e tantomeno giusto dominare, possedere un'altra persona, neppure quando la si amava.

Scott era suo fratello, ma aveva altri rapporti, altrettanto importanti, con altre persone: suo padre, sua moglie, i suoi bambini. Parlava dei suoi figli con tanto affetto che lei non poté fare a meno di confrontare la sua serenità con la propria solitudine. E, a tradimento, i suoi pensieri si rivolsero a Daniel... Daniel che la eccitava, la innervosiva... Daniel che le aveva voltato le spalle e se n'era andato prima che lei potesse spiegargli...

Come avrebbe voluto che fosse là con lei, in quel momento, a condividere la sua ansia!

«Devi sentire la mancanza di tua moglie... dei tuoi bambini. Perché non li hai portati con te?» chiese all'improvviso a Scott.

«Avrei voluto portarli» ammise lui. «Ma Averil ha detto che questo era un momento particolare, difficile per noi tre... papà, tu e io...»

«La mamma... la mamma sa di tua moglie, della tua famiglia?»

«Sì. Anche quando Edward era vivo, le permetteva di ricevere mie notizie, una volta all'anno, e papà ha conservato l'abitudine di mandarle poche righe per informarla delle novità. Non voglio neppure pensare quanto dev'essergli costato scriverle quelle lettere fredde... e a lei riceverle.»

Sage rifletté a lungo su quelle parole. Le sembrava impossibile, dopo aver creduto per tanto tempo di provare nei confronti di sua madre solo ostilità e rancore, di poter provare ora per lei tanto amore, compassione, rispetto. Per quanto concerneva suo padre, i suoi sentimenti erano ancora confusi. Aveva creduto che Liz non lo amasse, l'aveva ferita... Eppure, era evidente che anche lui aveva sofferto molto. Dopotutto, non toccava a lei giudicare le sue azioni, i suoi errori. E quando aveva visto la sua espressione, dopo che aveva letto l'ultimo diario di Liz, aveva avuto la conferma che lui l'amava ancora.

In quel momento, era più in pace con se stessa di quanto lo fosse mai stata in vita sua... eppure, desiderava ancora dolorosamente Daniel. Desiderava il suo amore, il suo conforto...

Si chiese se, al posto di sua madre, avrebbe mai avuto la forza di sacrificare il suo amore, come aveva fatto lei, e rabbrividì, riconoscendo che molto probabilmente non l'avrebbe avuta.

«A che cosa stai pensando?» le chiese Scott con dolcezza.

«Pensavo alla mamma... alla sua forza di carattere. È una persona meravigliosa, Scott. Ha amato nostro padre, probabilmente lo ama ancora, d'altra parte sentiva che Edward era quello che aveva più bisogno di lei...»

«Lo so. Ho letto anch'io il diario.»

«Chissà quando sapremo qualcosa... L'operazione dovrebbe essere finita, ormai.»

«No, non ancora. Hanno detto che avrebbe richiesto circa sei ore. Sono contento che abbiamo scoperto la verità prima...»

«Prima che fosse troppo tardi» completò Sage, roca. «Oh, Dio, Scott, non credi che morirà, vero?... Ci sono ancora tante cose che voglio dirle, che voglio chiederle...»

«Se papà te ne darà il modo» sorrise lui. «Ho l'impressione che anche lui abbia molto tempo da recuperare.»

Il telefono squillò mentre erano tutti in sala da pranzo, fingendo di consumare il pasto che Jenny aveva insistito per servire. Faye sollevò il ricevitore e ascoltò per qualche istante.

«È tutto finito» riferì. «Liz ha superato molto bene l'operazione. Possiamo andare a trovarla, anche se il chirurgo dice che risente ancora degli effetti dell'anestesia e probabilmente non ci riconoscerà.»

Sage chiese a Scott di guidare, perché sentiva che in quei momenti le mancava la concentrazione necessaria.

Poco prima di raggiungere l'ospedale, passarono davanti a un'edicola. Un titolo a tutta pagina attirò l'attenzione di Sage.

Il presidente della Cavenagh Construction *si dimette nel corso dei contrasti per la costruzione dell'autostrada.*

Chiese a Scott di fermarsi, balzò giù dalla macchina e comprò una copia del giornale.

«È Daniel ...» mormorò, scossa. «Credo che sia nei guai. Non posso spiegarti, ora...»

Daniel, costretto a dimettersi... Daniel che era andato di persona ad annunciarle la deviazione della strada. Lei non aveva neppure pensato quanto dovesse essere stato difficile per lui... e finanziariamente disastroso. Pensò al terreno che aveva comprato, ai rischi che aveva corso, e nonostante il sollievo di sapere che il villaggio non era più minacciato, non poté fare a meno di desiderare che quella soluzione fosse stata raggiunta senza che Daniel avesse a soffrirne.

Liz era stata trasferita dalla Rianimazione in una camera privata, e Lewis era già accanto a lei.

«Mi ha riconosciuto» annunciò, con le lacrime agli occhi, andando loro incontro in corridoio. «Ora si è di nuovo assopita, ma dovrebbe svegliarsi fra poco.»

«Possiamo vederla?» chiese Sage ansiosamente.

«Solo per pochi minuti, mi hanno detto.»

Liz aveva gli occhi chiusi e appariva pallida e fragile come quando Sage l'aveva vista subito dopo l'incidente. Ma quanto erano cambiati i suoi sentimenti, quanto era maturata da quel giorno!

Senza neppure rendersene conto, posò la mano su quella della madre.

«Ti voglio bene, Ma» sussurrò, usando per la prima volta il nomignolo con cui l'aveva chiamata David.

La mano sotto la sua si mosse leggermente, le palpebre di Liz si sollevarono.

«Ti voglio bene, Ma» ripeté Sage. «Ma se ti azzarderai a combinarci di nuovo una cosa del genere, non te lo perdonerò mai...»

«Io... non torno a casa con voi» disse Sage a Scott, al momento di risalire in macchina. «C'è qualcosa che devo fare... una persona che devo vedere.»

Scott lanciò un'occhiata al giornale che Sage stringeva fra le mani.

«Vai da lui?»

«Sì» rispose lei semplicemente.

Prese un taxi e diede l'indirizzo di Daniel, rendendosi conto solo in quel momento di quanto fosse tardi. Quasi le undici. Forse Daniel era già andato a letto... Uno strano brivido l'attraversò.

Smettila, si rimproverò. *Stai andando a scusarti e a spiegarti. Vai da lui come amica, non come amante... ammesso che ti faccia entrare.*

In effetti, Daniel la fece entrare, ma era chiaramente sbalordito dalla sua visita.

«Sage... che cosa diamine...»

«Ho letto questo» disse lei, mostrandogli il giornale. «Oh, Daniel, mi dispiace tanto... È stato a causa della casa... è per questo che ti hanno costretto a dimetterti?»

«Mi hanno *costretto*?» Con sorpresa di Sage, Daniel scoppiò a ridere. «Hai pensato che mi avessero obbligato? Ho *voluto* dimettermi, Sage. Dirigere un'enorme società, starmene inchiodato dietro una scrivania tutto il giorno... non fa per me. Ne discutevo già da qualche tempo con i miei collaboratori. Non è stato facile cedere le redini dell'industria di mio padre, ma credo che lui capirebbe che ho preferito restare fedele a me stesso, ai miei ideali e alle mie ambizioni.»

«E ora, che cosa farai?» chiese Sage, stordita.

Non era sicura di potergli credere, d'altra parte Daniel era così rilassato, così diverso da come lo aveva immaginato. La sua visita, come tanti dei suoi gesti impulsivi, si stava rivelando del tutto superflua. A quanto pareva, Daniel non aveva alcun bisogno della sua comprensione, della sua amicizia.

«Farò quello che ho sempre sognato. Costruirò piccoli insediamenti, villette... tutto quello che mi piacerà. D'altra parte, voglio anche altre cose dalla vita, oltre al lavoro. Per esempio una moglie, una famiglia... Perché sei venuta qui, Sage?» chiese all'improvviso. Lei lo fissò per un momento senza riuscire a trovare una risposta. Perché era andata da lui? «Ti sei resa conto tutt'a un tratto che stavi sprecando la tua vita fantasticando su Scott, vero? Hai pensato che hai bisogno di qualcosa di più di quello che può darti un amante in sogno?»

Sage arrossì per la collera.

«Niente affatto» lo contraddisse. «E per tua informazione...» Si interruppe. «Perché hai comprato quella casa? Per speculare sulla costruzione della strada?»

«No» ribatté lui. «L'ho comprata per andarci a vivere. E ora, smettila di cambiare discorso. Per quale dannata ragione sei venuta qui? »

«Be', di certo non perché volessi andare a letto con te, se è questo che pensi.»

«Davvero?» la sfidò Daniel, alzandosi dalla poltrona e avvicinandosi. Quando la raggiunse, non la toccò, ma disse solo, in tono apparentemente neutro: «Perché tremi così, Sage? ».

Lei si alzò, senza rispondere.

«A quanto pare, ho commesso un errore... ed è ora che me ne vada. L'ultimo treno...»

Daniel corrugò la fronte.

«Treno? Che ne è della tua macchina?»

«Siamo stati all'ospedale, e dopo Scott ha riportato Faye e Camilla a Cottingdean... Io sono venuta qui.»

Sage si interruppe bruscamente, rendendosi conto di ciò che aveva detto... Ma Daniel sembrava aver capito una sola cosa.

«Scott... Scott è qui?»

«Non qui, a Cottingdean» disse Sage. Poi, quando vide l'espressione dei suoi occhi, gli afferrò la manica, implorando: «Daniel, ti prego, ascolta...».

«Ascoltare che cosa? Oh, mio Dio, e pensare... Ti rendi conto che è sposato... che ha due figli? Non imparerai proprio mai? Non è l'uomo per te...»

«E tu lo sei, immagino!» si ribellò Sage. «Buon Dio, sei così arrogante... Pretendi che io faccia quello che vuoi, specialmente quando...»

«Specialmente quando entrambi sappiamo che anche se ti aggrappi alla patetica convinzione di amare ancora Scott, in realtà è me che vuoi» completò Daniel. «Maledizione Sage, quando ti deciderai...»

«A fare che cosa? A venire a letto con te? Mai... mai.» Lei corse alla porta, e mentre la spalancava si voltò a dirgli: «E quanto a Scott... per tua informazione è mio fratello... fratello gemello».

Daniel la raggiunse con un balzo.

«Che cosa hai detto?»

Sage non intendeva rispondergli, non intendeva fermarsi... Ma, non seppe come, si trovò a singhiozzare fra le sue braccia come una bambina.

«Scott è mio fratello... È stato un tale shock, e tutto è accaduto così in fretta... mia madre... l'incidente...»

Sapeva che quello che stava dicendo non aveva molto senso, d'altra parte parve che Daniel afferrasse il concetto.

«Immagino che se tua madre te l'ha nascosto avesse i suoi buoni motivi...» commentò. Poi, all'improvviso, chiese: «Davvero hai pensato che fossi stato costretto a dimettermi?».

Sage si irrigidì fra le sue braccia, sentendo il blando divertimento del suo tono.

«Già, proprio così» rispose, brusca. Lo respinse, indietreggiando di un passo. «Non sono venuta qui in cerca della tua compassione... né di altro. Può anche darsi che ti desideri, ma concedimi di poter provare qualcosa di più profondo... Ma già, perché dovresti?» commentò amaramente. «Non ti ho mai dato ragione di pensarlo. Se hai una così bassa opinione di me, è perché anch'io mi giudicavo nello stesso modo. Ma ora non più... Sono venuta qui stasera perché ero preoccupata per te.» Lo guardò negli occhi e proseguì, a denti stretti: «Sono venuta perché... perché ti amo, e pensavo che avessi bisogno di qualcuno... anche solo di una donna come me. Ma tu non hai bisogno di me, vero, Daniel? Tu non hai bisogno di nessuno. E ora, penso di aver fatto la figura della stupida anche troppo, per una sera...». Corse giù per le scale e prese un taxi al volo, prima che Daniel potesse raggiungerla.

Le telefonò quattro volte, il giorno dopo, ma Sage si rifiutò di parlargli. Desiderava disperatamente andare da lei, approfittare di quel momento di vulnerabilità per legarla a sé per sempre, d'altra parte era nel bel mezzo dei negoziati per la sua successione alla presidenza, e non poteva comportarsi come un adolescente e piantare tutto dall'oggi al domani. Non aveva il tempo materiale di andare a Cottingdean. Se solo avesse reagito più in fretta, la notte precedente, se l'avesse trattenuta, se avessero...

Si lasciò sfuggire un gemito di protesta rendendosi conto, a metà tra lo sbalordito e il divertito, di come il suo corpo reagiva all'idea di ciò che sarebbe accaduto fra loro se Sage fosse rimasta... Ma non era il momento per quel genere di pensieri, proprio mentre stava per affrontare uno dei più difficili consigli d'amministrazione della sua carriera. No, la sua vita privata avrebbe dovuto aspettare, almeno per qualche giorno.

Ma come diavolo poteva concentrarsi sugli affari, mentre l'unica cosa che voleva realmente era Sage?

24

«Che cosa c'è, cara? Mi sembri triste.»

Sage sorrise a sua madre. Tutti e quattro - Lewis, Liz, Scott e lei - avevano preso il volo per quell'isola dei Caraibi appena i medici lo avevano permesso.

Alloggiavano nella villa di un amico australiano di Lewis, e avevano in programma di rimanerci un mese, per imparare a conoscersi *come una famiglia,* aveva detto Lewis.

Sage non poteva che meravigliarsi per la pazienza e la saggezza della sua sconosciuta cognata, che aveva avuto la forza d'animo di rifiutare l'offerta di Scott di unirsi a loro. Sage le aveva parlato per telefono, e Averil le aveva spiegato che era certa che loro quattro avessero bisogno di stare insieme per qualche tempo.

Aveva ragione, naturalmente. Erano quattro persone legate da vincoli d'affetto e di sangue, eppure, per certi versi, erano ancora degli estranei.

Sage aveva visto l'amore che univa i suoi genitori, si era resa conto dell'affetto che Scott provava per sua moglie, e nonostante l'immensa felicità che aveva provato nel sentirsi parte di una famiglia e la gioia di potersi finalmente avvicinare a sua madre, di sapersi amata da lei, tuttavia sentiva che le mancava qualcosa... che le mancava Daniel.

«Stavo solo pensando... » mormorò.

«A Daniel Cavenagh» arguì Liz. Non c'erano più segreti fra loro, ormai. Ravviò gentilmente i capelli dal viso di Sage. «Lo ami molto, vero?»

«Troppo» ammise lei, sconsolata. «Anche se lui ricambiasse il mio amore, non so se sarei mai felice vivendo un rapporto così... così intenso. Ci si sente terribilmente vulnerabili...»

«Non devi mai aver paura dell'amore, Sage» disse Liz con dolcezza.

Lei sorrise.

«Non c'è mai stato un momento in cui avresti preferito non amare mio padre?»

«No... perché se non lo avessi amato, non avrei avuto te.»

Sage tese la mano e strinse quella di Liz, in un muto gesto d'affetto.

«Sarà una sorpresa per tutti quando torneremo a casa e annuncerete che state per sposarvi» osservò. «Non sono ancora sicura che riuscirò a cavarmela, con Cottingdean e la fabbrica.»

«Ce la farai» la rassicurò Liz sorridendo.

«Non ti dispiace lasciare tutto, dopo tanti anni?»

«Sì e no. Ho fatto tutto quello che potevo, e credo proprio che sia giunto il momento di passare la mano a persone più giovani. In un certo senso, Lewis aveva ragione quando mi accusava di volere Cottingdean più di quanto volessi lui. Certo non l'amavo di più, ma aveva bisogno di me... proprio come Edward. E, forse scioccamente, ero convinta di essere insostituibile.»

«Lo eri... e lo sei» affermò Sage.

«Oh, tu sei perfettamente in grado di prendere il mio posto. Vieni, ora. Lewis si chiederà che cosa sto facendo.»

«Vuoi dire che gli manchi da morire ogni volta che ti perde di vista per più di dieci minuti» la stuzzicò Sage.

Come capiva bene quell'uomo che era suo padre... e come capiva meglio ora se stessa, le proprie motivazioni, il proprio carattere! Era una gioia pensare che i suoi genitori stavano per sposarsi, e che Scott era così felice del suo matrimonio. Eppure, questo non le impediva di sentirsi sola.

Daniel... I suoi pensieri tornavano sempre a Daniel. Daniel che lei amava e che non l'avrebbe mai ricambiata. Che cosa le stava succedendo? Stava deliberatamente ricominciando a sentirsi respinta, ad amare senza speranza, come aveva fatto in precedenza con Edward, con Liz e con Scott?

Tornarono in Inghilterra quattro giorni dopo. Lewis e Liz si sarebbero sposati con una cerimonia rapida e semplice. Ci sarebbe voluto un altro mese perché sua madre passasse tutte le consegne e tagliasse tutti i legami con Cottingdean. Poi, lei e Lewis sarebbero volati in Australia, a raggiungere Scott e la sua famiglia.

L'aeroporto era rumoroso e affollato. Faye era andata a prenderli insieme a Camilla, e Sage notò subito che la ragazza aveva un'aria allegra, perfino eccitata, come se avesse qualche importante novità da comunicarle, infatti, non appena, fra baci, saluti e abbracci, trovò il modo di parlarle un momento a quattr'occhi le sussurrò: «Sai, la mamma è uscita con il dottor Ferguson. La guardava sempre in un certo modo, quando andavamo a trovare la nonna... Poi, dev'essersi fatto coraggio e l'ha invitata a cena. Credo proprio che sia pazzo di lei».

«E a te piace?»

«Oh, è un tipo a posto» disse Camilla con noncuranza. Ma era evidente che le faceva piacere che Faye stesse uscendo dal suo lungo isolamento.

Sembrava che tutti fossero felici, soddisfatti... tutti, tranne lei.

Poi alzò gli occhi, e il suo cuore mancò un battito.

Daniel era fermo a non più di tre metri da lei, e la guardava. Daniel... che cosa ci faceva là? Dove stava andando? Sage si guardò attorno. Non era in coda a nessun ingresso, non aveva bagagli con sé. Accanto a lei, Liz le diede una piccola spinta.

«Va' da lui, Sage.»

Andare da lui? Sage aprì la bocca per protestare, ma quando si guardò di nuovo attorno scoprì che sua madre e il resto della famiglia si erano dileguati. Provò la sensazione di essere stata trasportata in un mondo fatato. Scoprì che non poteva distogliere gli occhi da

Daniel, che non poteva fare altro che restare là a fissarlo. Lui non si muoveva. La guardava... e aspettava.

Va' da lui, le aveva sussurrato Liz all'orecchio. *Va' da lui.* Sage fece un passo avanti, poi un altro, e all'improvviso si ritrovò fra le sue braccia.

«Daniel... Daniel...» sussurrò fra le lacrime.

«Finalmente» lo sentì sospirare. «Finalmente. Maledizione, Sage, sai da quanto tempo aspetto di sentirti dire il mio nome così... Lo sai?» chiese, quasi con rabbia.

«Così, come?» gli domandò lei, roca, toccandolo, accarezzandolo, come in un sogno, incurante degli sguardi curiosi della gente.

«Come se avessi scoperto tutt'a un tratto che non puoi vivere senza di me... come se mi offrissi il tuo cuore e ti affidassi a me per il resto della vita...»

«Tutto qui?» lo provocò lei. «Pensavo che dicessi: "Come se mi amassi".»

«Ed è vero?» chiese Daniel quando ebbe finito di baciarla.

«Che cosa?»

«Che mi ami.»

«È importante?»

«Più di ogni altra cosa» affermò lui, serio. «Ti amo, Sage. Voglio sposarti. Voglio passare il resto della vita con te.»

Lei non gli rispose direttamente.

«Come hai saputo che saremmo tornati oggi?» chiese invece.

«Ho perseguitato Faye per giorni, ma me l'ha rivelato solo quando le ho assicurato che ti amavo. Be', mi sposerai, Sage?»

Lei sorrise, maliziosa.

«Non lo so, Daniel. Ci conosciamo così poco... anche sessualmente...»

«Vuoi che colmiamo subito questa lacuna?»

«Solo se lo vuoi anche tu» rispose lei con voce tremante, e Daniel intuì che stava ricordando l'altra volta in cui gli si era offerta, e lui l'aveva rifiutata.

«Vieni con me» la invitò. «Vieni con me, Sage, e lascia che ti dimostri quanto lo voglio.»

Fu meglio di quanto lei si aspettasse... meglio di qualunque cosa avesse provato prima. E non perché Daniel fosse un amante esperto, semplicemente fu perché lo amava, e sapeva di essere ricambiata, perché per la prima volta in vita sua sperimentava non solo il piacere fisico, ma anche la dolcezza legata all'affetto.

«Ti amo, Daniel» sussurrò, stretta fra le sue braccia.

Era sorpresa dalla gioia che provava nel pronunciare quelle magiche parole.

«Anch'io ti amo» mormorò lui. Poi aggiunse, con dolcezza: «Sei la prima donna che abbia desiderato tenere fra le braccia per tutta la notte. La sola che abbia mai voluto amare».

«Bugiardo» lo accusò Sage sorridendo. «Tu non hai mai *voluto* amarmi.»

«All'inizio, no» ammise lui. «Ho lottato con tutte le forze contro quello che mi stava succedendo.»

«È stato così anche per me. Ma ora la lotta è finita...»

Inaspettatamente, Daniel rise.

«Lo credi davvero? Noi due non finiremo mai di combattere, Sage. E ci ameremo per tutta la vita. Siamo fatti l'uno per l'altro... solo, eravamo troppo stupidi per ammetterlo.»

«Ti amo, Daniel. Ormai ero convinta che non lo avrei mai detto a nessuno.»

«E meno che mai a me, è così?»

«Hai ragione. È buffo, vero?» Sage tracciò la linea delle sue labbra con la punta delle dita, poi lo baciò. «Daniel, credi che dovrei cominciare a tenere un diario?»

«No, se pensi di cominciare a scriverlo subito» rispose lui, attirandola a sé. «Non in questo momento...»

Questo volume è stato stampato nell'ottobre 2005
presso Mondadori Printing S.p.A.
stabilimento Nuova Stampa Mondadori - Cles (Tn)